» CHANCEN ZU SEHEN UND DEN MUT ZU HABEN, SIE KONSEQUENT ZU NUTZEN, UNTERSCHEIDET DEN MACHER VOM VERWALTER. «

#STARTUPDNA

FÜR NATHALIE & HELGA

<3

INHALT >

01

HALLO, ICH BIN FRANK ...

…und gerade sind acht Kameras auf mich gerichtet, damit auch wirklich jeder Gesichtsausdruck aus jeder Perspektive eingefangen wird – und ja, ich bin ein wenig nervös. Ich sitze in den berühmten MMC-Studios in Köln. Eine Hairstylistin fixiert meine Haare mit Haarspray. Eine Make-up-Artistin pudert mir den Glanz aus dem Gesicht. Ein Kostümbildner zupft an meinem Hemd herum – nichts wird dem Zufall überlassen. Eine faszinierende, aber auch sehr fremde Welt für jemanden wie mich, der jeden Morgen ein schwarzes Poloshirt anzieht, nie Anzug trägt und maximal fünf Minuten im Bad braucht.

Im Studio und davor rennen alle möglichen Leute herum: Kameramänner, Producer, Lichtdesigner, Kabelträger, Security, Fahrer, Produktionsassistenten, Redakteure, Programm-Manager, Tontechniker und andere, von denen ich keine Ahnung habe, was ihr Job ist. Eben habe ich einen jungen Kollegen gefragt, was er macht:
»Ich bin Feuerwehrmann und zünde vor jedem Auftritt das Kaminfeuer an.«
»Du bist nur für das Feuer zuständig?«, frage ich nach.
»Ja«, antwortet er, »ich bin der Feuerbeauftragte.«
Mir fehlen die Worte – unfassbar! Ich kannte bisher nur Startups, schlank organisiert, wo jeder alles macht und vieles auch manchmal etwas chaotisch ist. Hier laufen viel mehr Leute durcheinander – aber das vermeintliche Chaos ist gar keines: Es ist eine gut geölte Maschinerie von Fernsehprofis. Ich bin aber kein Fernsehprofi. Um ehrlich zu sein, sitze ich zum ersten Mal überhaupt in einem Fernsehstudio. Damit ist für mich aber auch endgültig klar: Ich muss im falschen Film sein. Wobei mir eine Eigenheit der Fernsehwelt sehr entgegenkommt: Es duzen sich alle. Aber für die anderen Aspekte dieses aufgeregten Ameisenhaufens gilt in diesem Moment: Da gehöre ich nicht zu – diese Fernsehwelt hier ist aufregend und toll, aber sie ist eine andere Welt, nicht meine. Ich habe Fluchtgedanken und bin mir nicht sicher, ob ich hier reinpasse.

Dabei hatte ich das Glück, in meinem Leben schon sehr viele verschiedene Welten erlebt zu haben: Ich habe mehr als einmal die Schule geschwänzt und stattdessen hinterm Bahnhof abgehangen. Ich bin tief in die Skateboard-Szene eingetaucht und habe mir dort oft die Lippe blutig geschlagen. Ich bin vom Gymnasium geflogen. Ich habe eine Firma gegründet, sie fast bis an die Börse gebracht und sie dann doch an die Wand gefahren. Ich bin von der Presse bejubelt und von Kunden beschimpft worden. Ich hatte mit Mitte zwanzig Millionenschulden und stand kurz vor der

Privatinsolvenz. Ich habe eine neue Firma gegründet, sie für viel Geld nach Japan verkauft und sollte dort mit Walsperma auf den Erfolg anstoßen. Immer wieder habe ich gegründet, hatte Erfolg, bin wieder böse hingefallen und erneut aufgestanden. Unsere Kanzlerin hat mir einen Innovationspreis überreicht, und ich durfte als Mitglied der Bundesversammlung den Bundespräsidenten wählen. Was ich gesehen habe, reicht für mindestens drei Leben. Und jetzt sitze ich hier und soll ein »Löwe« werden, in einer von Sony Pictures produzierten Primetime-Fernsehsendung.

Das alles geht mir durch den Kopf, während der Regisseur laut über die Beschallung runterzählt: »Bitte Ruhe, wir legen los in drei, zwei, eins ...« Und in diesem Moment der Ruhe wird mir klar, warum ich hier doch richtig bin. All die Leute um mich herum sind vergessen. Denn in wenigen Sekunden wird durch den goldenen Käfig vor mir ein junger Unternehmer hereinkommen. Er wird sein Produkt, sein Startup und seine Pläne pitchen. Und er wird alles geben, um meine Kollegen und mich von seinem Startup zu begeistern. Vielleicht werden alle sagen »Das gibt es schon« oder »Die Idee ist zu verrückt«, aber weder das eine noch das andere sind Gründe zum Aufgeben. Wenn jemand ein herausragender Kopf ist, eine gute Idee und einen überzeugenden Plan zur Umsetzung hat, dann ist keine Idee »zu groß« oder »zu klein«. Vielleicht lässt sich dieser Gründer nicht abschrecken von bürokratischem Irrsinn, von resignativer Verzweiflung, von überregulierten Vorschriften. Weil er mehr vom Leben will als seine Zeit absitzen, bis er um 16:30 Uhr Feierabend machen kann. Er will etwas bewegen in der Welt, einen kleinen oder sogar großen Fußabdruck hinterlassen. Ich weiß, was in seinem Kopf vorgeht.

Überzeugt er mich, investiere ich mein Kapital, meine Zeit und Passion in ihn und seine Vision. So wie vorher in viele andere Gründer. Ich arbeite täglich mit ihnen zusammen und helfe ihnen, die Herausforderungen eines Startups zu meistern. Ich kenne die Träume, die Verzweiflung, die Umwege und Irrwege. Fast alle Fehler habe ich selbst gemacht und weiß heute, wie man sie vermeiden kann. All die dunklen Jahre, die tiefen Täler, durch die ich hindurchmusste – sie waren nicht umsonst. Denn heute kann ich diese Erfahrung weitergeben. Mein ganzes Leben baue ich Startups auf – ob als Gründer oder Investor. Das ist meine DNA. Acht Kameras? Maske, Haar, Kostüm? Egal: Ich bin hier richtig. Goldrichtig sogar.

Aber wie konnte es überhaupt so weit kommen?

02

KINDHEIT UND JUGEND

EINE KINDHEIT IN DER BUNDESHAUPTSTADT

> Bonn, ab 1975

Ich bin in Bad Godesberg groß geworden, einem Stadtbezirk von Bonn. Bonn in den 1980er Jahren war natürlich im Hauptberuf Bundeshauptstadt: Da war Helmut Kohl als Bundeskanzler. Da waren ein paar Demonstrationen gegen den NATO-Doppelbeschluss auf der Hofgartenwiese an der Uni. Graue Beamte, Journalisten und natürlich Abgeordnete, unter denen ab 1983 die Grünen für Farbe im Bundestag sorgten. Grüne, die auf einmal im Parlament saßen und über die sich viele aufregten, weil sie Turnschuhe trugen oder während der Sitzungen strickten. Aber davon bekam ich als Kind nicht viel mit.

Bonn war tatsächlich nie so aufregend. B.O.N.N.: »Bundeshauptstadt Ohne Nennenswertes Nachtleben«, so wurde gespottet. Punk war hier nie zu Hause, der wohnte damals schon in Berlin. Der britische MI6-Agent und spätere Bestsellerautor John Le Carré schrieb in seinem Roman Eine kleine Stadt in Deutschland über Bonn: »Entweder es regnet oder die Bahnschranken sind runter.« Tatsächlich passierte meist beides gleichzeitig. Auch der Spruch »Bonn ist halb so groß wie der Zentralfriedhof von Chicago, aber doppelt so tot« ist von LeCarré, und auch da war leider was dran. Bad Godesberg wiederum ist die noch gediegenere Version von Bonn – Verruchtheit und revolutionärer Aufruhr waren dort erst recht nicht zu finden. In Bad Godesberg wohnten Politiker und Beamte: Abgeordnete, Staatssekretäre, Ministerialdirigenten und viele mehr, deren Funktion ich nie verstehen werde. Und das Einzige, was mir zeigte, dass Bonn Bundeshauptstadt war, waren die Autos der Diplomaten mit den merkwürdigen Kennzeichen. Sie durften überall in der Stadt parken wie Kraut und Rüben, da sie durch ihren diplomatischen Status sogar immun gegen Parktickets waren. Und dann war da natürlich überall Polizei, was ich später als Skater ziemlich lästig fand.

Unsere Wohnung hatte ein Fenster mit direktem Blick auf die Rigal'sche Wiese, ein großes grünes Stück Rasen, auf dem mindestens einmal in der Woche ein Hubschrauber mit einem wichtigen Minister oder Diplomaten landete. Die Vibrationen konnte ich noch in meinem Kinderzimmer spüren. Damals faszinierte mich das überhaupt nicht, es war Alltag, laut und eher nervig. Aber wenn ich heute daran denke, wie mich der Gedanke beschäftigt, praktisch und unkompliziert von A nach B zu kommen – wer weiß, vielleicht hat das Echo der Hubschrauberrotoren meiner Kindheit auch eine kleine Rolle bei unserem Lilium-Investment gespielt. Doch dazu später mehr.

Mein Vater war noch auf einem Bauernhof in Muffendorf aufgewachsen. Das war ganz bei uns in der Nähe – und als Kinder spielten wir dort viel. Mein Opa Wilhelm besaß Hühner, und im Stall nach Eiern zu suchen war eines der großen Abenteuer meiner Kindheit. Mein Großvater hatte auch unzählige Kirschbäume. Zur Erntezeit sind wir immer in die Bäume geklettert, haben körbeweise Kirschen gepflückt und uns regelmäßig so überfressen – anders kann man es wirklich nicht nennen –, dass ich bis heute keine Kirschen mehr sehen kann. Ich bin in einfachen Verhältnissen aufgewachsen: Wir lebten in einer kleinen Etagenwohnung, mein Vater hat im Vertrieb für professionelle Funkgeräte gearbeitet, später im Mobilfunkbereich, und in den Jahren vor seiner Rente hat er schließlich unabhängige Kfz-Werkstätten mit Zubehörteilen beliefert. Meine Mutter ist gelernte Kosmetikerin, hat sich später aber um Kinder und Haushalt gekümmert. Meine Eltern sind das Paradebeispiel für die deutsche Mittelschicht: hart arbeitend, ehrlich und zuverlässig. Rheinländer wie aus dem Bilderbuch.

> 1980, MIT FÜNF JAHREN

Ich habe eine ältere Schwester, die einen sehr geradlinigen Lebenslauf mit Einser-Abi und Festanstellung in einem Großkonzern hat. Aber schon in unserer Jugend wurde klar: Wir beide leben auf verschiedenen Planeten. Ihr Lebensentwurf steht meinem diametral gegenüber und manchmal frage ich mich, wie es möglich ist, dass man die gleichen Eltern hat, gemeinsam aufgewachsen ist – und sich doch so verschieden entwickeln kann. Das ist gar nicht schlimm: Als Kinder haben wir uns natürlich ständig gekabbelt, so wie Geschwister das eben tun, aber heute haben wir ein entspanntes Verhältnis.

Mein Vater war immer für mich da, hat mir Frühstück gemacht, mich zum Fußball gefahren, wurde sogar Trainer meiner Fußballmannschaft. Einmal in der Woche spielte er selbst noch mit seinen Kumpels Fußball. Manchmal schaute ich dabei zu. Und obwohl ich eigentlich noch viel zu klein war, hat er mich gegen den Protest seiner Freunde mitspielen lassen. Er hat mich auch, trotz unschöner Blicke seiner Kollegen, zur Computermesse Cebit mitgenommen. Natürlich ist so ein kleiner Junge ein Klotz am Bein, wenn man möglichst viele Geschäftstermine schaffen will. Aber ich hoffe, dass mein Vater heute sieht: Der Stress war nicht umsonst. Dafür an dieser Stelle: Danke!

> URLAUB MIT MEINEN ELTERN

Meine Mutter wurde sehr früh mit meiner Schwester schwanger. Das war ihr Weg in die Selbstständigkeit und weg von zu Hause, da mein Opa offenbar ein schwieriger Vater war. Ihre Karriere als Kosmetikerin musste sie leider für uns aufgeben und war dann plötzlich an zwei Kinder und einen Haushalt gebunden. Sie hat immer versucht, meine Schwester und mich ideal zu versorgen und meinen Vater zu unterstützen. Wenn ich Probleme in der Schule hatte, konnte ich mich blind auf ihre Hilfe verlassen. Da sie selber sehr streng erzogen worden war, ließ sie mir im Gegenzug fast alle Freiheiten. Ich habe dadurch viel gelernt und bin früh selbstständig geworden. Einzige Ausnahme: Aufräumen. Denn meine Mutter hat, warum auch immer, jeden Tag mein Zimmer und meine Wäsche wie in einem Fünfsternehotel versorgt. Hierdurch habe ich bis heute die leichte Tendenz, Chaos zu hinterlassen. Aber ich arbeite daran.

SCHULE UND ICH – EINE SCHWIERIGE KOMBINATION

> Bonn, ab Mitte der 1980er Jahre

Bis zu meinem 14. Lebensjahr hat mich die Schule herzlich wenig interessiert – ich habe außerhalb der Schule auch nur ein einziges Buch gelesen: Hörbe mit dem großen Hut, Otfried Preußlers Geschichte über ein Hutzelmännchen. Aber weil meine Schwester so gut in der Schule war, durfte auch ich aufs Gymnasium, und zwar auf das private »Pädagogium Godesberg Otto-Kühne-Schule« im Godesberger Villenviertel. Bonner kennen es kurz als »Päda«. Das Schulgebäude ist ein beeindruckender Backsteinbau aus der Zeit um 1900, nah am Rhein gelegen, der mich damals sehr beeindruckt hat. Das Päda ist eine der wenigen Privatschulen in Deutschland, die nicht in der Trägerschaft von Kirchen oder Orden sind, und hat eine Reihe prominenter ehemaliger Schüler aufzuweisen, wie den Rennfahrer Wolfgang Graf Berghe von Trips, die Schauspielerinnen Jennifer Nitsch, Sophie von Kessel, Silke Bodenbender, die Schriftstellerin Juli Zeh oder den ehemaligen Politiker Christopher Lauer – aber auch manche mit schlimmem Ruhm, wie den Nazi-Minister und Hitler-Stellvertreter Rudolf Heß. Machen wir's kurz: Ich wurde am Päda nicht glücklich. Man quälte mich mit Frontalunterricht und trockenem Lehrstoff. Das mag für andere Schüler lehrreich und produktiv sein – für mich war es das nicht. Mit Grauen denke ich noch heute an das rote Lateinbuch, mit dessen Hilfe ich Substantive deklinieren und Verben konjugieren lernen sollte: Sum, es, est, sumus, estis, sunt... zwecklos.

Bis heute sehe ich nicht ein, was an einem stumpfen Lernen ohne Verstehen, am reinen Pauken ohne die Frage nach dem »Wozu« produktiv sein soll. Meine damaligen Lehrer handelten sicher ehrenwert und in bester Absicht, sie hatten selber so gelernt. Aber sie waren nicht in der Lage, mir einen Funken Inspiration zu geben. Wenn ich heute spüre, wie viel Energie es mir gibt, Neues zu lernen, weil ich weiß, was ich damit erschaffen kann, macht es mich traurig zu sehen, dass wir unser Schulsystem nicht ändern. Statt begeistert zu sein, was es alles zu entdecken gab, war ich nach kürzester Zeit desillusioniert, verzweifelt und traurig. In meinem Inneren spürte ich, dass der Weltgeist einen anderen Lebenslauf für mich vorgesehen hatte. Ich verlor alle Energie, verkümmerte zusehends, wurde zum Außenseiter und Verlierer. Ich erinnere mich noch gut an eine Klassenfahrt nach Spiekeroog. In so einer Klasse ist ja recht schnell klar, wer der Checker ist und wer nicht. In der Jugendherberge auf der Insel Spiekeroog gab es für die Jungs drei Zimmer – und ich landete im letzten, zusammen mit den anderen Losern: mit Manuel, der seine Brille immer mit Tesafilm am Bügel geflickt hatte, und dem dicken Olli. Das war eine schmerzhafte Niederlage, mit der ich einige Zeit schwer zu kämpfen hatte.

Irgendwann folgten die Fünfen. Ich war Schlusslicht der Klasse, und in der Siebten hatte meine Mutter ein Einsehen. Sie begriff, dass ihr Sohn unglücklich war, und nahm mich von der Schule. Ich musste, sollte, konnte, durfte das Gymnasium verlassen. Nun besuchte ich die Realschule in einem der wenigen sozialen Brennpunkte Bonns. Die war etwas näher am echten Leben dran, in den Pausen durfte ich Skateboard fahren, ich fühlte mich wohler und nicht mehr abgeschlagen. Glücklicherweise konnte ich mich schnell mit der »East Mehlem Posse« anfreunden. Es war aber gleichzeitig auch eine harte Schule, im wahrsten Sinne des Wortes: Hier durften nur Sportlehrer die Aufsicht übernehmen, da es in den Pausen regelmäßig zu Prügeleien kam. Es wurde zuweilen mit Drogen und sogar Waffen gedealt, ein Teil der Schüler sprach kein Deutsch. Aber was richtig gut war: Das rote Lateinbuch war für mich Geschichte. Mit den Drogen, Waffen und Prügeleien hatte ich zum Glück sehr wenig zu tun. Ich kam menschlich gut klar, aber um ehrlich zu sein: Ich habe auch hier nicht besonders viel gelernt. Mein Englisch musste ich mir Jahre später the hard way selber aneignen: Ich stellte meinen Computer auf Englisch ein, sah nur noch englische Filme, hörte englische Hörbücher und zwang mich dazu, meine persönlichen Notizen und Texte in englischer Sprache zu schreiben. Es war hart, ich wollte oft aufgeben, aber ich habe es durchgezogen. Bis heute habe ich leider wenig Allgemeinbildung, mir fehlen oftmals mathematische Grundlagen, und auch in der Physik musste ich mir das Nötigste selber aneignen. Darauf bin ich nicht stolz, im Gegenteil. Ich glaube sogar, dass ich mich durch meine Jugend auch in der Zukunft immer ein bisschen als Verlierer oder Underdog fühlen werde. Und daher stammt meine Motivation, immer etwas härter zu arbeiten als andere. Ich habe immer noch das Gefühl, einen Rückstand aufholen zu müssen.

Mein erstes Erfolgserlebnis wurde aus einem riesigen Schock heraus geboren. Mein Opa hatte unserer Familie einen Computer geschenkt. PCs gab es damals bei Vobis oder Escom, und sie kosteten zwischen 4.000 und 5.000 DM, eine richtige Menge Geld. Mein Opa hatte ein Modell mit einem Intel-386SX-Prozessor, vier Megabyte (MB) **RAM** und einer 52 MB Festplatte für uns gekauft. In seinem schicken Audi brachte er den riesigen Tower und den unfassbar schweren Röhrenmonitor zu uns. Mein Vater und ich trugen beides in unsere Wohnung. Mein Vater wollte die High-End-Maschine installieren, bekam es aber nicht hin, denn das war damals noch eine hohe Wissenschaft. Er rief einen Kollegen an, der uns den Rechner für kleines Geld in Gang brachte. Nun erschien nach dem minutenlangen Start (kennst du noch das Geräusch der Festplatten-Zugriffe?) ein Menü, mit dem wir über die Funktionstasten F1 bis F12 verschiedene Anwendungen starten konnten. Irgendwie fand ich diesen Computer cool. Im Lieferumfang war ein dickes Handbuch über **MS-DOS** 5.0. Ich startete auf Seite 1 und las tatsächlich das gesamte Buch durch. Ich glaube, das war nach Hörbe mit dem großen Hut das zweite Buch, das ich freiwillig gelesen habe. Nach der Lektüre wollte ich aber auch endlich loslegen und tippte die Befehle in die Kommandozeile ein. Wie gesagt, damals gab es noch kein buntes Windows mit Mausbedienung. Ich weiß noch genau, der erste Befehl war: dir. Das steht für »Directory« und zeigt einem den Inhalt der Festplatte an. Dann erstellte ich mit md Verzeichnisse und wechselte mit cd hin und her. Wow, ich hatte das wirklich unter Kontrolle.

>MEGABYTE

Die kleinste Informationseinheit ist ein Bit und speichert nur zwei Zustände: »An« oder »Aus«. Ein Byte speichert acht Bits, also acht mal »An« oder »Aus«. Damit kann man 256 verschiedene Zustände/Zeichen mit einem Byte speichern, z. B. ein »a«, ein »Z« oder auch ein »!«. Da wir mittlerweile sehr viele Daten verwalten, geben wir es heute oft in Megabyte (MB) = 1 Million Byte oder Gigabyte (GB) = 1 Milliarde Bytes an.

Es war drei Uhr nachts geworden, meine Eltern schliefen längst. Noch ein Kapitel: Formatierung Ihrer Festplatte. Ich war so im Rausch und auch sicher übermüdet, dass ich einfach format c: eingab, weil ich sehen wollte, wie so eine formatierte Festplatte wohl aussehen würde. Der Vorgang dauerte 15 Minuten, dann erschien die Meldung: Bitte Betriebssystem installieren. Jetzt war es vier Uhr morgens, ich fühlte den Adrenalinstoß, startete den PC neu, aber es blieb dabei: Bitte Betriebssystem installieren. O NEIN, hatte ich gerade dieses unfassbar teure Gerät zerstört, das Geschenk meines Opas an unsere Familie? Um fünf Uhr

>RAM

»RAM« steht für »Random Access Memory« und heißt auf Deutsch »Speicher mit wahlfreiem Zugriff«. Das ist der Bereich des Speichers in deinem Computer oder Smartphone, in dem die gerade ausgeführten Programme laufen. Je mehr RAM, desto besser.

ging ich ohne Erfolg frustriert ins Bett, mein Kopf schmerzte zu stark.

Mein Vater hatte mir ja zuvor erlaubt, mich an den Computer zu setzen, insofern gab es auch kein langes Drumherumreden, wer für den Schaden verantwortlich war. Ich. Und so gestand ich ihm am Morgen meine Tat sofort – und da ich ihn nicht noch mehr enttäuschen wollte, bat ich ihn: »Gib mir zwei Wochen, ich bringe das wieder in Ordnung!« Also las ich das 420 Seiten umfassende Buch zu MS-DOS noch mal durch, traf mich mit einem Bekannten, der einen PC hatte, und lernte tatsächlich, wie dieses Betriebssystem funktioniert. Und ich hielt mein Versprechen – nach zwei Wochen lief der Familien-PC wieder, sogar besser als vorher. Damals konnte man zwar noch nicht ins Internet, und alles hat sehr lange gedauert. Aber das Gerät machte, was ich ihm sagte. Dieser Erfolg war ein durchschlagender Impuls für mein Leben: Ich hatte richtig Bockmist gebaut, war verzweifelt, hatte Angst, aber nach einiger Zeit hatte ich – wie versprochen – das Problem gelöst. Jetzt gab es sogar Achtung von meiner Familie, und ich konnte anderen bei ihren Problemen helfen. Ich war kein Loser mehr, sondern galt plötzlich als »der PC-Experte«. Und endlich hatte ich mal etwas Cooleres als meine »Freunde«, der dicke Olli und Manuel mit der geflickten Brille.

Nachdem ich MS-DOS verstanden hatte, kaufte ich mir Bücher über **ASSEMBLER** und **C**. Ich lernte programmieren. Meine erste selbst gestellte Herausforderung: Ich wollte Computerspiele mit Kopierschutz **CRACKEN**, um sie kostenfrei zu spielen.

> MS-DOS

Microsoft-Gründer Bill Gates kaufte von einer kleinen Firma das »Quick and Dirty Operating System«, eines der ersten Betriebssysteme für Personal Computer, und nannte es »Microsoft Disk Operating System« – MS-DOS. Durch geschickten Vertrieb machte er es zum ersten großen Erfolg von Microsoft.

> ASSEMBLER

Assembler ist eine Programmiersprache. Näher kommt man bei der Programmierung nur noch an die Maschine, wenn man direkt in Maschinensprache, also den binären Codes (01010100111 …) für den Prozessor, programmiert. Mit Assembler werden Befehle wie MOVE, PUSH, POP und so weiter in Maschinensprache übersetzt. Damit kann man alles an Geschwindigkeit aus dem Rechner herausholen, es ist aber sehr, sehr aufwendig. Ich habe noch einfache 3D-Spiele in Assembler programmiert. Das gibt mir heute Street-Credibility.

> C

Die Programmiersprache C war die Basis für unsere heutige Software-Revolution. Sie wurde von Dennis Ritchie in den frühen 70er Jahren an den Bell Laboratories entwickelt. Sein Buch *The C Programming Language* war für viele Jahre mein ständiger Begleiter. Es gibt Weiterentwicklungen und Varianten von C, z. B. C+, C++ und C#.

>CRACKEN

Wenn man den Kopierschutz eines Computerprogramms aushebelt, bezeichnet man das als »Cracken«. Früher eine Grauzone, ist das Cracken heute urheberrechtlich meist eindeutig untersagt, auch wenn viele Hacker mir jetzt widersprechen werden. Aber insgeheim wissen sie schon, dass es falsch ist, was sie da tun. Wusste ich damals auch.

Das fand ich so spannend und interessant, dass ich dann keines der Spiele überhaupt jemals wirklich ernsthaft gespielt habe. Hatte ich eines gecrackt, nahm ich mir das nächste mit einem komplizierteren Schutz vor. Der Weg war das Ziel.

Ich begann, meine Dienstleistungsspezialität »PC-Installation« an Freunde und Verwandte zu verkaufen. Von dem ersten verdienten Geld kaufte ich mir ein 14,4-K-Modem, das mich mit Mailboxen verband, von denen ich Software herunterladen konnte. Später folgte ein 36,6-Zyxel-Modem – 36 kbit, das empfindet man heute als »offline«, also »kein Netz«! – und der Zugang über AOL ins World Wide Web. Erinnerst du dich noch an die AOL-CDs? Eine Zeit lang trugen rund 50 Prozent aller weltweit hergestellten CDs das AOL-Logo, und jeder kannte natürlich den legendären Boris-Becker-Spot »Bin ich da schon drin, oder was?!?«.

Im letzten Jahr der Realschule gab es dann sogar Informatikunterricht mit allerdings schon für damalige Verhältnisse uralten Computern, die noch 5,25-Zoll-Diskettenlaufwerke hatten. Das fand ich immerhin spannender als den Frontalunterricht in Deutsch oder Geschichte. Es war neu, hatte auch einen praktischen Wert für mich, man konnte etwas anfassen und an der Hardware herumbasteln.

Eben weil ich das so interessant fand, hat mich eine Aussage meines Informatiklehrers damals besonders getroffen: Er nahm meinen Vater bei meiner Abschlussfeier zur Seite und sagte: »Herr Thelen, was auch immer Ihr Sohn in seinem Leben macht: Er sollte der Informatik fernbleiben!« Das hört sich rückblickend witzig an, aber es hat mich damals tief verletzt. Und wenn das seine verdammte Meinung war, hätte er es bitte schön mir sagen sollen und nicht meinen Eltern. Glücklicherweise haben meine Eltern nichts auf solche Aussagen gegeben und immer an ihren Sohn geglaubt, auch wenn Zweifel an mir manchmal durchaus berechtigt waren.

SKATEBOARDING: AUSBILDUNG FÜRS LEBEN

> Bonn, ab 1988 bis heute

Vor dem Computer war mein größtes, eigentlich sogar mein einziges Hobby das Skateboard. Nicht nur, dass es mich von Schlägereien und den Drogen abhielt. Nein, es war meine erste große Leidenschaft. Wie war ich zum Skater geworden? Schon auf dem Gymnasium waren die coolen Checker-Jungs die mit den Skateboards. Zu denen hätte ich gerne gehört, aber das war aussichtslos. Ein Board immerhin hatte ich mir allerdings gewünscht – und geschenkt bekommen. Also hing ich im Bad Godesberger Kurpark ab und skatete dort mit meinen Kumpels. Skateboarding wurde der zentrale Inhalt meines Lebens.

In Godesberg war das damals nicht so einfach: überall Polizei, Bundesgrenzschutz, private Sicherheitsdienste für die ganze Politik. Aber im Kurpark gab es einen großen Marmorbrunnen mit Heilwasser. Ursprünglich errichtet für die Flaneure aus dem letzten Jahrhundert, heute nur noch für die Touristen. Diesem Heilwasser verdankt Godesberg seinen Namenszusatz »Bad«. Der Brunnen hatte Stufen, auf denen man hervorragend fahren konnte. Das Problem war: Der Architekt des Brunnens hatte damals nicht bedenken können, dass über 100 Jahre später ein paar Jungs mit Boards und Metallachsen über die Stufen grinden würden. Marmor ist sehr weich, deshalb werden ja auch Skulpturen aus Marmor gehauen. Unsere Skateboards haben dem altehrwürdigen Brunnen schwer zugesetzt: Er wurde zerkratzt, zerschrammt

> MIT MEINEM H-STREET-PULLI IN DER SCHULE

>SPOT

Heute suche ich meistens einen Hotspot für mein Notebook. Früher einen zum Skateboarden. Damals war ein Spot noch ein echter Platz, wie zum Beispiel die Kölner Domplatte, die Heussallee oder das Bonner Loch. Er musste glatte Böden, einige Stufen und viele Möglichkeiten zum Grinden bieten.

und zum Teil sogar zerstört. Sehr schnell wurde – heute für mich nachvollziehbar – das Skateboarding im Park verboten. Wir sahen das damals natürlich nicht ein. Die Polizei hat uns gejagt, meistens konnten wir uns aber mit unseren Boards schnell genug aus dem Staub machen. Eines Tages hatte ich die Nase voll von der Illegalität und dem Ärger mit der Polizei. Ich bin zum damaligen Bezirksbürgermeister Norbert Hauser gegangen und habe ihm erklärt, dass wir eine Skateboard-Rampe brauchten, wenn der alte Brunnen verschont bleiben sollte. Und tatsächlich: Nachdem ich hinreichend genervt hatte und man merkte, dass ich so schnell nicht aufgeben würde, finanzierte uns die Stadt einen kleinen Skatepark mit drei Rampen. Ich werde das Gefühl an dem Tag nie vergessen, als die Bauarbeiter anrückten, um unseren Skatepark zu bauen – nur 100 Meter von unserer Wohnung entfernt!

Diese Rampen gibt es heute noch. Und jedes Mal, wenn ich an ihnen vorbeigehe, denke ich mir: Man kann die Welt verändern, jeder von uns. Ich war damals ein normaler Jugendlicher aus einer durchschnittlichen Familie mit schlechten Schulnoten. Aber ich hatte eine Idee, an die ich geglaubt habe, den Willen, diese umzusetzen, und die Energie, durchzuhalten, bis mein Ziel erreicht war. Das hat mich geprägt und ist mir bis heute geblieben. Wenn mich etwas packt, gebe ich alles. So einfach ist das »geheime« Rezept zum Erfolg. Unser neuer kleiner Skatepark mit einer Mini-Ramp, Quarter-Pipe, Jump-Ramp und einem Rail war ein großer Erfolg. Der neue **SPOT** wurde so schnell beliebt, dass selbst die großen und coolen Jungs aus Bonn nach Godesberg kamen. Jetzt hingen wir gemeinsam dort ab oder besuchten im Gegenzug die Bonner im sogenannten »Bonner Loch«. Das war immer eine kleine Reise, also schwänzten wir die Schule, damit es sich auch lohnte.

Wenn man früher am Bonner Hauptbahnhof ausstieg und die Ampel überquerte, stieß man sofort auf eine der übelsten Bausünden der Stadt. In den 1970er Jahren wurde hier eine Art Einkaufszentrum als Überbauung der U-Bahn gebaut, das sich binnen weniger Jahre zu einem unbeliebten Schandfleck entwickelte. Leerstand, Pizza-Palast, dann wieder Leerstand, Döner-King, Leerstand, Kiosk, Pizzastand prägten das Bild. Direkt benachbart gab es einen tiefer gelegenen, offenen Bereich, der wohl ursprünglich mal als begrünter Treffpunkt im öffentlichen Raum gedacht war. Hier hätte man wie auf mehreren Terrassen sitzen können, wenn das Konzept je angenommen worden wäre. Stattdessen pinkelten Obdachlose in die Rabatten, schliefen in ihren Schlafsäcken auf den Stufen, und Dealer versteckten ihren Stoff in den Ritzen des Pflasters. Überall lagen Spritzen und angekokelte Löffel herum. Im »Bonner Loch« trafen sich die Junkies, die Penner – aber auch die Skater, denn die Betonierung eignete sich hervorragend zum Skaten, die Treppen für den einen oder anderen Stunt. Dies war ein anderes Gesicht von Bonn als die Villenviertel und Regierungsgebäude. Schlägereien und Verbrechen waren leider an der Tagesordnung, sodass die Stadt 1992 eine kombinierte Dienststelle von Polizei und Ordnungsamt errichtete, die »GABI« – »Gemeinsame Anlaufstelle Bonn-Innenstadt«. Inzwischen ist das »Bonner Loch« übrigens Geschichte und weicht gerade einem Neubau.

Glücklicherweise interessierte mich aber immer nur der Sport. Ich habe weder gekifft noch geschnupft, geschweige denn irgendwas gespritzt. Das war nicht unbedingt selbstverständlich – viele aus der Szene sind auf üblen Sachen hängengeblieben. Andere wiederum – die Guten – haben das Aufstehen nach dem Hinfallen, das Weitermachen des Skatens in ihr Leben übernommen. Meine Kumpels Ingo und Peer zum Beispiel führen sehr erfolgreich den Titus Bonn Shop in der Innenstadt. Christian Kühlem wurde ein Freund über unseren Sport hinaus und später sogar mein Trauzeuge. Aber ja, es gibt auch viele, die aus unserem Hobby die negativen Dinge mitgenommen haben: die Drogen und das Abhängen.

Zu den Guten gehört besonders Titus Dittmann. Er war schon damals der Star der deutschen Skateboard-Szene und ist es heute noch. Er wohnt in Münster, und dort fand einmal im Jahr das größte Skateboard-Event statt, das »Münster Monster Mastership«, das später sogar zur offiziellen Weltmeisterschaft ernannt wurde. Da mussten wir hin. Wir schliefen auf dem Zeltplatz und veranstalteten mit Hunderten anderen Skateboardern einen Skatetrain durch die Münsteraner Innenstadt. Das war für die kleine Stadt damals ein Skandal. Münster ist ja ein bisschen wie Bonn, da geht es gediegen ab. Und wenn da auf einmal Hunderte von Jugendlichen auf Rollbrettern über die Fußgängerzone herfielen, war das für die Bürger natürlich ein Schock. Es gab regelrechte Proteste gegen uns, und das nicht ganz zu Unrecht. Denn einmal lief dieser Zug durch die Stadt ziemlich aus dem Ruder – einige ver-

> MIT TITUS BEIM DEUTSCHEN GRÜNDERPREIS

wüsteten und plünderten sogar einen ganzen Burgerladen. Das war nicht cool.

Doch Titus Dittmann war ein Hero – und ich der kleine Junge auf dem Zeltplatz. Heute bin ich stolz, dass ich Titus Dittmann bei seinem Projekt »Skate-Aid« unterstützen kann. Er baut Skateparks in Kriegsgebieten. Denn das Skaten bringt dir bei, dass jeder hinfällt, aber nur derjenige, der wieder aufsteht, den Trick irgendwann lernt. Es bringt dir bei, dass du Schmerz aushalten kannst. Und dass du nach hundert vergeblichen Versuchen Erfolg haben wirst. Du springst über die Rampe, landest auf deinem Board und fährst weiter. Du stehst deinen ersten Kickflip. Das ist wirklich eine Droge, pures Adrenalin. Und es bringt dir auch Demut und Bescheidenheit bei: Egal, was du auf dem Board kannst – es gibt immer einen, der es noch besser kann. Und der hat für seine Skills noch mehr geblutet als du, denn beim Skaten bekommt keiner etwas geschenkt.

Unsere kleine Rampe in Godesberg war für mich ein Riesenerfolg. Aber sie war winzig – und je besser ich wurde, desto weniger genügte sie meinen Ansprüchen. In Deutschland gab es damals so gut wie keine Möglichkeit, legal und organisiert Skateboard zu fahren. Keine Skaterhalle, keine ordentlichen Rampen, keine Halfpipes. Holland war da schon viel weiter. Und da wir damals weder Führerschein noch Geld hatten, wären die coolen Skateboard-Hallen in Holland ein kühner Traum geblieben – wenn nicht mein Vater viele Wochenenden geopfert hätte, um mich und meine Kumpels dort hinzufahren. Und während wir in der Halle an unseren nächsten Tricks arbeiteten, ging er an irgendeinem See spazieren, um sich die Zeit zu vertreiben. Glücklicherweise kämpften neben mir auch andere für Skateboarding in Bonn. Der Verein »Subculture« hatte jahrelang um eine Baugenehmigung für eine Halfpipe in der Rheinaue gekämpft und im Jahr 1991 endlich die Genehmigung und die Finanzierung durch die »Stiftung Jugendhilfe der Sparkasse Bonn« erhalten. Das Besondere des Projektes: Die Skateboarder sollten ihre Rampe selber bauen. Eine gute Idee – auf dem Papier. Denn keiner von uns hatte Bauerfahrung. Hier zeigte sich aber, was ein Team leisten kann, wenn wirklich alle das Ziel erreichen wollen. Ich glaube, wir bauten drei Monate an dem Projekt. Ein Skater wurde zum Bagger-Experten, ein anderer arbeitete sich in Betonfundamente ein, ein dritter koordinierte die Dienstpläne und so weiter. So bauten wir Skater tatsächlich die größte Halfpipe Europas in der Bonner Rheinaue – und Bonn wurde endlich eine amtliche Skater-Stadt! Die von uns gebaute Anlage gibt es noch heute, musste vor einigen Jahren aber grundlegend saniert werden.

Auf dem Höhepunkt meiner Skateboard-Laufbahn bin ich sechs Stufen runtergesprungen, während sich das Brett unter meinen Füßen einmal um die Längs- und einmal um die Querachse gedreht hat: ein 360 varial Kickflip. Diesen Trick »zu stehen«, wie man beim Skateboarding sagt, macht Mut. Am Anfang lachten mich die großen und coolen Skater aus. Aber nach zehn Jahren war ich oben angekommen. Das löste zwar dummerweise nicht meine Schulprobleme – aber immerhin hatte ich etwas gelernt: dass Können was mit harter Arbeit zu tun hat. Und dass das auch richtig Spaß machen kann.

DER ENTSCHEIDENDE IMPULS MEINES VATERS

> Bonn, 1991

Mein Vater sah zu dieser Zeit allerdings keine gute Zukunft für seinen Sohn, und aus heutiger Sicht kann ich das durchaus verstehen. Er liest – übrigens bis heute – jeden Tag den Bonner General-Anzeiger, und eines Tages entdeckte er dort einen Artikel über eine neue Schule, die eine Kombination aus Fachabitur und Ausbildung zum Informatiker anbot – seiner Meinung nach die ideale Ergänzung zu meinem Realschulabschluss.

> MIT MEINEM VATER IN BONN

Die Deutsche Telekom hat ihren Sitz in Bonn – und für meinen Vater war damals die Telekom der Inbegriff eines soliden Unternehmens. Wer dort landete, hatte es in den Augen meines Vaters geschafft. Er muss sich gedacht haben: Der liebe Gott hat diese Schule für meinen Sohn gemacht, denn wenn er dort angenommen wird, kann er es doch noch zum Telekom-Abteilungsleiter bringen. Aber der Ansturm auf diese neue Schule war groß. Sehr groß. Es gab 150 Bewerber für 30 Plätze, also gab es einen Aufnahmetest, der sich gewaschen hatte. Mein Vater hat mit mir eines Samstags noch morgens gefrühstückt und mich dann mit seinem in die Jahre gekommenen Audi 100 zur Prüfung gefahren. Während ich in dem kargen Klinkergebäude Blut und Wasser schwitzte, saß er draußen im Auto, wartete und war wahrscheinlich sogar noch aufgeregter als ich.

Heute kann ich es zugeben: Ich habe geschummelt. Neben mir saß ein Junge, der sich (anders als ich) monatelang auf die Multiple-Choice-Fragen vorbereitet hatte. Weiß der Teufel, woher er wusste, welcher Art dieser Test sein würde. Aber er hatte es drauf. Ich habe ganz simpel von ihm abgeschrieben – unter uns Informatikern heißt das »copy & paste«. Das merkte er und fand es gar nicht lustig. Aber ich habe einfach weitergemacht. Anschließend gab es noch zwei Bewerbungsrunden, in denen man sich in Einzelgesprächen beweisen musste, eine davon auf Englisch. Bis heute erinnere ich mich an die Frage: »What is ›to recycle‹?« Ich glaube, das habe ich ganz okay gemeistert, aber ich bin Realist: Unter normalen Umständen wäre ich nicht durchgekommen. Doch »wie durch ein Wunder« erreichte ich die erforderliche Punktzahl und wurde aufgenommen. Der Junge, von dem ich damals abgeschrieben hatte, hat die Schule übrigens nicht beendet. Ich hoffe für ihn, dass er woanders glücklich geworden ist, und möchte mich an dieser Stelle noch einmal ausdrücklich dafür bei ihm bedanken, dass er mich nicht verpfiffen hat. Manchmal gibt es im Leben diese Gelegenheiten, die man einfach beim Schopf packen muss. Das soll keine Entschuldigung sein, aber vielleicht hast du auch schon mal abgeschrieben. Ich habe dadurch eine riesige Chance bekommen und nach drei Jahren als Klassenbester die Schule verlassen. Ich war gar nicht dumm oder unfähig – es war die Form des Unterrichts, die mich am Gymnasium verzweifeln ließ. Und jetzt hatte ich begriffen, dass man coole Sachen lernen und dabei auch noch Spaß haben kann. Ich durfte Platinen löten und programmieren und hatte auf einmal richtig Bock. Der wahre Moment der Erkenntnis kam allerdings auch hier wieder außerhalb der Schule: Während der Zeit dort musste man ein Betriebspraktikum machen. Meine Freundin Conny erzählte mir: »Ein Freund von mir hat eine kleine Softwarefirma, den solltest du mal anrufen.« Ich rief ihn an, und er wollte mich auch direkt treffen, wahrscheinlich wegen Conny. Er lud mich am Rosenmontag ein. Wer je im Rheinland Karneval gefeiert hat, weiß, was das bedeutet. Aber so im Nachhinein passt das durchaus, denn dieser im Rheinland heilige Tag wurde letztendlich auch für mich zum Glücks- und Feiertag: Der Freund von Conny hieß Martin Hubert und die Firma Chips at Work. Martin öffnete mir persönlich die Tür – alle anderen waren Karneval feiern. Für einen Chef war Martin sehr jung, gerade mal zehn Jahre älter als ich mit meinen 17 Jahren. Er duzte mich und kam irgendwie richtig cool rüber. Chips at Work bestand aus einem Büro mit fünf Räumen und sah nach Entwicklungslabor aus: Überall standen offene Computer rum, aus denen Drähte und alles mögliche Zeugs raushing, Festplatten lagen in der Ecke. Martin kam direkt zum Punkt: »Conny sagt, du willst ein Praktikum bei uns machen. Bist du bereit, auch länger zu arbeiten und dich selbstständig in Themen einzuarbeiten?« »Ja«, murmelte ich verhalten, »absolut. Ich liebe Computer und will unbedingt lernen.« »Okay.« Martin hob die Abdeckung eines Computers hoch. »Dann erklär mir doch mal den Aufbau dieses Computers!«

> GEEK

Als »Geek« bezeichnet man einen Menschen, der sich intensiv mit Mathematik, Technik und Computern beschäftigt und meist eher schwach ausgeprägte soziale Fähigkeiten besitzt. Nicht zu verwechseln mit dem Nerd: Ein Nerd ist ein Geek ohne Freundin.

YES! Ich hatte unzählige PCs für Verwandte und Freunde gebaut und jede Ausgabe der damals schon angesagten **GEEK**-Zeitschrift C't gelesen. Hier war ich zu Hause, das war mein Gebiet. Ich erklärte Martin alles im Detail. Bisher hatte ich mein Wissen im Kinderzimmer erworben, dort war es geblieben. Bisher hielt ich es für wertlos, für eine private Spinnerei, mit der nur ich etwas anfangen konnte und sonst keiner. Und jetzt traf ich auf

Menschen, mit denen ich dieses Wissen teilen konnte – und die bereit waren, ihr Wissen mit mir zu teilen. »Das hier ist die CPU, das sind die RAM-Module, das ist die Netzwerkkarte am ISA Bus, die Grafikkarte am EISA Bus« und so weiter. Und zum ersten Mal in meinem Leben hörte ich einen Satz, der sich gleichzeitig anerkennend und ermutigend anhörte, der mir eine Perspektive eröffnete und mir zeigte, dass ich nicht ganz alleine war auf der Welt mit meinem Computerzeug. Okay, es ging nur um einen Praktikumsplatz, aber der Satz hieß: »Du hast den Job!«

Mein erster echter Chef war ein weiterer entscheidender Glücksgriff in meinem Leben: Seine Firma entwickelte das erste Bildschirmtelefon der Welt. Das funktionierte nicht über das Internet, sondern noch via ISDN, über eine damals moderne Telefonleitung. Heute ist ein Videochat nichts Besonderes mehr – Skype, Face Time, WhatsApp – aber damals, Anfang der 90er Jahre, war es ein Traum wie heute die Reise zum Mars. Erst im Jahr 2010 trat Steve Jobs auf eine Bühne und stellte FaceTime als einen wahr gewordenen Menschheitstraum vor. Ich hatte das Glück, bereits 15 Jahre zuvor dieses Produkt mitentwickeln zu dürfen. Natürlich mit geringerer Auflösung, für klobige PCs, aber es funktionierte.

Den Begriff »Startup« gab es damals noch nicht, aber Chips at Work war das perfekte Startup: Zehn bis zwölf intelligente Ingenieure arbeiteten sieben Tage die Woche und lebten für das Produkt, jeder konnte und durfte Sachen machen und ausprobieren, es gab keine Politik, keine Hierarchien und keine Stechuhr. Das Bildschirmtelefon mit dem Namen Two-at-One-Desk wurde damals für die Telekom entwickelt – und eines Tages hatten sich deren Projektleiter angekündigt, um sich das Wunderwerk anzuschauen. Bei diesen Meetings war ich nicht dabei, ich war ja nur der Junior Software Developer, aber ich erinnere mich, dass wir am Tag der Präsentation noch morgens um sechs Uhr an den letzten Funktionen gearbeitet haben. Und weil es nur so halb funktionierte, haben wir dann anstelle des echten Produkts ein vorher aufgezeichnetes Video abgespielt. Das war ein wilder Stunt und selbst für Gründer im dunkelgrauen Bereich, aber wir wussten ja, dass unser Gerät prinzipiell funktionierte. Manchmal muss man sich auch in den Graubereich wagen – wie Guy Kawasaki, der unter anderem 1984 für die Vermarktung des ersten Apple Macintosh verantwortlich war, sagt: »Eat like a bird, poop like an elephant.« Und es hat funktioniert, der Projektleiter von der Telekom war überzeugt. Anschließend haben wir dann die Funktionen sauber programmiert – und es lief.

Nach der Schulzeit habe ich dann für Chips at Work ganz viel programmiert: Multimedia-CD-ROMs, Computer-Telefonie-Integration und andere wirklich moderne und herausfordernde Technologien. Und alles hat damit angefangen, dass Martin an mich geglaubt hat, mir an meinem ersten Tag ein dickes Buch über Visual Basic 3.0 Pro und zwölf Disketten in die Hand gedrückt und mir wirklich böse Fehler verziehen hat. Er hat die Begeisterung gespürt, das war ihm wichtiger als ein eindrucksvoller Lebenslauf. Zu ihm habe ich heute noch Kontakt.
Danke, Martin!

MEIN ERSTES »UNTERNEHMEN«

> Bonn, 1993

Zu 80 Prozent bist du deines Glückes Schmied, das meiste ist erlernbar. Du kannst auch mit einer schwierigen Jugend viel erreichen. Aber manches wird eben auch vererbt – die Macht der Gene. Und wer – anders als ich – in der Schule aufgepasst hat, der weiß, dass vererbte Eigenschaften auch gerne mal eine Generation überspringen. Ich bilde mir ein, dass mein Großvater, den ich leider nie kennengelernt habe, mir seine Unternehmergene mitgegeben hat. Er war eigentlich Landwirt, hat aber schon früh geschickt Grundstücke gekauft, die später zu Bauland wurden. Die Landwirtschaft schlief ein, das Immobiliengeschäft florierte. Mein Unternehmerherz bedauert, dass weder mein Vater noch mein Onkel das Geschäft fortgeführt haben. Sie sind ihren eigenen Berufen nachgegangen, das Immobiliengeschäft wurde aufgegeben.

Bei mir sind die Unternehmergene aber wieder aktiv geworden, und ich habe schon in meiner frühen Jugend angefangen, Geschäfte zu machen. Nachdem der Computer und ich Freunde geworden waren, kam ich schnell auf die Idee, mein neues Wissen zu monetarisieren. Als die ersten CD-Brenner auf den Markt kamen, konnte man plötzlich selber CDs produzieren. Ein CD-Brenner war so groß wie vier Schuhkartons, sehr schwer, extrem empfindlich und vor allem sagenhaft teuer. Ich schlich wöchentlich mit leuchtenden Augen im Elektronikmarkt um ihn herum. Aber ich musste viele Monate programmieren, um mir das Investment leisten zu können.

Irgendwann hatte ich das Geld dann zusammen – und kaufte mir einen eigenen CD-Brenner. Ein Rohling hat damals 30 DM gekostet, und jeder einzelne Brennvorgang war ein Abenteuer. Der PC musste perfekt auf den Brenner abgestimmt sein, jeder kleinste Stoß gegen den Schreibtisch war tödlich, und natürlich hat es ewig gedauert. Aber CDs waren eine Revolution! Während Disketten maximal 1,44 MB speicherten und es Stunden dauerte, über ein Modem den Inhalt von zwei bis drei Disketten zu übertragen, fassten CDs 650 MB, also über das 400-fache! Sicher, nicht alle Software, die ich auf diese CDs brannte, war legal. Aber wie gesagt: Ich hatte Spaß daran, den Kopierschutz der Großen zu knacken. Ich entwickelte sogar ein eigenes Mini-Programm für meine CDs, das einen interaktiven Katalog des Inhalts anzeigte und den Nutzer bei der Installation unterstützte. Das hat mich begeistert, 400-fache Speicherkapazität, der kleine Frank besiegt die Großen, indem er den Kopierschutz knackt, und er bietet auch noch einen zusätzlichen Wow-Effekt bei der Bedienung, wenn man die CD einlegt. Lizenzen, Rechte und Vertrieb interessierten mich als kleinen »Outlaw« nicht. Die Dinger habe ich dann für 100 DM das Stück an Freunde verkauft.

Einen anderen »Coup« landete ich während meiner Ausbildung. Dort lernten wir C++, eine Programmiersprache. Ich sah im Bonner Kaufhof 30 Bücher über C++, die um 80 Prozent reduziert waren. Ich kaufte alle. Anschließend überzeugte ich den Lehrer, dass die Klasse mit exakt diesem Lehrbuch lernen solle. Also sollte sich die ganze Klasse dieses Buch anschaffen, vorzugsweise aus meinem Bestand. Ich gewährte einen kleinen Rabatt auf den empfohlenen Verkaufspreis, sodass jeder das Gefühl hatte, ein Geschäft gemacht zu haben. Eine Win-win-Situation für alle. Zu meiner Entschuldigung muss ich sagen, dass es wirklich ein sehr, sehr gutes Buch über C++ war. Insofern hatten alle etwas davon, sogar der Lehrer. Ich glaube, hier zeigte sich mein Macher- und Unternehmergen: Ich habe keinen großen Plan gehabt, sondern einfach aus einem inneren Impuls heraus gehandelt: an das Buch geglaubt, 300 DM riskiert, alle Beteiligten überzeugt, Gewinn gemacht und in das nächste Gadget investiert.

STUDIUM – NUR EINE ZWISCHENSTATION FÜR MICH

> Bonn und Sankt Augustin, Mitte der 1990er

Nach dem sehr erfolgreichen Abschluss meines Fachabiturs – wer hätte das je gedacht? – begann ich – zur großen Freude meiner Eltern – ein Studium der »Angewandten Informatik« an der Hochschule Bonn-Rhein Sieg. Durch meine Tätigkeit bei Chips at Work konnte ich recht gut programmieren und wusste, wie Betriebssysteme und Netzwerke funktionieren. Bei Windows und Linux machte mir so schnell keiner was vor. Jetzt sollte ich also studieren und Diplom-Informatiker mit goldener Zukunft werden. Das Problem: Die Professoren hatten wirklich wenig Ahnung von Programmierung, Betriebssystemen und Netzwerken. Auf dem Gymnasium hätte ich noch gesagt, dass es an mir lag, dass ich einfach nicht gemacht sei für das Schulsystem, das rote Lateinbuch und den Frontalunterricht. An der FH aber war ich bereits kompetent genug, um beurteilen zu können, dass der neue Studiengang »Angewandte Informatik« zwar ganz gut aufgebaut war, dass es den Lehrkräften aber ganz einfach an Wissen und Erfahrung mangelte. Gezaubert wurde außerhalb der Uni, bei Chips at Work. Hier konnten und wussten fast alle mehr als ich. Jeder wollte den anderen immer zeigen, dass er die nächste große Idee hatte. Jeder wollte einen Schritt voraus sein, die neue Technologie vor den anderen beherrschen. Diese Dynamik konnten die FH und vor allem deren Professoren nicht bieten.

Diese Gefahr besteht übrigens auch heute, und zwar mehr denn je: Wissen wird privatisiert. Wer sich heute auskennt mit künstlicher Intelligenz, Blockchain und Big Data, der geht nicht mehr an eine Uni. Warum den Umweg über Seminare, Promotion und Lehraufträge machen, wenn man für ein Vielfaches des Geldes, ohne akademische Ochsentour und Politik, bei den Großen anfangen kann? In Amerika sind das Facebook, Microsoft, Amazon, Google oder Apple – in China Tencent, Alibaba oder Baidu. Die Geschwindigkeit der Wissenszunahme ist so groß geworden, dass der Antrag für einen Sonderforschungsbereich (»SFB«) an der Uni schon in dem Moment veraltet ist, in dem er eingereicht wird. Und dann dauert es noch ein Jahr, bis er, wenn überhaupt, genehmigt wird – und ein weiteres, bis der SFB seine Arbeit aufnimmt. Was heute ein riesiges Problem ist, das fühlte ich im kleinen Rahmen schon damals: Ich brach mein Studium ab und gründete meine erste offizielle Firma.

Ich war erwachsen.

03

MEINE ERSTEN SCHRITTE ALS UNTERNEHMER

BÜRO ZU HAUSE

> Bonn, ab 1993

Mit verschultem Lernen war ich fertig, ein für alle Mal. Das Gymnasium hatte mich unglücklich gemacht, die Realschule unzufrieden, die Fachhochschule ungeduldig. Ich wollte endlich raus und mein eigenes Ding machen. Mit Hilfe meiner Programmierkenntnisse, der PC-Installationen und meinen eigenen CDs hatte ich gemerkt: Da geht was – und ich hatte auch schon eine Idee, was das sein könnte.

Ich war 18 Jahre alt, volljährig und voller Motivation, hatte aber kaum einen Pfennig in der Tasche. Meine Eltern hatten mir mittlerweile eine kleine Zweizimmerwohnung zur Verfügung gestellt – und mit 4.000 DM Unterstützung von meinem Opa kaufte ich einen modernen PC und eine **DELPHI-LIZENZ**, mit der man programmieren konnte. Und weil dann noch ein wenig Geld übrig war, gönnte ich mir bei IKEA einen Schreibtischstuhl auf Rollen – like a boss!

Meinen Schreibtisch stellte ich in die Mitte der Wohnung und fühlte mich wie Bill Gates und Steve Jobs zusammen. Meine Firma hatte sogar einen eigenen Namen, sie hieß Softer Solutions. Ich fand das damals mit meinen mangelhaften Englischkenntnissen einfach cool. Heutzutage frage ich mich, was dieser Name eigentlich bedeuten sollte.

Aber glücklicherweise war die Geschäftsidee besser als der Firmenname: Damals klebte gefühlt auf jeder Zeitschrift eine Multimedia-CD: auf der TV Movie, auf der Computerbild, auf dem Focus, überall. Der De-facto-Standard für die Produktion dieser Multimedia-Inhalte war der Macromedia Director. Er wurde in allen Agenturen eingesetzt, die Software hatte viele Funktionen, und es gab viel Literatur darüber. Die mit Macromedia Director produzierten CDs hatten aber sehr lange Ladezeiten. Vielleicht erinnern sich einige noch: Wenn man so eine CD ins Laufwerk legte, sirrte und surrte es erst einmal ewig, bevor man überhaupt etwas auf dem Bildschirm sah, wenn sich der Computer nicht irgendwann vorher komplett aufhängte. Das war für den Käufer der Zeitschrift oft unbefriedigend und frustrierend. Heute wäre

> DELPHI-LIZENZ

Delphi war eine populäre Entwicklungsumgebung von Borland. Damals kostete Software noch sehr viel Geld und wurde auf CD mit Handbuch geliefert.

so etwas undenkbar – aber damals nahm man das offensichtlich in Kauf, man kannte es ja auch nicht anders.

Dabei lag – zumindest für mich – die Lösung für dieses Problem auf der Hand: Diese CDs bestanden unter anderem aus Hunderten kleiner Bilddateien, die der Macromedia Director einzeln von der CD lud. Daher das Sirren und Surren. Der Rechner fuhr für jede Datei einzeln an die Stelle der CD, wo sie gespeichert war, lud sie, fuhr dann an die nächste Stelle, um die nächste Datei zu laden, und so weiter. Es funktionierte wirklich noch wie ein Schallplatten-Arm, nur in kleiner und schneller. Meine Idee war einfach, die 100 Bilder in einer einzigen Datei zu speichern. Der Rechner lädt nur diese eine Datei von der CD, und erst in seinem Speicher wird die eine Datei dann in die 100 einzelnen Bilddateien zerschnitten. Klingt jetzt nicht besonders revolutionär – aber oft sind die einfachsten Ideen ja die besten: Meine CDs luden zehnmal, ach was, fünfzigmal schneller. Zusätzlich entwickelte ich Buttons, die optisch pulsierten, schnelle Foto-Animationen, einen besonders hochwertigen Video-Player und viele weitere Funktionen, die der Wettbewerb nicht beherrschte.

Das blieb nicht unbemerkt, und mehrere Agenturen beauftragten mich, für ihre großen Kunden Multimedia-CDs umzusetzen. Meine Technologie erlaubte ihnen, gegen andere Agenturen im Pitch um die großen Budgets zu gewinnen. Meine CDs begeisterten mit schnelleren Ladezeiten, schöneren Animationen und neuen Funktionen, die andere nicht anbieten konnten. So durfte ich recht schnell für Auftraggeber wie Agfa, 1&1, den Deutschen Bundestag und sogar für den Anbieter einer Potenz-Spritze arbeiten – ja, ja, lacht jetzt ruhig, aber ich war jung und brauchte das Geld. Der kritische Punkt war immer die Lieferung des **»GOLD MASTERS«**, den ich von meiner kleinen Wohnung in Bonn in die große weite Welt liefern musste.

>GOLD MASTER

Der »Gold Master« ist das finale Entwicklungsstadium einer Software. Davor gibt es eine Alpha-, Beta- und dann die Release-Candidate-Version. Obwohl heute nichts mehr gebrannt wird, wird die Bezeichnung »GM« noch heute für Online-Versionen verwendet.

Das Brennen von CDs war in der Zwischenzeit recht einfach und stabil geworden. Aber der Gold Master wurde millionenfach auf CDs gepresst. Jetzt lag die Herausforderung in der fehlerfreien Software. Wenn die Software auf dem von mir gelieferten Master einen kritischen Fehler gehabt hätte, wäre ein katastrophaler finanzieller Schaden entstanden. Du kannst dir vorstellen, wie ich in meinem

Zimmerchen saß, mit spitzen Fingern den Gold Master aus dem Brenner nahm und ihn sorgfältig in ein Jewel Case packte, während ich zum Software-Gott betete, dass beim Kunden alles einwandfrei funktionieren würde. Heute kann man alles online updaten, die Entwicklungswerkzeuge warnen den Programmierer vor möglichen Problemen, und es muss nicht alles in vier Megabyte RAM passen. Aber damals war es rückblickend wirklich verrückt: Ein kritisches Problem – und Millionen von CDs, die ja auf den Zeitschriften klebten, wären unbrauchbar gewesen. Es hätte keine Chance gegeben, dies nachträglich zu beheben. Ich habe damals unfassbar viel falsch gemacht, aber auch verdammt viel richtig und vor allem viel gelernt. Die neuen Möglichkeiten waren faszinierend, und ich hatte jeden Tag neue Ideen. Der Arbeitstag begann um elf Uhr morgens und endete zwischen ein Uhr und drei Uhr nachts. Vor einer Deadline wurde es auch oftmals sechs Uhr. Dann holte ich ab und zu frische Brötchen und frühstückte mit meinem Vater, der immer sehr früh ins Büro fuhr.

Multimedia-CDs waren ein großer Hit, und das Geschäft lief. Es gab bloß ein Problem: Ich war ein sehr schlechter Verkäufer meiner eigenen Leistung. Oft bot ich mein Produkt weit unter Wert an – ich war so euphorisch, wenn ein Kunde Interesse zeigte, dass ich den Auftrag keinesfalls am Preis scheitern lassen wollte. Oder ich unterschätzte den Arbeitsaufwand durch meine Euphorie so sehr, dass ich auf einen lächerlichen Stundenlohn kam. Als Putzkraft in einem der zahlreichen Bonner Ministerien hätte ich deutlich mehr verdient. Oft reichte es gerade so fürs Essen, den **MSN-ZUGANG** und die Telefonrechnung. Wenn es mal richtig gut lief, blieb Geld für Software-Updates, Hardware-Updates oder neue Software-Bücher übrig. Zum Glück zahlten meine Eltern die Miete für meine Wohnung, und meine Mutter fühlte sich noch für meine Wäsche verantwortlich. Und wenn ich abends quasi meine Mittagspause bei ihr machte, hatte sie immer etwas Leckeres zu essen für mich. Aber das sollte ja auch nicht ewig so weitergehen.

> **MSN-ZUGANG**
>
> »MSN« stand für »Microsoft Network«. Der Dienst ermöglichte es, sich per Modem mit dem Internet zu verbinden. Natürlich kostete jede Minute Geld, und es flossen maximal 0,03 Mbit.

CREATE MEDIA

> Bonn, späte 1990er Jahre

Ich hielt mich mehr schlecht als recht über Wasser, was eigentlich nicht zu verstehen war, denn das Geschäft brummte, ich arbeitete 60 bis 80 Stunden pro

Woche, und meine Produkte kamen gut an. Nach circa zwei Jahren traf ich Severin Tatarczyk, der für Anwaltskanzleien und Arztpraxen die damals aufkommenden lokalen Netzwerke installierte und für Mitarbeiter Office-Schulungen anbot. Severin war ein deutlich besserer Geschäftsmann als ich und kannte, im Gegensatz zu mir, viele wichtige Bonner Geschäftsleute. Das ist aber auch kein Wunder, wenn man wie ich tagelang wie ein Rhesusäffchen im Labor nur in seiner Büro-Wohnung hockt und wie besessen vor sich hin programmiert! Ich konnte viel von Severin lernen. Er sah, glaube ich, das Potenzial in meinem Softwaretalent. Und so vollzog ich meinen ersten **MERGER**: Seine proPC GmbH und meine Softer Solutions GmbH wurden zur Create Media GmbH & Co KG und wir 50/50-Partner. Ab jetzt wurde es ernst, da wir ganz offiziell ein Ein-Zimmer-Büro in Bonn bezogen. Mit eigenem Schild an der Tür – das ich heute noch als Erinnerungsstück habe. Ab jetzt mussten wir also jeden Monat Miete zahlen, laufende Kosten, die gedeckt werden wollten! Aber ich erinnere mich trotzdem noch sehr gerne und sehr genau an dieses Wahnsinnsgefühl: ein eigenes Büro, ein eigener Geschäftsbriefkasten mit eigener Adresse. Krass. Severin und ich ergänzten uns wirklich gut. Er war der Geschäftsmann und Netzwerker, und ich konnte mich aufs Programmieren konzentrieren. Unsere Create Media wuchs: Durch die Kombination von Severins Erfahrung und Netzwerk mit meinem Technik- und Designverständnis gewannen wir sehr schnell viele Kunden. Plötzlich hatten wir zehn Mitarbeiter, um alle Aufträge zu erledigen, und fünf Räume. Kunden besuchten uns – jetzt waren wir eine richtige Firma. Und es gab ein neues Geschäftsfeld: Internetseiten!

>MERGER

Wenn zwei Unternehmen fusionieren, spricht man von einem »Merger«. Zusammenschlüsse und Übernahmen fasst man unter »M&A« zusammen, also »Mergers and Acquisitions«.

Die Älteren werden sich erinnern: Fiepfiep, blinkblink – ein 14,4-K-Modem! Man musste jede Minute Online-Zeit bezahlen, die Websites bauten sich Zeile für Zeile langsam auf, der Rechner fuhr heiß, bis der Lüfter ansprang und ein lautes Gebläse das ganze Ding wieder kühlte, aber: Man war im World Wide Web. Das war neu, das war aufregend, und es gab viele Unternehmen, die jetzt eine eigene Website haben wollten, weil alle davon redeten und sie vielleicht das Potenzial witterten, aber keine Ahnung hatten, wie man das anstellen musste. Wir hingegen wussten das und waren eine der ersten Agenturen, die das komplette Paket anbieten konnten – und wir waren für damalige Verhältnisse echt gut.

Ich entwickelte interaktive Seiten, zum Beispiel eines der ersten **CONTENT-MANAGEMENT-SYSTEME** mit dem Namen Loom. Oder mit Photoweb eine der ersten Fotodatenbanken im Netz. Das war insofern abenteuerlich, als damals noch kaum jemand seine Fotos digitalisierte, geschweige denn in ausreichender Auflösung zu unserem Server übertragen konnte. Daher wurde unser Photoweb von einem Praktikanten via CD-Lieferung in unserem Keller manuell aktualisiert. Hallo.de war eine Flirt-Community, die ich an den Start brachte. Wahnsinn, wenn ich mir überlege, dass das Jahre vor Facebook war. Was hätte aus mir werden können ...! Severin und ich wollten aber jetzt noch größer denken, wir eröffneten Büros in Berlin und München und holten einen dritten Partner an Bord: Sandor Rozsa, einen herausragenden Designer. Zu dritt hatten wir die wichtigen Themen unter Kontrolle und waren auf dem Weg, die Welt zu erobern. Unsere Zeit war gekommen!

> CONTENT-MANAGEMENT-SYSTEME

Content-Management-Systeme (CMS) erlauben es jedermann, die Inhalte einer Website zu pflegen. Vorher musste man HTML-Codes oder gar PHP programmieren, ein CMS hingegen funktioniert ähnlich einfach wie Word. Das populärste CMS ist WordPress.

TWISD AG

> Bonn, ab 2000

Bis jetzt hatten wir nur Produkte für andere entwickelt, also Auftragsarbeiten. Damit konnten wir unser wachsendes Team und die Büros finanzieren. Aber bald wollten wir endlich selbst das große Geld verdienen. Und das geht natürlich nur mit einem eigenen Produkt, das millionenfach verkauft wird. Jetzt wird es kurz ein wenig technisch, aber ich versuche, es verständlich zu halten: Unsere Idee war eine Kombination aus allem, was wir bisher gelernt hatten. Für die Experten: Lokale Netzwerke (LAN, Local Area Network), Web-Applikationen und Design.

Wir entwickelten eine kleine Box, die lokale Netzwerke mit dem Internet verband und alles drum herum regelte: LIC, das stand für LAN Internet Connect.

Heutzutage ist das Standard und auf einem kleinen Chip zu haben. Damals war das spektakulär: Jedes kleine Büro bis zum Mittelständler konnte seinen Internetzugang selber administrieren. Es gab keine komplizierten Zugangsschranken, und man brauchte keine Techniker mehr! Und das alles mit einer attraktiven und leicht

> DAMALS MUSSTE MAN NOCH TEURE SERVER KAUFEN

verständlichen Benutzeroberfläche, hinter der sich eine ziemlich komplexe Software versteckte. Die Idee und Umsetzung war für damalige Verhältnisse genial, das musst du mir jetzt einfach mal glauben. Auch heute bin ich noch überzeugt davon, dass wir ein sehr gutes Produkt hatten. Aber um die Welt zu revolutionieren, braucht man Geld. Wir zogen mit unserem LIC los – und wer ein bisschen Verständnis für Computer und Netzwerke mitbrachte, war davon auch sehr schnell begeistert. Ein Bonner Kapitalgeber stellte uns 1,4 Millionen DM Venture Capital bereit, um das Produkt zur Marktreife zu bringen.

Hurra! An der Börse war gerade die Zeit des Neuen Markts. Firmen wie Intershop, EM.TV oder Infineon elektrisierten die Anleger. Und die Idee war brillant: Man wollte junge Unternehmer an die Börse bringen, um ihnen die Chance zu geben, am Kapitalmarkt Investoren von sich zu überzeugen und so zu wachsen. Pro Woche gab es mehrere Börsengänge, und es war keine Ausnahme, dass eine Aktie am ersten Handelstag um 100 Prozent nach oben schoss. Wer zum Beispiel im Oktober 1997 für 3.500 DM EM.TV-Aktien gekauft hatte und behielt, besaß wenige Monate später auf dem Papier Aktien im Wert von 1,2 Millionen DM. Es war ein regelrechter Hype, keiner wollte den Zug verpassen. Deshalb wurde auch in Aktien investiert, deren Unternehmen noch kein funktionierendes Produkt hatten und schon gar nicht erklären konnten, wie sie bald sehr viel Geld verdienen würden. Das war alles eine große Wette auf die Zukunft. Ich war damals in der Firma nicht **CEO**, sondern **CTO**, also für die technischen Produkte verantwortlich, das Geschäft machten andere. Aber es sollte auch für uns an die Börse gehen – und ich hatte nichts dagegen! Junge Unternehmer wie Lars Windhorst, Stephan Schambach von Intershop oder die Haffa-Brüder von EM.TV ließen es krachen – und mir gefiel der Gedanke, irgendwie und irgendwann dazuzugehören. Mit dem Geld vom Kapitalgeber sollte sowohl der Börsengang vorbereitet als auch das Produkt entwickelt werden. Mit dem Börsengang würden dann weitere Millionen eingenommen werden, das war der Plan. Es war eine verrückte Zeit!

Software-Architektur und Technologie waren meine Leidenschaft, und jetzt konnte ich eine komfortable Anzahl von Entwicklern einstellen und mit ihnen Tag und Nacht an meinem Produkt arbeiten. Wir hatten die schnellsten und teuersten PCs und die besten Server. Wir saßen in fancy Büros mit der feinsten Kaffeemaschine und dazu abgestimmten italienischen Bohnen. Wir tranken Cola light ausschließlich aus den kleinen Flaschen. Klar, die großen waren günstiger, aber wen juckte das schon. Keiner fragte nach Umsätzen – und so etwas wie Gewinne erschien sogar uncool. Es ging um große Storys, um Technologie, um Marktführerschaft. »Fantasie« war das Wort der Stunde. Da ist »Fantasie« drin. Hat das Produkt »Fantasie«? Hat die Aktie »Fantasie«? Dann war sie heiß. Unser Produkt hatte Fantasie, aber Hallo.

>CEO / CTO / CFO

CEO, CTO, CFO – die Abkürzungen der hierarchischen Positionen in der angloamerikanischen Geschäftswelt klingen einfach »cool« und werden daher auch hierzulande mehr und mehr verwendet. Der CEO ist der Chief Executive Officer, der das gesamte Unternehmen leitet. In Deutschland würde man Vorstandsvorsitzender sagen. Der CTO ist der technische Chef, und der CFO verantwortet die Finanzen.

Man las von irren Parties, von Superyachten auf den Malediven und Privatjets auf der eigenen Insel in der Karibik. Es gab einen vorbestraften Hacker namens Kim Schmitz – aka Kim Dotcom oder Kimble – der angefangen hatte wie ich, nämlich mit dem Knacken von Computerspielen. Mittlerweile hatte er sich einen zweifelhaften Ruf als »Berater« erworben, indem er zunächst die Firewalls großer Firmen knackte und sich im Anschluss von diesen Firmen einen hochdotierten Vertrag geben ließ. Nach eigenen Angaben hatte er 500 Millionen Euro verdient, was ihm offenbar ermöglichte, sich mit leicht bekleideten Mädchen im Whirlpool ablichten zu lassen, Helikopter zu chartern und beim Großen Preis von Monaco eine Loge für sich zu buchen. Später waren ihm erst die Staatsanwälte und dann sogar das FBI auf den Fersen. Anscheinend war nicht jede Mark legal verdient. Merkwürdiger Typ – aber es waren ja auch merkwürdige Zeiten.

Ganz so groß wurde bei uns natürlich nicht gefeiert. Aber die Bergfeste der Telekom auf der Cebit waren legendär. Wir durften als enger Partner und Referenzkunde mit der ganzen Standbelegschaft mitfeiern. Mit einem anderen Partner fuhren wir mit dem Taxi aus der niedersächsischen Provinz auf ein paar Drinks nach Hamburg und wurden anschließend wieder, ebenfalls per Taxi, zurück ins Hotel nach Hannover gebracht. Schließlich musste man – trotz allem – am nächsten Morgen wieder fit für die nächsten großen Deals und Präsentationen auf der Messe sein. Immerhin träumten wir alle vom Neuen Markt.

Die Investitionen dieser Firmen wurden immer größer und – rückblickend gesehen – verrückter: Die schon erwähnte EM.TV hatte zum Beispiel mit der Vermarktung der Rechte an Comicserien fürs Kinderfernsehen begonnen, Alfred Jodocus Kwak oder Tabaluga. Jetzt kaufte sie für 1,3 Milliarden DM die Jim Henson Company, also die Sesamstraße und die Muppets. Im März 2000 erwarb EM.TV sogar 50 Prozent der Rechte an der Formel 1. Meine ersten Gründer-Kumpels wurden durch den Neuen Markt über Nacht Millionäre – und auch sonst gab es keine Grenzen. Ich ging zu BMW und leaste den krassesten 3er. Sechs Zylinder mit 300 PS, feinste Ledersitze, sogar mit Fernseher. Das klingt aus heutiger Sicht auch für mich völlig irre, aber damals war das normal. Natürlich war das auch mein eigener Fehler, aber ich war 25 und unerfahren, und plötzlich war alles megacool. Alle anderen machten es auch so, und niemand bremste, auch nicht unser Aufsichtsrat, von dem ich im Zweifelsfall erwartet hätte, dass er eingreift und uns empfiehlt, das Geld nur für die Produktentwicklung und den Vertrieb auszugeben. Aber im Gegenteil, auch unser Aufsichtsrat war vom Geist der Zeit erfasst und gab die Budgets frei für die luxuriösen Firmenwagen, Büros und vieles mehr. Wichtig war damals nur, wann wir endlich unseren **IPO** machen würden. Auch bei den anderen Technologiefirmen, damals nannte man sie ja noch nicht Startups, wurde das Geld mit vollen Händen ausgegeben. Jede Woche eröffnete ein neues, ausgefalleneres Unternehmen mit einer Idee, die »Fantasie« versprach. Ich arbeitete weiterhin Tag und Nacht, es war großartig, mit hervorragenden Technikern im Grenzbereich zu entwickeln. Da wir wirklich viele neue Funktionen lieferten und kein Wettbewerber mithalten konnte, glaubte ich, all das viele Geld auch tatsächlich verdient zu haben. Leider brachte das eine Begleiterscheinung mit sich, die ich heute sehr bereue. Ich mutierte über den virtuellen Erfolg zum eingebildeten Idioten. Es geht um mein damaliges Ich, und für das traf dieser Begriff leider zu. Ich weiß nicht, ob es die ersten Artikel in der Zeitung mit dem Titel »Der Wunderjunge« waren oder mein voll ausgestatteter BMW 330i, den sich meine Eltern auch nach 30 Jahren Arbeit nicht leisten konnten, oder das hippe Chefbüro. Aber irgendwas hat mich überschnappen und abheben lassen. Ich hätte mich damals außerhalb meiner Technikwelt selbst nicht treffen wollen. Meine Eltern sind sehr ehrliche und ruhige, geerdete Menschen, und sie haben dies eigentlich auch an mich weitergegeben. Aber wenn ich jetzt nach Hause kam, erzählte ich von meiner großen neuen Welt und davon, wie klein, langsam, uncool und dumm alle anderen waren. Ich fühlte mich wie der König der neuen Welt. Alle, die nicht dabei waren, verschwendeten in meinen Augen ihr Leben. Es gibt ein Foto, auf dem wir drei Vorstände der twisd AG vor unserem LIC-Produkt stehen, Severin, Sandor und ich. Die Daumen in die Höhe gestreckt. Drei junge Männer mit einem etwas fragwürdigen Style, aber grenzenlosem Optimismus. Leider aber auch mit einer Prise Übermut und Überheblichkeit.

> IPO

Steht für »Initial Public Offering« und ist der Fachbegriff für »Börsengang«. Beim »ersten öffentlichen Angebot« werden Aktien eines Unternehmens erstmals zum Kauf angeboten. Mit der Börsennotierung verschafft sich das Unternehmen externes Kapital.

Ich habe diesen Optimismus und die Liebe für Technik behalten, aber hoffentlich die Überheblichkeit gegen Demut getauscht. Denn diese Zeit hielt noch eine Lektion für mich bereit, die ich bis heute nicht vergessen habe. Die ersten 1,4 Millionen DM Wagniskapital waren schneller aufgebraucht als gedacht – kein Wunder. Auch wenn es mir damals so erschien, war das Kapital dann doch nicht unendlich. Wir hatten davon aber auch ein wirklich gutes Produkt entwickelt, ich bin bis heute stolz auf unsere Technologie und das Design. Allerdings hatten wir einfach vergessen, die Boxen auch zu verkaufen. Natürlich führten wir Gespräche mit potenziellen Großabnehmern, wie zum Beispiel der Telekom oder IBM. Aber die dauerten länger als erwartet. Und ging es nicht um die Wette auf die Zukunft statt um die Umsätze im Hier und Jetzt? Ehrlich gesagt: Wir hatten nicht einmal ernsthaft geprüft, wie viele unserer genialen Boxen wir auf welchen Wegen überhaupt verkaufen könnten. In bestimmten Bereichen des Geschäftslebens waren wir einfach himmelschreiend naiv und unerfahren. Aber darauf achtete keiner: der Aufsichtsrat nicht, die Banken nicht und wir erst recht nicht. Der Börsengang stand ja kurz bevor und würde uns alle zu Millionären machen. Alles würde bald noch viel glorreicher werden. Und als das Kapital weg war, gab uns unsere Bank einfach eine Kreditlinie über zwei Millionen DM. Die Party konnte weitergehen!

04

DIE KATASTROPHE

DER DÜMMSTE FEHLER MEINES LEBENS

> Bonn, ab 2000

Ein Vertreter unserer Bank saß im Aufsichtsrat der twisd AG. Und da die Bank auch an unserer Investmentgesellschaft beteiligt war, waren neue Kredite nie ein großes Problem. So auch nicht bei der neu gewährten Kreditlinie über knapp zwei Millionen DM. Ich hatte damals keine Aktien – außer denen am eigenen Unternehmen, das aber noch nicht börsennotiert war. Mich interessierten weder DAX noch Dow. Der Börsengang unserer Firma war für mich nur eine tolle Möglichkeit, weiteres Geld in ihr Wachstum zu stecken – und an diesem Erfolg auch persönlich teilzuhaben. Ich sah den Taifun nicht kommen – oder um im Bild zu bleiben: Ich habe nicht mal den Wetterbericht gehört.

Am 1. Juli 1999 waren am **NEUEN MARKT** bereits 124 Unternehmen mit einer Marktkapitalisierung von 56 Milliarden Euro vertreten, acht Monate später waren es bereits 229 Unternehmen mit einer Marktkapitalisierung von 234 Milliarden Euro. Im März 2000 notierte der Neue Markt sein All Time High. Mobilcom-Gründer Gerhard Schmidt spricht im Nachhinein davon, dass damals »die Banken doch jeden an die Börse gebracht haben, der einen ambitionierten Geschäftsplan vorgelegt und dabei das Wort ›Internet‹ richtig geschrieben hat«. Doch unter Insidern kursierten schon sogenannte »Todeslisten« von Unternehmen, deren Aktienbewertung wohl selbst bei idealer Geschäftsentwicklung als zu euphorisch angesehen werden musste.

> NEUER MARKT

1997 erfasste die New-Economy-Euphorie auch die deutsche Börse. Um Technologieunternehmen das richtige Umfeld für ihren Börsengang zu bieten, wurde das neue Segment »Neuer Markt« geschaffen, das sich schnell entwickelte. Im Jahr 2000 wurden dort über 300 Unternehmen gehandelt. Mit der DotCom-Blase platzte auch der Neue Markt: Viele Unternehmen rutschten in die Insolvenz, und Aktien, die vorher dreistellig notiert wurden, waren nur noch wenige Cent wert. 2003 wurde der »Neue Markt« aufgelöst.

Davon hatte ich nichts mitbekommen, aber zumindest eine unserer Banken hatte vermutlich schon kalte Füße bekommen. Denn etwa einen Monat nachdem unsere Kreditlinie erweitert wurde, bat uns der dafür zuständige Banker im Anschluss an eine Aufsichtsratssitzung zu einem Dreiergespräch. »Severin, Frank, wir müssen noch mal kurz über eine klitzekleine Formalität sprechen.« Zuvor hatten wir – wie üblich – bei unserer fancy PowerPoint-Präsentation die Steilheit der Wachstumskurve zwar beibehalten, nur mal wieder den Start des Durchbruchs ein wenig nach hinten verschoben.

»Jungs, wir haben vergessen, von euch noch die private Bürgschaft für den Wachstumskredit einzuholen. Ist ja nur theoretisch, aber sonst müsstet ihr jetzt einen höheren Zins zahlen. Und das wäre ja blöd.« Wie gesagt: Erstens interessierte mich das Geld nie, ich wollte einfach unbedingt mein Entwicklerteam ausbauen. Und zweitens standen wir kurz vor unserem IPO, der mich – so wie die anderen Unternehmer am Neuen Markt – millionenschwer machen würde. Severin und ich unterzeichneten die Bürgschaft daher direkt noch in diesem Meetingraum. Ohne Rücksprache mit irgendwelchen Anwälten oder wenigstens mit meinen Eltern. Wir haben nicht einmal drüber geschlafen. Es war ja nur eine »klitzekleine Formalität«. Wir waren im Hype, größer, schneller, weiter. Uns gehörte die Welt.

Das Dümmste, Idiotischste und Bescheuertste aber war etwas anderes. Ich könnte noch heute meinen Kopf auf die Tischplatte schlagen, wenn ich nur darüber nachdenke: Ich hätte das Dokument nicht mal unterzeichnen müssen. Der Kredit war längst bewilligt, die Bank hatte einfach vergessen, uns dafür bürgen zu lassen. Sie hatte einen Fehler gemacht. Und ich hatte mich in meinem Rausch überrumpeln lassen. Scheitern war aber damals eben noch gar keine Option, und wir hätten alles für unser Baby getan.

Im Juni 2000 ging ich mit einem befreundeten Unternehmer aus Köln essen. Er hatte sich meinen Traum schon erfüllt und war bereits an der Börse. Natürlich erzählte ich ihm, dass auch wir unmittelbar davor stünden und dass wir ja bald noch mehr Kumpels auf Augenhöhe wären. Aber dieses Mal sagte er: »Du, Frank, bitte behalte es für dich. Aber in den letzten Tagen habe ich sehr viele ernste Gespräche führen müssen. Ich glaube, es wird nicht mehr viele IPOs geben, und für mich werden die nächsten Monate auch nicht einfach.« Das war das erste Mal, dass ich in diesen Monaten überhaupt kritische Worte über die wirtschaftliche Situation hörte. Die ganze Tragweite seiner Worte habe ich damals überhaupt nicht begriffen. Es war kein schönes Gespräch, weil am Horizont irgendein Unwetter aufzuziehen schien, ich aber nicht so recht wusste, was das zu bedeuten hatte. Ich wischte den dunklen Gedanken zur Seite: Unser IPO-Plan stand, und wir hatten ja auch ein super Produkt.

Doch im September 2000 meldete mit Gigabell das erste Unternehmen am Neuen Markt Insolvenz an. Drei Monate nach Unterzeichnung der Bürgschaft war auch unsere Kreditlinie ausgeschöpft. Aber wir waren noch lange nicht am Ende, dachten wir: Wir verhandelten noch mit drei Investmentgesellschaften – damals hießen die ja noch nicht VC – über die Finanzierung unseres IPO. Wir benötigten nur noch etwas Überbrückungsgeld, um dann das große Geld an der Börse einzusammeln. Zwischenzeitlich gab es sogar noch ein Übernahmeangebot von möglichen strategischen Partnern, von denen ich für meine Anteile einen deutlich siebenstelligen Betrag erhalten hätte. Doch einer unserer beratenden Banker meinte, beim Börsengang würden wir ein Vielfaches einnehmen. Wir lehnten also ab. Wir folgten der Gier. Innerhalb weniger Wochen drehte sich der Wind endgültig um 180 Grad. Alle drei Investmentgesellschaften sagten die Finanzierung in derselben Woche ab. Linker Haken, rechter Haken, schwere Gerade mitten ins Gesicht. Aber es hätte uns auch nicht mehr geholfen, es gab plötzlich keine neuen Börsengänge mehr. Wir taumelten bereits und hatten es nicht einmal gemerkt. Der Neue Markt kollabierte, alle gerieten in Panik. Statt um noch größere Büros, mehr Entwickler und US-Expansion ging es innerhalb kürzester Zeit plötzlich nur noch ums nackte Überleben. Die Kreditlinie war ja bereits maximal ausgeschöpft, an eine Erweiterung war nicht zu denken. Nicht mal eine weitere persönliche Bürgschaft hätte geholfen, Severin und ich waren dafür nicht mehr kreditwürdig genug.

Heutzutage bin ich froh, dass wir damals noch kein Haus oder sonstige Besitztümer hatten. Ich kenne drei Weggefährten, die zu dieser Zeit in der gleichen Situation waren. Die haben ihre Häuser als Sicherheit für einen Überlebenskredit zur Verfügung gestellt und haben dann in sehr kurzer Zeit sowohl ihre Firma als auch ihr Eigenheim verloren. Wie gesagt, Severin und ich hatten aber nicht einmal die Option, uns privat weiter zu verschulden, was wir sogar zweifellos getan hätten. Die ersten Gläubiger wurden ungeduldig. Ich kann mich noch daran erinnern, wie der erste persönlich bei uns vorbeikam und Severin ein unangenehmes Gespräch führen musste. Ein anderer trug höchstpersönlich unsere – oder besser: seine – Computer wütend aus unserem Hosting-Raum. Jetzt merkten natürlich auch die Mitarbeiter, was im Markt im Allgemeinen und bei uns im Besonderen los war. Bisher hatten Severin und ich uns optimistisch geäußert, das war ja auch ein Teil unserer Aufgabe. Aber mit verzögerten Gehaltszahlungen, absolutem Investitionsstopp und zunehmenden Besuchen von Gläubigern und Gerichtsvollziehern konnten wir die aufziehende Katastrophe nicht weiter von unserem Team fernhalten.

DER TAG DER INSOLVENZ

Severin und ich blickten uns eines Tages in die Augen und wussten: Es ist vorbei. Als Erstes würden wir das Team informieren müssen. Wir wussten, dass viele Fragen, Emotionen und Enttäuschungen auf uns warteten. Und zum ersten Mal hatten wir keine Antworten, zumindest keine, die Hoffnung machten. Da war nichts mehr schönzureden.

»Es tut uns sehr leid«, konnten wir nur vor versammelter Mannschaft sagen, »aber heute ist der letzte Tag der twisd AG, ab morgen wird ein Insolvenzverwalter die Geschäfte führen.« Nie im Leben werde ich die Sekunde vergessen, in der diese Botschaft allen ins Bewusstsein sickerte. Die Stille, die Blicke. Verständliches Entsetzen, einige waren einfach traurig, andere haben uns persönlich angegriffen. Manche verließen wortlos den Raum. Das war wirklich ein Horrortag, sehr belastend. Auch ich hatte Panik, durfte es aber nicht zeigen. Und das war erst der erste Teil des Tages. Severin und ich machten eine kurze Pause bei unserem Dönermann um die Ecke. Dass wir Champions hier mal so sitzen würden, so klein, so verzweifelt, so alleine: Das war noch vor wenigen Wochen, wenn nicht vor wenigen Tagen undenkbar gewesen. Aber nach kurzer Stärkung machten wir uns auf den Weg in die Innenstadt zum Amtsgericht, um die Insolvenz unserer über alles geliebten twisd AG anzumelden.

Es gibt eine Sache, auf die ich bis heute stolz bin: Wir haben immer die Gehälter unserer Mitarbeiter bezahlt, mit zwei Ausnahmen: die von Severin und mir. Diese Kapitänsehre unterscheidet für mich den echten Unternehmer vom Manager. Der Kapitän verlässt das sinkende Schiff zuletzt. Ich glaube, diese Tatsache und noch einige andere Punkte führten auch dazu, dass der Insolvenzverwalter uns nicht direkt alle Rechte entzog, sondern uns vertraute und eine sogenannte »Insolvenz in Eigenregie« ermöglichte. Das hieß: Wir behielten die Schlüssel – und am nächsten Morgen saßen Severin und ich wieder im Büro. Wie jeden Tag.

Heute allerdings war es gespenstisch leer. Bis gestern herrschte hier eine lebhafte Atmosphäre der Kreativität und des Aufbruchs. Überall junge Menschen, die an der Zukunft arbeiteten und dachten: Die Welt von morgen gehört uns. Und jetzt: nichts. Die Hochglanz-Kaffeemaschine von Jura stand noch da, und Severin machte uns einen Kaffee mit den exklusiven Bohnen – ein Vorrat, der für uns zwei noch sehr lange halten würde. Mein voll ausgestatteter BMW ging zurück an den Händler, die Leasingraten konnte ich ja auch nicht mehr bezahlen. Ich kaufte mir von meinem persönlich Ersparten einen Ford Ka ohne jedes Extra: 50 PS.

Ich bin sehr dankbar, dass Severin und ich uns auch in dieser unfassbar schweren Zeit nie gestritten haben. Wir haben das zusammen sauber durchgezogen und bis heute freundschaftlichen Kontakt. Er war übrigens danach einige Jahre als Berater im Bereich Internetmarketing aktiv und ist inzwischen in der Energiebranche gelandet. So ganz kann er vom Internet aber doch nicht lassen und ist in seiner Freizeit als Blogger aktiv.

Rückblickend frage ich mich noch manchmal, ob das unschöne Ende der twisd AG vermeidbar gewesen wäre. Sicher beantworten kann ich es nicht, sehe aber, dass wir doch einige entscheidende Fehler gemacht haben. Dass wir so manche Zeichen der Zeit nicht erkannt hatten, habe ich ja schon geschildert. Wesentlich für das Scheitern war aber auch, dass wir uns nicht zu 100 Prozent auf unser Produkt, den kleinen Internetserver, konzentriert haben. Für den hatten wir ja schließlich das Investment erhalten. Nein, wir tanzten noch auf anderen Hochzeiten. Das Projektgeschäft hatten wir weiter betrieben, also das Erstellen der Multimedia-CDs und der Internet-Seiten, denn hierin hatten die Ursprünge unseres gemeinsamen Unternehmens gelegen, und die wollten wir nicht aufgeben. Natürlich brachte dies zwar gute Umsätze, band aber auch viele unserer Ressourcen, die wir besser in die Entwicklung unseres Produkts hätten investieren sollen. Als im Zuge der Krise des Neuen Markts wichtige Kunden von uns in die Insolvenz gingen, sorgte dieser Geschäftszweig sogar für hohe Forderungsausfälle. Geld, das uns dann umso mehr bei der Produktentwicklung fehlte. Hätte ich heute den jungen Frank bei Die Höhle der Löwen vor mir und er würde mir seine twisd AG vorstellen, würde ich ihm einen ganz klaren Rat geben: Konzentriere dich auf eine Sache. Und zwar auf das Produkt, das du effektiv skalieren kannst. Doch hinterher ist man immer klüger.

DIE LETZTE FIREWALL WIRD DURCHBROCHEN

Ach ja, ich hatte damals noch etwas Wichtiges vergessen, leider. Die Abwicklung der Firma, das Entlassen der Mitarbeiter, die Überlegungen, was als Nächstes kommen würde – das alles hatte mich völlig in Beschlag genommen. Mittlerweile wohnte ich wieder bei meinen Eltern, und ich hatte noch keinen Plan, wie es weitergehen sollte. Aber da gab es noch ein winzig kleines Detail – die »klitzekleine Formalität«. Die Bürgschaft, die ich in dem unbedachten Moment unterschrieben hatte.

An jenem grausamen Morgen war ich unterwegs zu einem Kumpel, der mir eine neue Softwaretechnologie zeigen wollte. Ich war gerade bei ihm angekommen, als mein Telefon klingelte. Meine Mutter war dran, fassungslos, schockiert, verzweifelt. Sie hatte einen Brief der Bank an mich geöffnet, in dem mir recht formlos mitgeteilt wurde, dass ich unverzüglich eine Million Euro zurückzuzahlen habe – oder zumindest schon einmal die acht Prozent Zinsen pro Jahr, also 80.000 Euro, ohne damit einen Cent zu tilgen. 80.000 Euro jährlich alleine an Zinsen! Und – wo sollte ich eine Million hernehmen? Ich lebte doch schon in meinem alten Kinderzimmer, ohne Job, ohne Verdienst! Das war eine Todesbotschaft. Der Brief kam aus einem großen Bankhaus mit Tausenden Sachbearbeitern, da denkt keiner darüber nach, ob dieser Brief das Leben eines Menschen zerstört oder ob ein persönliches Gespräch nicht vielleicht der bessere Weg wäre. Aber ich will mich nicht rausreden, die Schuld lag vor allem bei mir: Ich hatte das Damoklesschwert der persönlichen Bürgschaft einfach zu lange verdrängt. Eigentlich hätte mir klar sein müssen, dass da irgendwann etwas kommt. Heute kann ich das auch nicht mehr begreifen, aber die menschliche Psyche ist ein raffiniertes Ding.

Ich fuhr direkt nach Hause, ich musste meinen Eltern Rede und Antwort stehen. Die Realität hatte zugeschlagen – und zwar mitten auf die Zwölf. Jetzt war ich wieder voll da, mit einem Schlag war ich gelandet. Und das war keine harte Landung – das war ein katastrophaler Crash. Der Weg zur Wohnung, das Umdrehen der Schlüssel. Meine Mutter und mein Vater saßen an dem Esstisch, an dem wir fast zwei Jahrzehnte lang gemeinsam unzählige Gespräche geführt hatten. Viele gute, einige schwierige. Aber nie hatte ich Angst, noch nie hatte ich mich geschämt an diesem Tisch. Jetzt hatte ich sogar Panik. Mein Vater fing an: »Mein

Junge, was hast du da gemacht? Wir können dir nicht mal helfen, die Zinsen zu begleichen! Wie konntest du das unterschreiben – ohne Rücksprache mit uns?« Meine Eltern hatten 25 Jahre in mich investiert. Sie waren immer für mich da gewesen, vom Fußballverein über die Schule bis zu den Klamotten, Skateboards und Urlauben. Sie hatten für mich gesorgt, alles für mich gezahlt. Ob ich schlechte Noten nach Hause brachte oder mein Fußball in der Scheibe des Nachbarn landete, sie standen immer bedingungslos hinter mir. Ich glaube, sie hätten auch jetzt alles für mich gezahlt, aber das war einfach zu viel. Das konnten sie nicht leisten. Und jetzt?

Meine Freunde starteten gerade ihre Karrieren, verdienten jetzt ihr erstes eigenes Geld, luden auch mal ihre Eltern ein. Auf kleinem Niveau, aber solide, genau die Freunde, die ich vor kurzem noch ausgelacht hatte, weil sie einen ordentlichen Beruf erlernt hatten. Ein monatliches Festgehalt, von dem man damals gerade die Leasingraten meines BMWs hätte bezahlen können? Das war doch was für Spießer und Verlierer, so hatte ich bisher gedacht. Und jetzt hätte ich alles gegeben, um in genau ihrer Position zu sein: einen langsamen, soliden Start hinlegen mit viel Stabilität und Luft nach oben.

Aber ich hatte alles verjuxt. Ich war überheblich und arrogant gewesen, hatte auf Menschen herabgeblickt und das Geld anderer Leute verschwendet. Alles, was ich nach Hause brachte, war ein so gigantischer Haufen an Schulden, dass die Familie nicht einmal die Zinsen bedienen konnte. Dieses eine Zehn-Minuten-Gespräch, diese eine Unterschrift, sie hatten mein Leben zerstört. Und nicht nur meines, sondern auch das meiner Eltern, samt ihrer Hoffnungen in mich und ihrem Stolz auf mich. Meine Mutter bekam einen Nervenzusammenbruch, ich selbst stand kurz davor. Ich schämte mich. Und jetzt? Ich bekam Panik: Kein Studium, ein Leben lang unfassbar hohe Schulden, wie sollte es weitergehen, wovon sollte ich leben, wie sollte ich je eine Freundin bekommen, was wäre im Alter? Ich sah das Leid und die Verzweiflung in den Augen meiner Mutter. Mein Vater war gefasster, aber tief enttäuscht.

Plötzlich waren auch alle »Freunde« weg, die so gerne mit dem coolen Franky unterwegs gewesen waren. Keiner wollte sich mehr mit einem deprimierten Loser befassen, der plötzlich einen alten Ford Ka fuhr. Und der, noch schlimmer, keine

Energie mehr hatte, müde, enttäuscht und fertig war. Früher begeisterte ich mit Ideen und Geschichten und füllte den Raum mit meiner Anwesenheit. Mein ganzes Ego hatte auf dem Konzept »Erfolg« beruht, darüber hatte ich mich definiert, daraus zog ich mein Selbstbewusstsein und meine Vitalität. Konsequenterweise war mit dem Scheitern des Konzepts »Erfolg« auch mein Selbstbewusstsein implodiert und das energiereiche Leuchten in meinen Augen erloschen. Ich war ein Nichts, ein Niemand, ein 360-Grad-Versager. Mein Körper konnte nicht mehr und begann, sich zu wehren: Ich bekam mehrfach täglich stoßweises Nasenbluten. Hautausschläge breiteten sich auf meinem Körper aus, und ich konnte mich nicht mehr konzentrieren. Ich schloss mich in meinem alten Kinderzimmer ein und ließ die Jalousien runter. Ich war am Ende.

DER DEAL MIT DER BANK
DIE LÖSUNG: PRIVATE INSOLVENZ?

Nachdem ich sechs Wochen lang so im Dunkeln gelegen hatte, spürte ich zaghaft und langsam wieder Leben in mir. Ich schämte mich, und ich war wütend: auf die Bank, auf die Welt, vor allen Dingen aber auf mich selbst. Aber es hilft nichts, sich depressiv im Kopfkissen zu vergraben. Es hilft nichts, mit den Fäusten auf den Schreibtisch zu trommeln. Es hilft nichts, mit leeren Augen an die Decke zu starren. Was war bloß aus mir geworden? So konnte es nicht bleiben – so wollte ich nicht sein.

Für eines bin ich unendlich dankbar: In diesen schwierigen Wochen und Monaten haben mir meine Eltern niemals das Gefühl gegeben, versagt zu haben. Ich bin nie besonders religiös gewesen – aber das biblische Gleichnis vom verlorenen Sohn passt hier durchaus. Der hatte ebenfalls sein Vermögen verprasst, kam als Schweinehirte zu seinem Vater zurück und wurde dennoch aufgenommen. Auch ich war immer noch der Sohn meiner Eltern, ich war immer noch Teil dieser Familie. Sie hatten diesmal keine Lösung für mich, aber gemeinsam würden wir es irgendwie schaffen. Es hatte einfach nur noch keiner einen Plan. Ich glaube, mein Vater hoffte als bekennender Rheinländer auf den Artikel 3 des »Kölschen Grundgesetzes«: »Et hätt noch emmer joot jejange« (»Es ist noch immer gut gegangen«). Dieses – durch keinerlei Fakten gestützte – Gefühl hat mir geholfen. Ich bilde mir ein, deswegen neben dem Unternehmergen auch das »Stehaufmännchen«-Gen zu haben.

Natürlich fühlte es sich immer noch grausam an, aber als ersten Schritt ließ ich wieder etwas Licht in mein Zimmer. Irgendwann war ich wieder in der Lage, aufzustehen, zu frühstücken und mich sogar mit einem befreundeten Anwalt zu treffen. Er berichtete mir von anderen Personen, die aus ähnlichen Situationen wieder ins Leben zurückgefunden hatten. Ich sprach mit weiteren Anwälten, anderen Unternehmern und auch mit Severin über mögliche Wege, wieder auf die Beine zu kommen. Da ich mit der Bank nur einen einzigen Gläubiger hatte und wir dem Staat keine Sozialabgaben für unsere Mitarbeiter schuldeten, kristallisierte sich eine Lösung heraus, von der ich bis dahin noch nicht gehört hatte: die private Insolvenz. Private Insolvenz, das hieß damals: Man lebt sieben Jahre am Existenzminimum, keinerlei Kreditwürdigkeit, kein Autoleasing, selbst für einen Handyvertrag würden meine Eltern haften müssen. Bei guter Führung könnten es sechs Jahre werden, wobei eine einzige Geschwindigkeitsüberschreitung oder Schwarzfahren alles wieder zunichtemachen könnte. Wenn ich diese sieben Jahre überstehen würde, wäre ich mit Anfang dreißig wieder frei. Vor allen Dingen wieder schuldenfrei. Um diese Möglichkeit auszuloten, musste ich erneut zum Amtsgericht, diesmal allerdings nicht in das Zimmer für Firmen, sondern in das Zimmer daneben – für Privatpersonen. Zunächst aber ließ ich mich nur beraten. Ich war ja noch sehr jung und wollte die Jahre nutzen, um zu studieren, eventuell sogar zu promovieren. Zeit war ja genug. Vielleicht könnte ich dann doch noch eine späte Karriere in einem großen Konzern machen, mir ein kleines Reihenhäuschen leisten und mit etwas Glück sogar noch eine Frau finden. Der Plan stand. Es war nicht das, was ich mir vor wenigen Monaten noch erträumt hatte, aber ich fasste langsam wieder Mut. Vielleicht könnte ich meinen Eltern doch noch zeigen: Euer Sohn ist kein Versager.

Und dann eröffnete mir dieser Plan eine weitere Option. Ein anderer Anwalt hatte mir berichtet, dass man mit der Bank alternativ zur privaten Insolvenz einen »Vergleich« schließen könne: Sie verzichten auf den größten Teil ihrer Forderungen, da sie im Fall der Privatinsolvenz gar nichts bekommen würden, der Rest wird nach und nach abbezahlt. So wären meine Schulden überschaubar, und ich könnte die Insolvenz sogar vermeiden. Natürlich nur, wenn sich die Bank darauf einließe. Das hörte sich verrückt an. Aber es war einen Versuch wert. Ich wollte alles versuchen, bevor ich sieben Lebensjahre abschrieb. Ich ging also zur Bank und spielte hohes Risiko: »Wenn ihr das gesamte Geld und die Zinsen von mir haben wollt, bekommt ihr gar nichts, weil ich dann Privatinsolvenz anmelden werde und studieren gehe. Nach sechs oder sieben Jahren bin ich wieder schuldenfrei, habe ein abgeschlossenes Studium und ihr null Komma null Euro.« Das Problem war, dass die Zeit gegen mich lief. Jeden Tag, an dem ich nicht zum Amtsgericht ging, starteten die sieben Jahre nicht. Wenn ich aber jetzt schnell private Insolvenz angemeldet hätte, wäre die Möglichkeit eines Deals mit der Bank sofort weg gewesen. Ich setzte mir eine Deadline von drei Monaten. Nach vielen Treffen und schmerzhaftem Warten bot mir die Bank eine Woche vor dem Verstreichen dieser Frist folgenden Vergleich an: Ich sollte 60.000 Euro zahlen, zinsfrei in 120 Monatsraten à 500 Euro. Also zehn Jahre lang jeden Monat 500 Euro. Das konnte ich als Programmierer verdienen. Der Deal wurde gemacht – und am Ende war es sogar für die Bank ein annehmbares Geschäft: 60.000 Euro sind besser als gar nichts.

Und so startete ich mit 26 Jahren in mein zweites Leben. In wenigen Monaten war ich vom arroganten Multimillionär auf Pump zum bodenständigen Softwareentwickler mit Ford Ka geworden. Finanziell war das ein großer Verlust, charakterlich aber der vielleicht größte Gewinn meines Lebens. Wer so hart aufschlägt wie ich, der ist für alle Zeiten geerdet. Dennoch: Wenn jemand aus dieser Geschichte etwas lernen will, dann das:
Kopiere nicht meinen Lebenslauf.

Nun hieß es also: Neustart! Frank 2.0 musste zwar monatlich 500 Euro bezahlen, aber das traute ich mir zu. Das war nämlich nicht der unbezwingbare Berg von einer Million Euro Schulden, sondern eine langwierige, harte Forderung, aber machbar. Und Arbeit hatte ich ja nie gescheut. Was tat ich also mit diesem Ticket für mein neues Leben? Statt mir eine Festanstellung zu suchen oder einen Job mit sicherer Perspektive und soliden Aufstiegsmöglichkeiten, entwickelte ich einfach ein neues Produkt. Eigentlich nicht gut nach all den Erfahrungen, die ich gemacht hatte. Aber ich kann einfach nicht anders, in mir brennt dieses Feuer. Was mir damals vielleicht fehlte, war das Gespür, Risiken abzuschätzen. Ab und zu, aber viel seltener, fehlt mir das auch heute noch. Manche sehen Hindernisse und Wände, ich sehe neue Möglichkeiten. Und deshalb laufe ich immer wieder los. Manchmal kriege ich einen vor den Bug, manchmal erreiche ich aber auch Ziele, die viele für unerreichbar gehalten haben.

Was ich durchlebt habe, findet selten ein Happy End. In komprimierter Form habe ich erfahren, welchen Schaden es anrichten kann, zu viel Geld in zu kurzer Zeit und zu jungem Alter in die Hände zu bekommen. Wie es ist, im Rausch große Teams aufzubauen, bejubelt zu werden und sich selbst zu überschätzen – und schließlich nach freiem Fall aus dieser Höhe auf nacktem Beton aufzuschlagen. Was ich an Niederlagen erlebt habe, gönne ich meinem ärgsten Feind nicht.

Die Lehre daraus: Es gibt keinen einfachen Weg zum schnellen Erfolg – aber sicher effektivere als meinen. Und wenn ich aus dieser Geschichte etwas gelernt habe, dann das: Frank 2.0 kam von ganz tief unten und wusste bei jedem Meter, den er aufstieg, wie unfassbar schnell es jeden Tag wieder nach unten gehen kann.

Es ging mir nun zwar noch nicht wirklich gut, aber ich hatte wieder eine Perspektive und die Hoffnung, doch noch ein normales Leben führen zu dürfen.

Übrigens, die monatlichen 500 Euro habe ich tatsächlich zehn Jahre lang abbezahlt, auch wenn ich die Summe später leicht auf einen Schlag hätte tilgen können. Doch ich wollte, dass mich die monatliche Überweisung an diese schwere Zeit in meinem Leben erinnert und mahnt, die Fehler aus der Vergangenheit nicht zu wiederholen.

05

IP.LABS

EINE IDEE ENTSTEHT

> Bonn, Ende 2002

Ich hatte mir zwar eine blutige Nase geholt – doch es hätte mir, wie leider einigen Weggefährten von früher, wirtschaftlich und gesundheitlich schlimmer gehen können. In den wilden Monaten und Jahren des Neuen Markts war ich, wenn auch vielleicht nicht vollständig, so doch immerhin weitestgehend erwachsen geworden und darüber hinaus dem Fegefeuer der Privatinsolvenz entkommen. Ich hatte viel Lehrgeld gezahlt, aber ich hatte auch eine Menge Lebenserfahrung gewonnen und ordentlich was gelernt – vor allem charakterlich, aber durchaus auch fachlich: Wir hatten mit der twisd AG auch zwei erfolgreiche Community-Sites aufgebaut und uns in diesem Bereich eine gewisse Kompetenz erarbeitet.

Die eine davon war hallo.de, eine Flirtplattform mit Profilen, Chats und Bildern der User, weit vor der Facebook-Zeit und damals allen anderen Plattformen technisch überlegen. Glücklicherweise zahlten einige Werbeunternehmen zu dieser Zeit noch Tausender-Kontakt-Preise (**TKP**), das heißt, dass es für 1.000 Seitenaufrufe eine garantierte Summe an Werbeerlösen gab. Heutzutage wird Werbung meist nur noch gegen erfolgreiche Verkäufe vergütet. Und wenn es noch TKP-Preise gibt, sind diese um ein Vielfaches niedriger. Hallo.de hatte damals aber täglich Zehntausende Seitenabrufe und folglich durch diese TKP-Anzeigen stabile Einnahmen. Wir verkauften das Portal schließlich an einen erfolgreichen Player im deutschen TV-Markt.

> TKP

Als »Tausenderkontaktpreis« bezeichnen Mediaplaner den Preis, um 1.000 Leuten seine Werbung zu zeigen. Bei einem TKP von 10 Euro muss ich also 10.000 Euro zahlen, um einer Million Menschen meine Anzeige zu zeigen. Ob sie diese bewusst wahrnehmen oder sogar etwas kaufen, wird beim TKP nicht berücksichtigt.

Dann gab es noch bilder.de. Unter dieser Domain wollten wir ursprünglich eine professionelle Foto-Community aufbauen, auf der man Bildrechte handeln kann, also einen Marktplatz für Fotografen und Käufer von Bildern. Heute gibt es Portale für Stockfotos ohne Ende, sowohl gratis als auch gegen Vergütung. Von Instagram, Pinterest oder Facebook träumte damals noch kein Mensch. Wahrscheinlich war die Zeit einfach noch nicht reif dafür. Deswegen hob dieses Geschäftsmodell leider auch nicht so richtig ab. Und so suchten wir nach Alternativen, mit bilder.de Geld zu verdienen: Der Oldenburger Filmbelichter CeWe Color bot ein Plugin für Websites an, mit dem man einzelne digitale Bilder als Fotoabzug bestellen konnte. Es war also genau der entgegengesetzte Weg zu dem, den wir eigentlich gehen wollten: statt von der analogen zur digitalen also wieder von der digitalen zurück in die analoge Welt. Der Markt für digitale Fotografie steckte ja noch in den Kinderschuhen. Es gab noch keine Smartphone-Kameras, aber unter jedem zweiten Christbaum lagen bereits Digitalkameras, die mit dem Computer verbunden werden konnten. Die Möglichkeit, seine Bilder im Netz hochzuladen, war also gegeben, und die Menschen fingen langsam an, sie zu nutzen. Doch was dann? Hier erkannte CeWe die Chance – und Notwendigkeit, sein Geschäftsmodell in die digitale Welt zu transferieren. Das Plugin erlaubte es, digital geschossene Bilder wieder physisch als Abzug in den Händen zu halten – komfortabel bestellt im Internet. Der Ansatz von CeWe und die Reichweite von bilder.de passten perfekt zusammen. Wir integrierten den Service einfach in unsere Website. Und wenn einer der Besucher Abzüge bestellte, erhielten wir für jeden Auftrag 30 Prozent Provision. Das Geschäft lief recht gut an, sodass wir merkten: Da gibt es offensichtlich wachsenden Bedarf. Bloß: Die von CeWe bereitgestellte Software genügte meinen technischen und ästhetischen Ansprüchen nicht: Es war ein grausam designtes, langsames und fehleranfälliges **JAVA**-Plugin – und Java als Programmiersprache ist ohnehin wirklich »böse«.

> JAVA

Java ist eine Programmiersprache und vereinfachte die Softwareentwicklung, weil der darin geschriebene Code auf fast jedem Computer läuft. Eine virtuelle Maschine zwischen deinem Code und dem Prozessor macht das möglich. Außerdem kümmert sich ein Müll-Einsammler um den Speicher. Das alles ist sehr toll, aber nicht sehr effizient. Und ja, das musst du jetzt nicht wirklich verstehen …

ES GEHT WIEDER LOS: DIE GRÜNDUNG VON IP.LABS

> Bonn, 2003

Ich spürte, hier entsteht gerade eine neue und schnell wachsende Industrie. Sollte es also doch für etwas gut gewesen sein, dass ich mit der twisd AG auf so vielen Hochzeiten getanzt hatte? Klar war mir jedenfalls: Analoge Filmrollen würden bald nicht mehr relevant sein, und es würde ein Softwareanbieter für digitale Bilder benötigt – also eine Plattform, mit der man seine Fotos online verwalten und mit der Familie, den Freunden und Kollegen teilen sowie sich als Abzug oder Poster bestellen kann. Heute ist das Standard, im Jahr 2004 war es sprichwörtlich Raketen-Wissenschaft.

Ich sage das mit dem Außergewöhnlichen, das zum Standard geworden ist, öfter, ich weiß. Aber da wir über die Vergangenheit sprechen, muss man es immer wieder mal erwähnen. Damals war es neu. Das heißt, die Grundidee war bereits da – aber ich wollte eine Plattform entwickeln, die hochwertige Technologie mit herausragendem Design vereint, und das gab es noch nicht. ip.labs war geboren. Da war es also, mein nächstes Abenteuer! Dieses Mal musste ich die Firma ohne fremdes Kapital starten, denn als jung-erfolgreich-dynamischer Startup-Unternehmer war ich damals verbrannt: Wer investiert schon in den Verlierer Thelen? Das ist ein in Deutschland tief sitzendes Gefühl: Einmal gescheitert, immer gescheitert. Hinfallen, aufstehen, Krone richten, weitermachen – das muss man hierzulande mehrfach hinbekommen, bis einem die Leute glauben, dass man es wieder schaffen kann, wenn man auf die Nase gefallen ist.

Aber im Nachhinein betrachtet hat es mir geholfen, dass keiner bereit war, meine neue Idee zu unterstützen. Der Venture-Capital-Weg, Anteile gegen Startkapital abzugeben, war mir verschlossen. Und da man als Unternehmer immer wieder neue Wege suchen muss, versuchte ich es mit folgendem Plan: Es gab damals eine neue Software, mit der man Webseiten auf eine Art erstellen konnte, dass sie sich so anfühlten, als würden sie funktionieren. Tatsächlich war keine echte Funktionalität dahinter. Aber wenn man auf einen Button klickte, rief der einfach wie im echten Internet die nächste Seite auf, und es fühlte sich wie ein echtes Produkt an. Click-Dummys nennen wir das heute. Auf diese Weise konnte ich ohne zu hohe Kosten etwas Vorzeigbares basteln.

> DELPHI

Die Programmierumgebung Delphi war wie auch Visual Basic eine Revolution: Fertige Softwarebausteine konnten damit zu einem Programm zusammengefügt werden.

Jetzt musste ich »nur« noch herausragende Entwickler für ip.labs gewinnen, denn meine Produktidee war gut, aber nicht einfach umzusetzen. Aus Chips at Work-Zeiten kannte ich Georg Sommershof. Wann immer ich mit **DELPHI** nicht weiterkam oder komplexe Entscheidungen über die Architektur treffen musste, war Georg ein zuverlässiger Ratgeber. Er hatte deutlich mehr Erfahrung, ein tiefgreifendes Verständnis von **COMPILERN** und war ein

Mathematik-Genie. Dann erinnerte ich mich an Alex Koch, der zufälligerweise an einem ähnlichen Produkt arbeitete – auch in Bonn. Sein Wissen in den Bereichen Java, Server und Infrastruktur hatte mich tief beeindruckt.

Ich überzeugte Alex Koch und Georg Sommershof von dem Potenzial des Produktes – und da ich ihnen kein Gehalt zahlen konnte, beteiligte ich beide an meinem Unternehmen. Einem befreundeten Designer versprach ich großartige Aufträge in der Zukunft, wenn er mir beim Start für sehr kleines Geld helfen würde. Wir mieteten ein Büro in einem der weniger guten Viertel von Godesberg. Der Vorteil: Wir mussten in den ersten drei Monaten keine Miete zahlen, wenn wir einen Fünf-Jahres-Vertrag unterzeichneten. Der Nachteil: Dort wurde nahezu wöchentlich eingebrochen – zum Glück nicht bei uns, da wir im oberen Stockwerk saßen. Doch der Firma im Erdgeschoss wurde eines Tages der Server bei einem Einbruch gestohlen. Der Server selbst war damals gar nicht der größte Schaden, die Hardware kostete nicht viel. Auf dem System aber waren die gesamten Daten der Firma abgelegt – und da es damals noch keine Cloud für das Backup gab, ging die Firma nach diesem Einbruch pleite. Auch heute kann ich nicht verstehen, dass sich sowohl Unternehmen als auch Privatpersonen nicht genug um die Sicherung ihrer Daten kümmern. Wie oft sieht man immer noch Suchaufrufe nach Smartphones, auf denen doch so viele wertvolle Erinnerungen gespeichert sind …

>COMPILER

Ein Compiler (aus dem Englischen »to compile«, zusammenstellen) erzeugt aus dem Source-Code (eine Programmiersprache wie zum Beispiel C++ oder Delphi), den wir lesen und verstehen können, einen binären Code, den die Prozessoren in Computern und Smartphones verstehen.

Wir arbeiteten zwei Monate Tag und Nacht – und eines Morgens war der Click-Dummy fertig. Und da war es wieder, das tolle Startup-Gefühl, das ich auch heute noch so liebe, trotz der harten Vergangenheit. Das Ding sah super aus und war damals die perfekte Fotoplattform, mit nur einem Nachteil: Sie war eben nur ein Dummy und funktionierte nicht wirklich. Ich wusste, dass sie das einmal tun würde – aber um damit wirklich an den Start zu gehen, würde man ein größeres Team und viel Kapital für die Entwicklung benötigen. Immerhin hatte ich exakt im Kopf, was ich zu tun hatte, um die Plattform tatsächlich zum Laufen zu bringen. Ich präsentierte den Click-Dummy einem großen Kunden und behauptete:

»Wie ihr seht, fast fertig!«
»Wow! Darf ich das mal testen?«, fragte der Kunde.
»Nein, das ist leider noch streng geheim!«, antwortete ich. »Aber das ist ein wirklich revolutionäres Produkt! Wenn ihr die Ersten sein wollt, die das anbieten, müsst ihr 30 Prozent Anzahlung leisten. Die Nachfrage ist riesig – und daher bedienen wir nur Kunden, die die Anzahlung schnell leisten.«
Natürlich war die Software nicht fertig. Natürlich gab es keine anderen Interessenten. Aber ich brauchte – verdammt noch mal – die Anzahlung, damit ich mir ein kleines Team leisten konnte. Ich hatte verflixt viel Glück, denn der große Kunde biss an. Zu Recht, glaube ich, denn unsere Plattform war innovativ und gut geplant, und der Markt dafür stand kurz davor zu explodieren. Der Kunde leistete die Anzahlung – und ich weiß, dass er die Entscheidung am Ende nicht bereut hat. Wir nannten die Plattform IPS: Internet Photo System.

Sehr schnell stellte ich weitere Entwickler und noch einen Designer ein, um mit der »echten« Arbeit zu beginnen. Bisher war ja alles nur eine Pappfassade: ein Pilotprojekt, quasi ein Auto ohne Motor, das von außen super aussah, aber eben noch nicht fahren konnte. Die von mir versprochenen Liefertermine waren leider viel zu optimistisch. Der Kunde wurde unruhig – er hatte das Ding doch schon in fast fertigem Zustand gesehen! Irgendwann schlug »unruhig« um in »ungehalten«. Der Ton wurde rauer. Glücklicherweise gab es keinen zweiten Softwareanbieter für Online-Fotoservices. Wir waren die Einzigen, die einen Prototyp hatten. Offenbar waren wir zu dem Zeitpunkt sogar die Einzigen, die überhaupt eine Vision hatten, was da möglich war – und hofften, bald liefern zu können ...

Nachdem die ersten Teile der Plattform wirklich funktionierten, ging es dann schneller: Ich verkaufte weitere Lizenzen, natürlich gegen weitere Anzahlungen. So konnten wir Schritt für Schritt ein echtes Unternehmen aufbauen, ohne Geld von externen Investoren zu erhalten. Es war allerdings jeden Monat die Quadratur des Kreises: Wir erhielten Geld als Vorauszahlungen, mussten aber laufende Gehälter und Miete zahlen und brauchten dann im nächsten Monat wieder neue Anzahlungen. Mein eigenes kleines Schneeballsystem als Ersatz für das unerreichbare Venture Capital. Nicht zur Nachahmung empfohlen, aber damals aus der Not heraus geboren. Und es gab eine legitime Motivation dafür: Ich fühlte, dass es diesmal wirklich funktionieren könnte.

> MIT MARC AUF DER PHOTOKINA 2006

Da unser ganzes Konstrukt allerdings mit sehr heißer Nadel gestrickt war, brauchten wir einen BWLer, der unsere Finanzen und Operations unter Kontrolle bekam. Und zwar brauchten wir nicht irgendeinen BWLer, sondern einen verdammt guten, der bereit war, Tag und Nacht zu arbeiten und im Monat mit 1.000 Euro klarzukommen. Aber wenn sich jemand auf diesen Deal einließe – wäre er dann ein verdammt guter BWLer? Ich hätte erneut eine Beteiligung anbieten können, aber zu diesem Zeitpunkt bot eine Beteiligung nicht mehr als eine ungewisse Aussicht auf einen Gewinn. Mir fiel ohnehin nur einer ein, dem ich die Aufgabe inhaltlich zutraute: Marc Sieberger. Marc war wie ich auch Skateboarder, und wir hatten nach der Skateboard-Zeit zusammen in einer WG gewohnt. Er wurde Investmentbanker und ging dann auf die Elite-Uni WHU, die »Wissenschaftliche Hochschule für Unternehmensführung, Otto Beisheim School of Management«. Marc war meine einzige Chance. Menschen, die mich nicht kannten, würden dankend ablehnen. Und sicher auch viele Menschen, die mich kannten. Marc und ich aber kannten uns wirklich gut, und ich sah eine kleine Chance, ihn zu überzeugen. Sein Studium lief noch zwei Monate – und ich wusste, dass er noch nirgendwo anders unterschrieben hatte. Ich lud Marc zum Italiener ein – und bei Pizza Salami und Cola pitchte ich ihm ip.labs:

»Wir sind die Einzigen, die das machen können, Marc. Da ist ein riesiger Markt! Ich weiß, du hast Angebote von den großen Unternehmensberatungen und Investmentbanken. Aber da bist du einer unter vielen. Das kann doch jeder!«

Es war die wahrscheinlich am besten investierte Pizza Salami aller Zeiten: Nach zwei Monaten stimmte Marc zu. Ich hatte tatsächlich gegen die Großen gewonnen, er wollte mit mir ip.labs aufbauen. Yes! Marc, Alex, Georg und ich zahlten uns in der Regel monatlich 1.000 Euro aus, um wenigstens unser Essen und die Miete unserer Studentenbuden zahlen zu können. Und nach etwas über einem Jahr – der erste Kunde war übrigens immer noch an Bord – hatten wir tatsächlich das Unmögliche möglich gemacht: die weltweit erste Softwareplattform zur Verwaltung und Produktbestellung für Digitalfotos konnte live gehen.

FOTOBUCH & CO.

Wir überzeugten immer mehr große Drogerieketten, Supermärkte und andere Händler, dass deren Endkunden ihre Bilder über unsere Plattform verwalten und Fotos bestellen sollten. In Deutschland, Österreich, der Schweiz und Holland waren wir schon bald der dominante Player in einem rasant wachsenden Markt. Im Laufe der Zeit boten wir weitere Produkte wie Grußkarten, Kalender, bedruckte Mousepads und Kaffeetassen an – das volle Programm.

Einen weiteren Wachstumsschub gab ein neues Produkt: das Fotobuch. Hiermit konnte man nicht nur Abzüge von einzelnen Fotos bestellen, sondern ein komplettes Buch gestalten. Hierfür musste unsere Software zum ersten Mal Hunderte Bilder mit Rahmen und Textlayouts verarbeiten. Einzelne Fotos auszuwählen und auf einem Poster oder einer Tasse als korrekte Vorschau anzuzeigen war schon eine Herausforderung. Aber einen kompletten Buch-Editor für so viele Fotos zu entwickeln, der auch noch schnell und einfach funktioniert, war eine Herkulesaufgabe. Unser Editor schlug automatisch für eine Auswahl vieler Bilder ein passendes und schönes Layout vor, setzte die Fotos in das korrekte Seitenverhältnis und erkannte Probleme wie zu niedrige Auflösungen. Glücklicherweise konnten wir uns mittlerweile über 50 Entwickler in Vollzeit leisten. Unser technologischer Vorsprung vor eventuellen Mitbewerbern wuchs von Monat zu Monat, und unsere Kunden wie CeWe Color oder Fujifilm investierten Millionen in ihre Produktionsanlagen, um nicht nur Poster, sondern komplette Bücher produzieren zu können. Hierzu musste beidseitig gedruckt werden können, und es wurden Maschinen zur Buchbindung benötigt. Wir hatten diesen neuen Markt mitbegründet und bauten unseren Vorsprung monatlich aus.

PMA – VEGAS, BABY!

> Bonn und Las Vegas, 2006

Wir arbeiteten rund um die Uhr. Stündlich poppte ein neues, aktuelles Problem hoch, das dringend behoben werden musste. Das Tagesgeschäft fraß uns auf, sodass wir kaum Zeit hatten, uns strukturiert mit der Konkurrenz oder der Marktsituation zu befassen. Wir wussten überhaupt nicht, wie gut wir waren. Eines Abends aber – es war wirklich schon sehr spät – fand ich Informationen über einen Verband für Photomarketing (die PMA, die Photo Marketing Association) und dessen jährlich stattfindende Messe in Las Vegas. Dort mussten wir hin! Und zwar nicht als Besucher, sondern mit eigenem Messestand! Und von dort würden wir die Welt erobern ... Ich griff sofort zum Telefon – und wegen der Zeitverschiebung bekam ich sogar noch jemanden ans Ohr, dem ich ganz beseelt von unserer Software und unserer Marktführerschaft in Europa berichtete. Irgendwie stieß ich aber kommunikativ auf eine Wand aus Eis. Mein Telefonpartner konnte überhaupt nichts mit mir anfangen. Die einzige Rückfrage, die ich bekam, war, ob wir irgendwelche amerikanischen Kunden hätten.
»No, but we work for T-Mobile!«
T-Mobile hatte er wohl schon mal gehört: »Okay«, antwortete er schlecht gelaunt, »I will check if we can send you an offer for a booth.«
Also, er würde mal nachhorchen, ob er uns ein Angebot für einen Messestand schicken könne. Mehr nicht. Das ist übrigens eine Erfahrung, die ich danach noch oft machen musste: Für die meisten US-Amerikaner ist Europa kaum existent. Zuerst kommt in der Wahrnehmung der Binnenmarkt, dann kommen Kanada und Mexiko. Danach Südamerika, die Karibik und Asien. Und erst ziemlich zum Schluss das kleine Europa. Es ist wirklich schwer, europäische Erfolge in die USA zu bringen. Aber: Wir hatten Glück und durften 8.000 US-Dollar ausgeben, um einen winzig kleinen Stand auf der großen Messe aufzubauen. Marc und ich flogen nach Las Vegas, natürlich Economy. Im Gepäck hatten wir zwei Notebooks, einen Monitor, zwei Werbebanner und ein Poster, das unser IPS-Produkt erklärte. Fertig.

Um sechs Uhr morgens durften wir in die Halle und unseren Stand aufbauen. Ab neun Uhr wurde die Messe eröffnet. Jetlag, kaum geschlafen, wir waren etwas durch, aber gut gelaunt. Ich glaube sogar, wir waren die aktivsten Verkäufer auf der gesamten Messe. Hewlett-Packard und Fujifilm hatten gigantische Stände –

und wir nur unsere kleine Theke an der Ecke neben den Toiletten. Das war mit Sicherheit der billigste Stand – aber er bot einen riesigen Vorteil: Hier mussten alle mal vorbei! Wir sprachen jeden an. Wir sprudelten vor Energie und wussten, dass wir nur drei Tage Zeit hatten, um potenzielle Kunden zu treffen und sie von unserer Plattform, dem IPS, zu überzeugen. Der Laden brummte: Wir schafften es tatsächlich, mit zwölf heißen **LEADS** nach Hause zu kommen und in der Folge fünf davon zu unseren Kunden zu machen. Ja, es war ein Glücksspiel, nach Las Vegas zu fahren – aber wir hatten unseren ganz persönlichen Jackpot geknackt.

In den nächsten vier Jahren besuchten wir jedes Jahr die Messe in den USA, und unser Stand wurde von Jahr zu Jahr größer. Im zweiten Jahr waren wir sogar mit zwei Muttersprachlern und zwei Projektmanagern zu sechst auf der Messe. Das Team hatte sich natürlich gefreut: Las Vegas! Die Casinos! Partys ohne Ende! Und in der Tat ließen es unsere großen Partner wie Hewlett-Packard und Microsoft immer ordentlich krachen. Aber wir waren ja nicht zum Spaß da, und ich musste leider den Spielverderber geben. Die Konkurrenz konnte sich ruhig gehen lassen, für mein Team beendete ich jede Party um Punkt 23 Uhr. Schließlich würden wir am nächsten Morgen um 8:30 Uhr wieder in der Messehalle stehen müssen – im besten Fall fit, ausgeschlafen und ohne Alkoholfahne. Also ab ins Hotel. Nur ein einziges Mal konnte »Daddy« nicht aufpassen. Ich musste einen Tag früher heimfliegen, weil ich in Europa einen wichtigen Kunden treffen musste. Das Team nutzte die Chance und feierte im berühmten Tao Nightclub bis in die frühen Morgenstunden. Am nächsten Morgen verpassten alle ihren Rückflug. Ich habe bis heute nie nach Details gefragt und bin auch nicht sicher, ob ich sie überhaupt wissen möchte … Wie heißt es so schön: »What happens in Vegas stays in Vegas.«

> LEAD

Ein Lead bezeichnet im Vertriebsmarketing die erfolgreiche Kontaktanbahnung zwischen dem Anbieter und dem potenziellen Kunden.

DER MARKT WIRD HEISS

Irgendwann konnten wir uns beim besten Willen nicht mehr als die sympathischen Underdogs bezeichnen. Wir waren ein bedeutender Player im Online-Foto-Business geworden, hatten Kunden in über 50 Ländern und fünf eigene Rechenzentren. Ehrlich gesagt waren wir sogar der Weltmarktführer in dieser kleinen

Nische. Über 100 Millionen Menschen hatten unsere Desktop-Software installiert oder unseren Service über die Websites großer Handelsketten verwendet.

Eines Tages rief T-Venture an, eine damalige Tochterfirma der Deutschen Telekom, die sich mit Wagniskapital an Technologie-Startups beteiligte. Die ließ sich unser Business erklären und sandte wenige Tage später ein **TERM SHEET**. Andere große Unternehmen der Fotoindustrie klopften ebenfalls an und äußerten parallel Interesse an einer Gesamtübernahme (**EXIT**). Plötzlich kam das Kapital zu uns, statt dass wir Klinken putzen mussten.

Sollte ich doch noch ein erfolgreicher Unternehmer werden? Ich kannte jetzt beide Seiten: die des Scheiterns, aber auch die des Erfolgs. Bei beiden spielen auch externe Faktoren eine Rolle – die generelle Stimmung im Markt oder auch einfach nur Glück. Für diese Erfahrung hatte ich bereits einmal teuer bezahlt. Jetzt hatte ich aber mit Marc und seiner Erfahrung im Investmentbanking einen starken Partner an meiner Seite. Wir diskutierten die Vor- und Nachteile der drei möglichen Wege:

- Entweder wir verkaufen,
- oder wir nehmen Venture Capital auf, um noch schneller zu wachsen,
- oder wir wachsen langsamer aus eigenen Mitteln.

Ein Verkauf erschien mir attraktiv: Ich wäre dann zwar »nur« noch Geschäftsführer und nicht mehr Eigentümer meines Babys. Im Zweifelsfall würden jetzt andere die wirklich wichtigen Entscheidungen zu Produkt und Team treffen, darüber war ich mir im Klaren. Aber auf der anderen Seite hatte ich schon so viel Dreck gefressen, so viel gelitten und durchgemacht, dass die Aussicht überaus reizvoll erschien, mit 32 Jahren finanziell unabhängig zu werden. Auch für Marc, Georg und Alex war der Exit der attraktivere Weg.

>TERM SHEET

»Eckdatenpapier« – wir Deutschen haben aber auch ein Talent für sperrige Begriffe. Im Term Sheet werden die wichtigen Parameter eines geplanten Verkaufs festgehalten. Es ist übrigens sinnvoll, den Grad der Verbindlichkeit eines Term Sheets im Vorfeld festzulegen. Denn gerade in Deutschland schwankt der irgendwo zwischen »Absichtserklärung« und »Vorvertrag«.

>EXIT

Der Exit ist der Ausstieg eines Investors oder Gründers aus einem Unternehmen – und das natürlich mit möglichst hohem Gewinn. Wenn kein bedeutender Gewinn gemacht wird, ist es ein Firesale.

Wir verhandelten mit Fujifilm und CeWe Color parallel. Es stellte sich aber schnell heraus, dass CeWe Color eher günstig einen Dienstleister kaufen wollte und nicht ernsthaft an unserem Produkt und unserer Firma interessiert war. Das Ergebnis war ein unattraktiver Kaufpreis und düstere Aussichten für die Zeit des **EARNOUTS**. Fujifilm hingegen war ein globales Unternehmen und plante die weltweite Vermarktung unserer Plattform. Außerdem sollten Marc, Alex, Georg und ich nach dem Verkauf die Digitalisierung der Fujifilm-Gruppe voranbringen. Dieses Paket gefiel uns deutlich besser.

DER VERKAUF

> Bonn und Tokio, 2007 – 2008

Der Vice President von Fujifilm Europe, Uli Kraus, war unser **DEAL-CHAMPION**. Er hatte uns entdeckt, zahlreiche Fujifilm-Kunden erfolgreich auf unsere Plattform gebracht, und er wollte das Digital-Geschäft mit unserem IPS-Produkt ausbauen. Uli Kraus stellte den Kontakt zu den japanischen Kollegen her – und im Jahr 2007 war es dann so weit: Eine Delegation kam aus Japan nach Bonn, um mit uns zu verhandeln. Es waren gleich zehn Japaner unter der Leitung von Aoki-San (**SAN**). Keiner von ihnen sprach verständliches Englisch, was Aoki-San allerdings nicht davon abhielt, es trotzdem zu tun.

Ich erinnere mich noch sehr genau: Nächtelang hatte ich mich vorbereitet, denn ich wusste, das ist die bisher wichtigste Präsentation meines Lebens. Ich erklärte, warum ip.labs Weltmarktführer für Online-FotoServices geworden war. Ich erklärte auch, warum die größte Handelskette aus den USA auf unsere Plattform wechseln wollte und wie wir auf unserer technischen Basis schnell und effektiv neue Produkte auf den Markt bringen konnten. Ich war ganz in meiner Welt versunken, begeistert und überzeugt von unserem Produkt und unserer Idee. Und dann

> EARNOUT

Oftmals erhält das Gründerteam mit dem Verkauf »goldene Handschellen«, muss also noch für zwei bis vier Jahre im Unternehmen bleiben. Um dies sicherzustellen, wird der Kaufpreis schrittweise als Earnout bezahlt. Manchmal hängen auch Ziele an der Auszahlung. Ich musste bei ip.labs einfach nur dabeibleiben.

> DEAL-CHAMPION

Ein guter Deal-Champion hat Verbindungen, kennt sich aus in den politischen Verästelungen großer Firmen, kann beide Parteien motivieren, weiterzumachen, wenn es knirscht, und er besitzt das Vertrauen aller Verhandlungspartner.

> SAN

Das Japanische benutzt Suffixe, mit denen man sein Verhältnis zum Gegenüber ausdrücken kann. San heißt so viel wie Herr. Unsere Japaner bei Fuji haben selbst Wal-Mart-San gesagt. Ich habe das nie verstanden, wir fanden es aber lustig, und so wurde Marc zum Sieberger-San, Herr Sieberger.

wurde ich jäh auf den Boden der Tatsachen zurückgeholt. Von links hörte ich ein Geräusch: Aoki-San schnarchte. Und ein paar Plätze weiter war ein zweiter Kollege ebenfalls eingeschlafen. Was nun? Ich brach die Präsentation ab, was wiederum die wach gebliebenen Japaner irritierte. Uli Kraus war mit der japanischen Geschäftskultur vertrauter als ich und klärte mich auf. »Mach einfach weiter, das ist in Japan völlig normal!«

Damals kam mir das sehr merkwürdig vor: Die Japaner diskutierten auch während eines Meetings nicht. Man saß da komplett ungerührt, was für mich dazu führte, dass ich keine Ahnung hatte, ob mein Vortrag den potenziellen Käufer begeisterte, langweilte oder enttäuschte. Wir Deutschen diskutierten, waren untereinander auch nicht immer einer Meinung – aber das wurde von der japanischen Delegation eher als befremdlich empfunden. Heute weiß ich, dass die wichtigen Entscheidungen in Japan vorher getroffen werden, und zwar beim sogenannten »Nemawashi«, dem »Um-die-Wurzeln-Herumgehen«. Dort werden in separaten Meetings oder Tee-Runden die Wurzeln der Entscheidungsfindung freigelegt und alle möglichen Optionen betrachtet. Ist das Nemawashi abgeschlossen, wird auch nicht mehr argumentiert, um vor dem Verhandlungspartner nicht das Gesicht zu verlieren.

Nach zwei Tagen Präsentation von Produkt, Team, Firma, Finanzen und Verträgen flog Aoki-San mit seiner Delegation wieder nach Hause. Wir verabschiedeten uns freundlich voneinander, mit asiatischer Höflichkeit. Ob das Treffen gut oder katastrophal gelaufen war, ob die Japaner uns kaufen wollten oder nicht und ob sie meine Idee von der US-Expansion mitmachen würden – ich hatte keine Ahnung und schätzte die Chancen auf 50:50. In den folgenden Tagen rief ich alle fünf Minuten meine E-Mails ab, denn ich hoffte, endlich Antwort aus Japan zu erhalten. Ich wollte auch nicht nachfragen – bloß keine Schwäche zeigen. Diesmal, anders als zu Zeiten der twisd AG, lief unser Geschäft außerdem wirklich gut. Wir hatten ausreichend Geld auf dem Konto und gewannen wöchentlich neue Kunden. Aber diesmal wollte ich den Erfolg auch auf meinem Konto festhalten. Diese Lektion hatte ich gelernt: Der Wind kann sich sehr schnell drehen! Nach zwei Wochen machte es endlich »Pling« in meinem Postfach. Absender: Aoki-San.
»Fujifilm is interested in buying your company.« Na also! Und: »Please arrange a meeting in our Tokyo HQ with my assistant.«
Wir sollten also zu einem Treffen ins Hauptquartier in Tokio kommen.

LOST IN TRANSLATION

> Tokio, Düsseldorf und Bonn, 2008

Und dann flogen wir nach Tokio. Dort lernte ich, was es bedeutet, in Japan Arbeitnehmer zu sein. Man lebt und stirbt für die Firma. Unten sitzen Hunderte von Mitarbeitern in Legebatterien und geben ihr Leben für das Unternehmen. Jeder hat exakt 1,20 Meter Breite Platz, keine Trennwände. Der Abteilungsleiter hat einen 1,60-Meter-Schreibtisch mit etwas Freiraum daneben. Aber der große CEO hat die oberste Etage und dazu 30 Sekretärinnen nur für sich alleine.

Die meisten Mitarbeiter sehen ihre Familien kaum – selbst abends ist man mit Kollegen unterwegs und trinkt Sake. In meinen Unternehmen leben wir das Gegenteil: Jeder Mensch braucht Freiraum, um großartige Produkte zu erschaffen. Arbeite zehn Stunden konzentriert, aber dann mach Sport, gehe zu deiner Familie oder zu deinen Freunden. Wenn es der Firma hilft, kann jeder in meinem Büro arbeiten, und ich brauche erst recht keine 30 Sekretärinnen. Japan war ein harter Kulturschock.

Für den Deal mussten wir öfters nach Tokio reisen – und während der letzten Verhandlungen saß mir endlich der Finanzchef der Japaner gegenüber. Vor sich hatte er einen riesigen Solartaschenrechner mit einem neonfarbenen Katzenaufkleber. Er tippte irgendwelche Zahlen rein, blickte mich an und sagte: »Oooh!« Das hätte alles bedeuten können, also fragte ich nach. »Are you happy? Can we go to the US market?« Als Antwort kam nur ein brummendes »Hmmmm«. So ging es die ganze Zeit. Es war überhaupt nicht klar, welche meiner Botschaften ankamen und was mein Gegenüber gerade dachte.

Irgendwann aber waren wir so weit, dass ein Vertragsentwurf aufgesetzt wurde. Und der war ganz schön heftig: Fujifilm war ein internationaler Konzern, der bisher keine Startups übernommen hatte. Das zeigte sich auch im Vertrag – wir sollten dem Käufer zum Beispiel garantieren, keine verseuchten Erden zu verwenden, und wir sollten auch garantieren, dass durch uns keine chemischen Unfälle entstehen würden. Zudem sollten wir hierfür mit Summen haften, die um ein Vielfaches höher waren als der Kaufpreis. Wir hatten ein Büro, Computer, Tische, Stühle ... – womit hätten wir chemische Unfälle verursachen sollen?

> FISCHDIÄT BEI DEN FUJIFILM-VERHANDLUNGEN IN TOKIO

Aber ich wollte auf gar keinen Fall denselben Fehler noch mal machen: unbedacht etwas unterschreiben, was ich später bereuen würde! Diesmal hatte ich Marc an meiner Seite, der zusätzlich zwei sehr erfahrene Anwälte für uns mandatierte. Wir verhandelten Tage und Nächte in einer sehr noblen Düsseldorfer Kanzlei direkt an der Kö. Ich erinnere mich bis heute an die edle Toilette – italienischer Marmor, indirekte Beleuchtung, sechslagiges Toilettenpapier – und pünktlich um 19 Uhr wurden feinste Delikatessen serviert. Die inhaltlichen Verhandlungen waren nervenaufreibend, und ohne unsere Anwälte Nicolas und Konstantin hätte ich den Prozess nicht überstanden. Für mich stand so viel auf dem Spiel, ich wollte keine zehn Seiten unverständlicher Haftungsklauseln unterzeichnen. Nach der dritten Verhandlungsrunde hatten wir gegen 23 Uhr endlich eine Version, die für beide Seiten passte. Wenige Tage später saßen wir in Düsseldorf beim Notar, um den verhandelten Vertrag zu unterzeichnen. Marc hatte die ganze Nacht alles noch dreimal geprüft, und man sah ihm den fehlenden Schlaf an. Ich sah sicher nicht viel besser aus. Unsere Anwälte hatten keine weiteren Anmerkungen, alles konnte wie verhandelt unterzeichnet werden. Doch gerade als ich den Stift ansetzen wollte, nahm mich ein Fujifilm-Mitarbeiter zur Seite:

»Important document from our Tokyo HQ you need to sign, before we sign.«

Bevor die Japaner unterschreiben würden, sollte ich also noch ein weiteres Dokument unterzeichnen – und zwar eines, in dem stand, dass ich mich nicht mehr CEO nennen, sondern »nur noch« Geschäftsführer sein würde. Es würde nur einen CEO geben, und der säße nicht mehr in Bonn, sondern in Tokio. Aber ich hatte damit gerechnet, nicht mehr alles alleine entscheiden zu können, an dem CEO-Titel sollte es also nicht scheitern.

Als dann die Tinte trocken war, sollten wir direkt nach Japan reisen, um dort den echten CEO von Fujifilm zu treffen. Die erste Tranche des Kaufpreises war gerade angekommen – und zum ersten Mal in meinem Leben hatte ich Business Class gebucht. Dass Marc und ich am Schalter von einer sehr netten Japanerin sogar in die First Class upgegradet wurden, feierte ich als ein gutes Zeichen. War das jetzt mein neues Leben?

In Tokio waren alle Japaner bei Fujifilm, mit denen wir zuvor Kontakt hatten, vor dem Meeting mit dem CEO wirklich angespannt – denn es ist das Lebensziel eines jeden Angestellten dort, sich einmal vor dem CEO verbeugen zu dürfen – so zumindest unser Eindruck. Und wir durften als Youngster sogar ein echtes Meeting mit ihm haben, denn wir sollten ja jetzt als Teil seines Konzerns Innovationsimpulse in alle Abteilungen bringen. Damals habe ich mich sogar so verrückt machen lassen, dass ich extra eine Krawatte dafür angezogen habe! Jeder, der mich kennt, weiß, dass es einen höheren Grad an Hysterie kaum geben kann.

Dem CEO habe ich dann bei unserem Treffen erklärt, was er da eigentlich gerade gekauft hatte. Und ich erklärte ihm auch, was in seinem Laden nicht rundläuft und wo es Verbesserungspotenzial gibt. Unser Übersetzer, Shimumura-San, erbleichte. Es war offenbar eine Todsünde in Japan, dem Chef zu erklären, wo es dringenden Handlungsbedarf gibt. Zum Glück hat der CEO nicht so viel von dem verstanden, was ich ihm da erklärte – und Shimumura-San war diplomatisch genug, meine Ausführungen den japanischen Gepflogenheiten entsprechend zu übersetzen. Als ich fertig war, schaute mich der CEO lange an, rollte mit den Augen und zeigte schließlich mit dem Finger auf mich. Und dann sagte er nur zwei Worte: »You… strong!« Ich hatte damals den Film Lost in Translation noch nicht gesehen und wusste auch nicht, dass ich an dem Abend nach diesem Meeting exakt in derselben Bar saß, in der Bill Murray und Scarlett Johansson sich getroffen hatten. Aber das Gefühl der kompletten Ratlosigkeit angesichts einer rätselhaften Kultur – der

Film spiegelt ziemlich genau dieses Gefühl wider, das ich damals in Japan hatte. Als Belohnung für den erfolgreichen Deal wurden wir für ein Wochenende in ein Onsen-Resort eingeladen. Onsen sind die heißen Quellen Japans – und regelmäßig diese Bäder zu besuchen, das ist eine Tradition, auf die die Japaner sehr stolz sind. Vielleicht sollte man erwähnen, dass Japaner im Schnitt nur 16 Tage Urlaub im Jahr haben. Und es gehört zum guten Ton, mindestens die Hälfte davon ungenutzt verstreichen zu lassen. Umso wichtiger ist es, die wenigen verbleibenden Urlaubstage komplett zu füllen. Das erklärt nicht nur die straff durchorganisierten Sightseeing-Touren der Japaner durch Europa, sondern auch die vielfältigen Möglichkeiten eines Kurztrips in eben so ein Onsen-Resort, von denen es in Japan über 3.000 gibt.

Zur Begrüßung mussten wir zunächst unsere gesamte Kleidung ablegen und bekamen im Gegenzug einen Bademantel und traditionelle Schlappen ausgehändigt. Jetzt ist der durchschnittliche Japaner etwas kleiner als ich – und selbst die größte Größe dieser Bademäntel reichte mir nur bis knapp über die Hüfte. Das war zu kurz! Ich spare mir die Details, aber ich sah aus, als würde ich ein Minikleid tragen. Anschließend verbrachten wir den halben Tag in einem Thermalbad, dessen Wasser muckelige 41 Grad hatte. Man wurde auf eine angenehme Art müde, ungefähr so, als hätte man ein paar Saunagänge zu viel eingelegt. Danach gab es Fisch in allen erdenklichen Kombinationen: Sushi und Sashimi aus Lachs, Thunfisch, Krabben, Tintenfisch und einige andere Dinge, die ich nicht identifizieren konnte. Das Problem: Ich esse keinen Fisch. Keine Ahnung, warum, aber ich bin einfach mehr der Steak-Typ. Mir blieb nur der Reiswein, den die Kollegen und ich in ziemlich großen Mengen lauwarm tranken. Und dann stellte sich heraus, dass wir mit sechs Leuten, also auch mit den Japanern von Fuji, in einem einzigen Raum schlafen sollten, jeder auf seiner eigenen Reismatte.

Vor ein paar Tagen war ich noch First Class geflogen – und jetzt lag ich hier auf einer Reismatte, gemeinsam mit schnarchenden Japanern in einer Art Jugendherbergszimmer. Ich hatte den halben Tag in heißen Thermalquellen verbracht, nichts gegessen, Reiswein getrunken. Mir war schwindelig. Am nächsten Morgen gab es lebende Krabben, Lachs und Thunfisch – keinen Kaffee, kein Rührei, kein Brot. Mittags Thunfisch, Lachs und wieder Krabben. Ich weiß schon: andere Länder, andere Sitten – aber diese Sitten verlangten mir einiges ab. Am Abend aber gab es gastronomische Abwechslung. Es wurde eine ganz besondere Delikatesse gereicht: Walsperma! An dieser Stelle stieg ich kulinarisch endgültig aus und behauptete, spontan Vegetarier geworden zu sein.

Ich weiß noch, wie wir nach dem Onsen am letzten Morgen auf dem Weg zum Flughafen an einem Starbucks vorbeikamen, den wir erst einmal plünderten: Kaffee! Käse-Sandwiches! Blaubeer-Muffins! Es war wie im Paradies. Frisch gestärkt und zurück in meiner Welt, ließ ich während des Rückflugs nach Deutschland die letzten Tage und Jahre vor meinem geistigen Auge Revue passieren.

> UNSER WELLNESS-WOCHENENDE IM ONSEN-RESORT

ip.labs hatte zu Beginn eine Überlebenschance von 20 bis 30 Prozent gehabt. Es war eine halsbrecherische Aktion gewesen – nur ein Kunde hätte uns auf den zugesagten Termin verklagen müssen, und alles wäre vorbei gewesen. Aber die Kombination aus hohem Risiko, vom Produkt überzeugten Gründern und einem Team, das alles für die Firma gegeben hatte, hatte es ermöglicht, einen Weltmarktführer ohne externen Investor aufzubauen.

Es hatte geklappt!

DIE LEHMSCHICHT

Ich hatte vor unserem Verkauf noch nie davon gehört, aber heute weiß ich, die »Lehmschicht« hat Ausdauer, wird von starken Seilschaften zusammengehalten und kann fast jede Innovation lebend verschlingen. Du ahnst, ich spreche vom mittleren Management großer Konzerne.

Fujifilm hatte vor unserer Übernahme bereits eine eigene Fotoservice-Software entwickelt, die nicht nur aus meiner Sicht wirklich unterirdisch schlecht war – genau aus diesem Grund wurden wir ja auch gekauft, um das schlechte durch ein gutes System zu ersetzen. Das obere Management hatte diese vorausschauende Entscheidung getroffen. Aber die mittlere Managementebene wollte ihr eigenes System behalten. Das ist ein gar nicht so ungewöhnliches Phänomen: In der Businesswelt wird es das »Not-invented-here-Syndrom« genannt. Wenn große Unternehmen kleinere übernehmen, besteht die wahre Führung aus einer in 20 Jahren oder länger gewachsenen Lehmschicht des mittleren Managements. Ich wurde sogar viele Male davor gewarnt, gewisse Themen nicht mit dem CEO, sondern nur mit der mittleren Ebene zu besprechen: »Sonst verlierst du unsere Unterstützung.« Aus diesem Grund würde ich keine Woche als DAX-CEO überleben – und ich könnte mir vorstellen, dass René Obermann als Chef der Deutschen Telekom damals ähnlich schwierige Situationen im Sinn hatte, als er sagte, er habe manchmal das Gefühl, »mit Handschellen im Boxring zu stehen«.

>CO-FOUNDER

Ein Gründer alleine ist in den seltensten Fällen in der Lage, sämtliche Herausforderungen eines Startups zu meistern. Im besten Fall ergänzen sich die Co-Founder: Es bringt nicht viel, wenn sich drei Köche, drei Vertriebler oder drei Finanzer zusammentun – aber ein Koch, ein Vertriebler und eine Finanzfrau: Das ist ein Team!

Aber zurück zu meinen konkreten Problemen mit der japanischen Lehmschicht. Nach einigen Monaten bekam ich die für mich erschütternde Nachricht: »Frank, we decided to stick to the old system for our biggest japanese customer«, also: »Frank, wir haben uns entschieden, mit dem alten System bei unserem größten Kunden in Japan weiterzumachen.« Es war zwar nur ein Kunde von vielen Hunderten, aber diesen einen wichtigen Kunden in Japan hatte die Lehmschicht gewonnen. Wirklich frustrierend. Finanziell hätte es mir egal sein können – aber eigentlich war ich ja angetreten, um alle Kunden auf unser IPS-Produkt zu bringen. Daraus wurde jetzt nichts. Es war für mich eine schwierige Erfahrung, die es mir heute jedoch ermöglicht, unsere Gründer effektiv zu unterstützen, wenn sie in eine ähnliche Situation kommen. Aber alles in allem war ip.labs eine tolle Erfolgsgeschichte, an die ich gerne zurückdenke, denn sie hat mir gezeigt: Mit Passion und den richtigen **CO-FOUNDERN** kann man auch ohne externes Kapital einen Weltmarktführer aufbauen.

PS: Trotz des etwas frustrierenden Endes bei Fujifilm ist ip.labs bis heute sehr erfolgreich. Das Team arbeitet immer noch in demselben Büro, und auch heute noch verwenden viele Millionen Menschen die Software. Dieser saubere Übergang war Marc und mir immer sehr wichtig – schließlich hatten wir das Unternehmen aufgebaut.

06

E42

VOM GRÜNDER ZUM HOBBY-INVESTOR

Wir hatten tatsächlich ip.labs verkauft, mein erster großer Exit! So viele Jahre 100 Prozent Fokussierung, 70-Stunden-Wochen, Vertriebstouren rund um die Welt – ip.labs war mein Leben. Und jetzt war es Teil eines Großkonzerns. Im Gegenzug erhielt ich meine finanzielle Unabhängigkeit und unser Produkt den stärksten internationalen Partner in seinem Markt. Das war ein irres Gefühl, das sich kaum in Worte fassen lässt: Stolz? Befreiung? Glück? Aber auch Angst, mein Baby loszulassen! Marc und ich konnten es jedenfalls in den ersten Tagen kaum glauben. Wir beide sind keine großen Party-Helden, und so planten wir keinen Trip nach Las Vegas im Privatjet, sondern überlegten, wie es nun weitergehen sollte. Auf der Fahrt zurück vom Notartermin diskutierten wir:
»Krass. Wir haben es wirklich geschafft. Was machen wir denn jetzt mit dem Geld?«

Eine verrückte Idee jagte die nächste. Wir waren voller Tatendrang und Euphorie. Längst bei Marc zu Hause angekommen, blieben wir noch ein wenig im Auto sitzen und fassten den Entschluss, die bislang verrückteste unserer vielen Ideen zu verwirklichen: Wir würden eine Million Euro an zehn Gründer verteilen, die uns beide überzeugten. Jedes Startup sollte 100.000 Euro bekommen, um seine Vision auf den Weg bringen zu können. Ich wusste ja noch zu gut, wie es war, kurz vor der Insolvenz zu stehen und ohne weitere Finanzierung sein Produkt scheitern zu sehen. Als wir damals mit ip.labs angefangen hatten, gab es noch nicht besonders viele Möglichkeiten, an Venture Capital zu kommen – für uns in unserer damaligen Situation schon mal gar nicht. Doch wir hatten es auch ohne geschafft. Und anderen hoffnungsvollen Gründern wollten wir die Möglichkeit bieten, schneller voranzukommen. Wir waren uns damals sicher, dass wir diese Million mit einer hohen Wahrscheinlichkeit nur zu kleinen Teilen wiedersehen würden, wenn überhaupt. Mit anderen Worten: Das würde mit an Sicherheit grenzender Wahrscheinlichkeit eine Spende werden. Aber wir suchten ja auch keine großartige Geldanlage, sondern wollten etwas zurückgeben und vielleicht auch etwas bewegen.

Was als Idee im Auto geboren wurde, setzten wir auch schnell um und gründeten eine Gesellschaft mit dem Namen e42 GmbH. Das e stand für electronic, und die 42 stand – etwas unbescheiden – für die Antwort auf alle Fragen. Die Zahl

> MIT NIC (MYTAXI), MARC UND CHRISTIAN (WUNDERLIST)

kommt – die meisten von euch werden es wissen – aus dem Roman Per Anhalter durch die Galaxis, in dem einem Supercomputer die Frage »nach dem Leben, dem Universum und dem ganzen Rest« gestellt wird. Nach einigen Millionen Jahren Rechenzeit spuckt dieser Computer die berühmte und rätselhafte Antwort »42« aus. Wir fanden den Namen damals großartig. In der Phase des Earnouts hatten wir weiterhin einen Managementjob bei ip.labs als Teil der Fujifilmfamilie. Oberste Priorität war es, unser Produkt und Team weiter auszubauen und möglichst gut in die Strukturen des Großkonzerns zu integrieren. Aber jetzt gab es auf einmal auch noch dieses Konto, auf dem eine Million Euro lagen, die darauf warteten, herausragenden Gründern eine Chance zu geben. Und plötzlich ging es schneller als gedacht.

Als ich das Event IdeaLab! an Marcs Alma Mater, der WHU, besuchte, stellten mir Christian Gaiser und seine beiden Partner ihre Produktidee vor. Sie wollten die Prospekte und Postwurfsendungen von Supermärkten, Kaufhäusern und Elektronikmärkten scannen und diese zentral auf einer Website veröffentlichen. »Online informieren, Offline kaufen« war das Motto – und mit kaufDA konnten zum Beispiel junge Eltern schauen, wo Windeln aktuell am günstigsten sind oder wer die besten Angebote für den geplanten Grillabend hat. Die Idee war genauso simpel wie gut. KaufDA wurde unser erstes Investment, es folgten Wunderlist, mytaxi, goalunited, hole19 und einige mehr. Und siehe da: Unsere e42 wurde wider Erwarten erfolgreich – unglaublich erfolgreich. Normalerweise sind Venture-Capital-Investoren zufrieden, wenn sie das investierte Kapital verdreifachen – und es ist völlig normal, wenn von zehn Investments acht scheitern, solange zwei wirklich erfolgreich werden. Klar, auch bei uns waren einige Ausfälle dabei, aber die meisten Unternehmen wurden wirklich außergewöhnlich erfolgreich. Auch wenn der kommerzielle Erfolg nie unser primäres Ziel war, hatten wir jetzt auf einmal mehr Kapital als zuvor auf dem e42-Konto. Das war so nicht geplant: Eigentlich hatten wir das Geld doch schon vor der Investition als »Förderung« für die deutsche Gründerszene gesehen!

UNERWARTET: UNSER GELD WAR NICHT DAS WICHTIGSTE

Die Gründer profitierten nicht nur von unserem Geld, sie profitierten vor allem von unseren Erfahrungen. Da waren zunächst die Erfahrungen in der Produktentwicklung, im Teamaufbau, im Vertrieb, Marketing und Krisenmanagement. Besonders wertvoll für sie waren aber unsere Erfahrungen als Gründer. Und das war das, was bis dahin im VC-Markt noch gefehlt hatte: erfahrene Gründer, die selbst schon sehr viel »geblutet« hatten und ihre Erfahrung weitergeben wollten. Wir hatten mit unseren eigenen Unternehmen ja fast alles durchgemacht und in vielen Bereichen schmerzlich dazugelernt. Wir kannten die Fallstricke und Gefahren, die Um- und Irrwege, die Illusionen, die Selbsttäuschungen, den Größenwahn und die Verzweiflung. Wir hatten jeden Fehler mehrfach selbst gemacht und konnten somit jetzt andere vor vielen teuren Fehlern bewahren. Ein Scheck für einen Gründer ist schnell ausgestellt. Lässt man das Startup einfach laufen, kann sich das Geld vervielfachen, es kann aber auch nach einiger Zeit weg sein. Begleite ich aber einen jungen Unternehmer auf seinem Weg und kann ihn vor einem Fehler bewahren, der mir selbst schon einmal zum Verhängnis wurde, ist das für mich ein Moment inneren Glücks. Ein Moment, in dem die Welt kurz stillsteht. Warum? Weil es mir zeigt, dass all die harten Jahre, die tiefen Täler, die dummen Fehler, die Zukunfts- und Versagensängste für etwas gut waren, einen Sinn hatten. Das ist ein Moment, der die Vergangenheit mit der Zukunft versöhnt.

Natürlich hatten Marc und ich auch viel Glück mit unseren Gründern und deren Ideen. Ich bin mir aber sicher, dass einige von diesen Firmen gerade deshalb so erfolgreich wurden, weil wir ihnen effektiv helfen konnten – mit unserem Geld, vor allem aber mit unseren Erfahrungen.

07

NATHALIE

DER GEEK UND DIE LIEBE

Ein Unternehmen zu gründen kostet viel Zeit, Energie und Konzentration. Ein Gründer verbringt viele Stunden am Tag mit seinem Startup, viel mehr als Festangestellte mit einer 40-Stunden-Woche, Jahresurlaub und bezahlten Überstunden. Auch das können anspruchsvolle Jobs sein, aber in der Aufbauphase eines Startups sind 70 Stunden pro Woche normal. Und was für die Mitmenschen eigentlich das Schlimmste ist: Gedanklich hat jeder Gründer eine 168-Stunden-Woche, also sieben Tage in der Woche, 24 Stunden am Tag. Man ist nicht mehr wirklich da, auch wenn man zu Hause ist. Physisch anwesend, psychisch abwesend. Woher nimmt man die Kraft, das alles durchzustehen? Woher die Motivation, immer noch mal alles zu riskieren und noch einen letzten Sprint einzuschieben? Wofür tut man das alles?

Erfolg ist für mich sehr wichtig. Ein erfolgloses Unternehmen ist zwecklos. Und vielleicht ist es paradox, aber die wichtigste Unternehmung meines Lebens ist die, in der ich nicht »erfolgreich« sein muss, nicht unter Druck stehe. Eine Unternehmung, bei der Ausdauer, Fleiß, Struktur und Hustlen nicht helfen. Fast alles kann man durch harte Arbeit erreichen, durch Strategie, Beharrlichkeit, Umdenken: den Traumberuf, den Umzug in die Traumstadt, den Traumstudienplatz – beim Traumpartner geht das nicht. Den passenden Lebenspartner zu finden ist einer der größten, wenn nicht der größte Faktor für ein glückliches und erfülltes Leben. Und vielleicht ist es auch einfach nur Glück, wenn man ihn findet. Der Lebenspartner holt einen wieder nach oben, wenn man down ist, er bringt einen wieder zurück auf den Boden, wenn man gerade zu hoch fliegt, er ist das ehrlichste Korrektiv und der beste Ratgeber.

Bevor Nathalie in mein Leben trat, hatte ich – abgesehen von der Zeit bei meinen Eltern – immer alleine oder in einer Skater-WG gelebt. Ich war von der Schule geflogen, hatte ein Studium abgebrochen und war pleitegegangen. Es gab für mich in diesen Phasen meines Lebens gute Gründe, Angst zu haben, niemals die passende Frau zu finden. Zu cool waren die anderen Jungs, zu schräg war ich.

DER STRUKTURIERTE ANSATZ

Natürlich hatte ich bei den führenden Flirtportalen ein Profil angelegt. Mit Flirtportalen kannte ich mich aus, ich hatte mit hallo.de ja selbst eines gebaut. Aber wer jemals versucht hat, über das Internet einen Partner zu finden, der weiß, dass ein Datingportal den perfekten Partner nicht unbedingt wahrscheinlicher macht. Ich sage nicht, dass es dort unmöglich ist, aber es ist eben auch kein Selbstläufer. Vielleicht macht es die Sache sogar schwieriger, da man mit zu vielen »technischen« Parametern an die Suche herangeht und so versucht, etwas zu objektivieren, was mit objektiven Maßstäben nicht zu greifen ist. Die technische Herangehensweise hatte mir schon als Jugendlicher nicht allzu viel Erfolg auf romantischem Feld eingebracht. Damals hatte ich folgende Schnapsidee: Als Vorbereitung auf ein Telefonat mit einem Mädchen hatte ich mir mögliche Gesprächsverläufe aufgeschrieben. Wie so ein echter Informatiker – IF X GOTO Y –, um strukturiert, aber unauffällig auf die Frage hinzuarbeiten, ob sie mit mir am Wochenende auf die coolste Party der Stadt gehen wolle. Die wenig überraschende Antwort war im Regelfall schlicht: »nein.«

Ich ging dann mit meinen Skateboard-Kumpels auf viele Partys und fand auch hier einfach nicht den richtigen Ansatz, Mädels für mich zu begeistern. Geeks wie ich hatten es früher schwer. Steve Jobs, Mark Zuckerberg und Elon Musk waren damals noch keine bekannten Superstars. Investmentbanker oder Unternehmensberater hatten einen deutlich höheren Marktwert. Und ich kann es sogar verstehen: Welche Frau lässt sich schon begeistern, wenn man über **LINUX-KERNEL** monologisiert oder das neue Modem lobpreist, das man gerade aus den USA importiert hat, weil es hier noch nicht zu bekommen war? Nicht, dass ich das andauernd gemacht hätte – doch Smalltalk ist bis heute nicht meine stärkste Eigenschaft. Ich komme gerne zum Punkt und verschwende ungern meine Zeit. Aber manchmal muss man vielleicht einfach Geduld haben und darauf vertrauen, dass sich alles findet.

>LINUX-KERNEL

Ein Kernel ist der zentrale Bestandteil eines Betriebssystems, in diesem Fall von Linux, einem – und das ist der Vorteil – kostenlosen Betriebssystem, an dem jeder mitprogrammieren kann. Der Linux-Kernel war beispielsweise die Basis des heutigen Android.

DER ZUFALL FÜHRT ZUM ZIEL

Ich war abends mit meinem Skateboard-Freund Daniel im Bonner Biergarten »Am Alten Zoll« verabredet, wir wollten eine Kleinigkeit essen und dann noch auf eine Party gehen. Da ich, wie immer, etwas später als geplant im Büro loskam, rief ich ihn an und bat ihn, mir schon mal eine Pizza zu bestellen. Ich fuhr die zehn Minuten mit meinem Skateboard vom Büro zum Biergarten an der Uni vorbei. Es war ein perfekter Sommerabend, die Kastanien im Bonner Hofgarten standen in voller Pracht, aus dem Englisch-Seminar kamen die letzten Studenten, auf dem Rhein tuckerten die Schiffe in Richtung Basel oder Rotterdam, und meine Pizza stand schon auf dem Tisch, als ich ankam. Neben Daniel saß eine sehr hübsche blonde Frau. Ich sagte nur: »Jo Dan, danke für die Pizza!«
»Gerne! Das ist meine Schwester Nathalie. Sie lebt gerade in New York. Ist hoffentlich okay, dass ich sie mitgebracht habe, oder? Nathalie, Frank, Frank, Nathalie!«

Nathalie war Ärztin. Zahnärztin, um genau zu sein – und sie machte gerade ihren Facharzt für Kieferorthopädie. Sie hatte in Paris und New York studiert und somit die denkbar beste Ausbildung, die in diesem Bereich möglich war. Und so wie sie an diesem Abend vor mir saß, wie sie sprach und leuchtete, hatte ich nur noch Augen für sie. Alles andere war plötzlich nicht mehr ganz so wichtig, die Pizza Vegetaria mit extra viel Chili, der Biergarten, die Kastanien, die Schiffe auf dem Rhein.

Ich war 30 Jahre alt und wurde, wie gesagt, langsam nervös, was meine private Lebensplanung anging. Ich war auf der Suche nach einer Freundin – aber die Frau, die mir da gerade gegenübersaß, kam dafür nicht infrage. Sie spielte in einer anderen Liga, es war nicht einmal dasselbe Ballspiel. Da bräuchte ich mich gar nicht anzustrengen. Außerdem war sie die Schwester meines Kumpels Daniel, das würde nur Ärger geben. Also versuchte ich gar nicht erst, den coolen Gewinnertypen raushängen zu lassen. Rückblickend war das vielleicht gar nicht so schlecht. Wir sprachen über neue Technologien, für die sie sich auch aus der Sicht der Zahnmedizinerin interessierte. Wir sprachen über die Welt von morgen und dann auch ein bisschen über meine Firma und Produkte. Der Sommerabend wurde immer besser.

Da ich Daniel ja öfter sah, trafen Nathalie und ich uns in den nächsten Monaten auch häufiger auf Partys oder bei ihm zu Hause. Oftmals diskutierten wir beide bis spät in die Nacht. Ich glaube, sie fand das wirklich spannend. Na ja, heute weiß ich sogar, dass sie es spannend fand. Nach ein paar Monaten, zurück in Bonn, fragte sie mich, ob ich mal mit ihr laufen gehen würde. Ich war seit Jahren nicht mehr gelaufen, stattdessen saß ich zwölf Stunden am Tag auf meinem Bürostuhl. Aber wenn dich eine Frau, die du wirklich interessant findest, fragt, ob du mit ihr was unternehmen möchtest, sagst du nicht Nein. Also trafen wir uns zum Joggen.

War ich naiv! Schon nach drei Minuten japste ich und bekam keine Luft mehr, riss mich aber zusammen. Ich schaffte noch weitere zwei Minuten, dann war Ende. Beim besten Willen: Es ging nicht mehr. Die Lunge, die übersäuerten Muskeln. Ich hatte mich hoffnungslos überfordert und blieb stehen. Sie lächelte nur. Und lief im Schritttempo weiter. Und ich mit. Beim nächsten Laufen war es leichter, und nach dem dritten Mal konnte ich einigermaßen mithalten. Es wurde zur Gewohnheit: arbeiten, laufen gehen, zusammen kochen, ein Glas Rotwein und endlose Gespräche – unter anderem auch über die nächsten Technologie-Revolutionen.

SOLLTE DOCH NOCH ALLES GUT WERDEN?

Nathalie und ich trafen uns jetzt also regelmäßig. Ich war mittlerweile sehr verliebt, tat mich aber schwer damit, es ihr mitzuteilen. Nein, ich tat mich nicht nur schwer, ich teilte es ihr einfach nicht mit – allzu groß war die Angst vor einer Zurückweisung. Bis zu jenem Wochenende, an dem sie mit ihrer Freundin und Kollegin Julia nach Monaco flog. Die beiden Kieferorthopädinnen waren auf einer High-Society-Party eingeladen: Investmentbanker, Unternehmensberater, höhere Söhne und Töchter – High Potentials aller Art. Ich ging fast ein vor Eifersucht und Sorge, sie könnte da jemanden kennenlernen, gegen den ich keine Chance haben würde. So konnte es nicht weitergehen. Ich war verliebt in diese Frau – und ich würde es ihr sagen müssen. Von ihrem Bruder erfuhr ich, wann und wo ihr Rückflug landete. Ich fasste mir also ein Herz und holte sie unangekündigt vom Flughafen ab. Ich hatte den Eindruck, dass sie sich sehr freute, als sie mich sah. Sie stieg in mein Auto und erzählte mir von der wilden Partywelt in Monaco.

Aber für mich galt es jetzt, sie von meiner Welt und mir zu überzeugen. Auf dem Weg zu mir nach Hause holten wir uns beim »Goldenen M« – wie Nathalie sagt – einen Heidi-Klum-Salat. Einen Burger hätte ich vor Nervosität nicht runterbekommen. Damals lebte ich in einer echten Junggesellenwohnung: In der Küche gab es ein Spülbecken, einen Kühlschrank, einen Mülleimer und eine Herdplatte. Daneben eine Pyramide aus Suppendosen. In der Mitte des Wohnzimmers stand mein Schreibtisch, daneben mein lokaler Server mit drei externen Festplatten. Der eindeutige Fokus war hier: Arbeit und Technik. Das einzige Möbelstück, das nicht einer klaren Funktion unterworfen war, war die schwarze Kunstledercouch von Ikea – ein Design-Highlight, wie ich damals jedenfalls fand.

Der Kontrast hätte für Nathalie größer nicht sein können: Vor 24 Stunden tanzte sie noch mit einem Glas Champagner durch Monte Carlo – jetzt saß sie mit einem McDonald's-Salat aus der Plastikschale auf meiner Ikea-Couch. Mein Leben war nicht glamourös, aber mein Interesse an ihr ehrlich, und wir hatten zusammen immer eine Menge Spaß. Ich stocherte in meinem Salat und räusperte mich: »Ich wollte dir sagen, ich habe mich in dich verliebt.«
Schweigen.
Vielleicht wartete wie auf einen Kuss, aber dazu war ich in dem Moment einfach zu schüchtern. Wir konnten uns dann immerhin gerade noch sagen, dass wir beide mehr füreinander empfanden. So unbeholfen es gewesen sein mag, umso ehrlicher und aufrichtiger war meine Freude darüber: Ich hatte eine Freundin.

ES WIRD ERNST

Sehr früh war mir klar, dass Nathalie eine besondere Frau war. Mein Herz und mein Bauch sagten mir schon nach wenigen Monaten, das ist SIE. Die passende Frau für ein ganzes Leben zu finden war eine wirklich große Entscheidung – und sie lag ja nicht nur bei mir alleine. Hier konnte ich keine Pro-und-Kontra-Liste erstellen. Ich musste mich auf mein Gefühl, auf meine Intuition verlassen. Meine Gefühle wurden von Monat zu Monat klarer und intensiver, und eines Nachts dachte ich mir: »Du musst sie fragen, ob sie deine Frau werden will. Eigentlich viel zu früh, du hast für vieles noch keine Antwort, aber das musst du jetzt tun.« Dies war eine der ganz wenigen Situationen, in denen meine Gefühle und meine Intuition die Kontrolle übernommen haben. Dennoch war ich mir sicher, richtig zu handeln.

Dieser wichtige Moment musste bestmöglich vorbereitet sein – mein Kopf übernahm hier die Kontrolle: In 48 Stunden wäre es so weit, wieder würde ich Nathalie abholen, dieses Mal aber nicht vom Flughafen, sondern vom Bahnhof. Also rief ich meinen Skater-Freund Christian an und bat ihn, mir bei einer schnellen, aber effektiven Optimierung meiner Wohnung zu helfen. Innerhalb von 48 Stunden mussten wir den Fokus meiner Wohnung umkehren. Weg von »Hier wohnt ein Geek, der nur seine Arbeit im Kopf hat«, hin zu »Hier soll sich Nathalie zu Hause fühlen«. Mein Schreibtisch flog aus dem Wohnzimmer, ein Esstisch mit Stühlen kam stattdessen an die Stelle. Ich kaufte sogar eine Glasvase, die ich mit Vogelsand füllte und mit einem Teelicht bestückte. Wir verlegten Kunstrasen auf dem kleinen Balkon und besorgten ein paar Gartenmöbel dazu. Ja, das passte.

Ich fuhr also zum Bahnhof, sie kam an, wir fuhren nach Hause. Als Nathalie dann in meiner Wohnung stand und ich sie fragte: »Willst du mich heiraten?«, mit klopfendem Herzen und mir alles andere als meiner Sache sicher, da hat sie – glaube ich – kurz überlegt. Wir waren ja erst acht Monate zusammen, verrückt. Aber dann sagte sie leise, aber entschieden »Ja«. Eine attraktive, gebildete Frau mit sicherem Beruf wollte mich heiraten. Noch fünf Jahre zuvor hätte ich das für unmöglich gehalten – doch aus dem insolventen Unternehmer, dem die Gläubiger im Nacken saßen, war ein seriöser Geschäftsmann geworden, der sich wieder eine hübsche Wohnung und ein Auto leisten konnte. Und auch als Typ hatte ich mich weiterentwickelt – ich war nicht mehr der etwas arrogante »Gewinner« vom Neuen Markt mit dem 3er-BMW, ich hatte wichtige Lektionen gelernt und war bescheidener. ip.labs lief damals gut, aber wie lange dies anhalten würde, war völlig unklar. Das habe ich Nathalie auch immer sehr offen gesagt, trotzdem ließ sie sich auf mich ein – auf den Geek mit tausend Ideen und viel Energie, von dem man zu diesem Zeitpunkt aber nicht sagen konnte, ob er beim Sozialamt oder als Tech-Millionär enden würde. Nathalie sagte später in einem Interview: »Aber er hatte schon damals dieses Leuchten in den Augen und konnte mich mit seinen Geschichten faszinieren – das Authentische, frei von gespieltem, aufgebauschtem Sich-profilieren-Müssen, das war es. Weil er ist, wie er ist, habe ich mich in ihn verliebt.«

> DIE STUNDE DER WAHRHEIT: DER HEIRATSANTRAG

> SIE HAT TATSÄCHLICH JA GESAGT!

HAPPY END

Nathalie brachte Ordnung und Struktur in mein Leben. Das gemeinsame Frühstück, die Geburtstagsfeiern mit der Familie, am Wochenende Freunde treffen. Ein echtes Leben neben meinen Startups. Das war für mich neu – und am Anfang fühlte sich das auch komisch an. Ich musste da wirklich reinwachsen, aber heute ist es die Basis für meine beruflichen Herausforderungen. Diese Sicherheit und Erdung geben mir Kraft und Energie für meine wilden Startup-Abenteuer.

Wir sind nun seit über zwölf Jahren verheiratet. Manchmal verzweifle ich an ihrer konsequenten Strukturierung unseres Lebens. Manchmal verzweifelt sie an meiner Weltansicht, an meiner Ungeduld und an meiner ungewöhnlichen Art, Entscheidungen zu treffen. Aber wir bereichern uns gegenseitig. Wir sind so verschieden und können deswegen so viel voneinander lernen. Unsere Liebe, unser gemeinsames Wertesystem und die Freude an unserem gemeinsamen Leben halten uns zusammen. Wie in allen großen und entscheidenden Bereichen meines Lebens will ich von anderen lernen. Nathalie und ich sind weit davon entfernt, die perfekte Ehe zu führen, aber ich bin stolz darauf, dass wir ständig an unserer Beziehung arbeiten: Wichtig ist ein festes Date in der Woche – bei uns ist es ein gemeinsames Abendessen außer Haus. Die wirklich bedeutenden Dinge kommen erst zur Sprache, wenn man mal rauskommt, abschaltet, Zeit füreinander hat und das Besondere genießt.

Ich musste lernen: Auch eine gute Beziehung bekommt man nicht geschenkt, sondern sie ist das Ergebnis von kontinuierlicher emotionaler und zeitlicher Investition. Bin ich bereit, schwierige Dinge anzusprechen? Höre ich meinem Partner zu? Versuche ich, mich in seine Welt hineinzudenken? Lasse ich mich auf ihn ein? Ich glaube, gerade uns »Unternehmer-Helden« fällt das oft schwer, weil wir gelernt haben, uns gegen Widerstände und Bedenken durchzusetzen, und dazu neigen, mehr auf uns selbst als auf andere zu hören. Gemeinsame Hobbys, Leidenschaften und Erlebnisse sind für mich ebenfalls sehr wichtig. Nathalie und ich lieben das Meer und den Wintersport. Einmal im Jahr fahren wir gemeinsam Snowboard. Wir laufen immer noch gerne im Wald oder am Strand – inzwischen länger als nur ein paar Minuten. Und wir versuchen, viel gemeinsam zu reisen.

Nathalie übt auch heute noch ihren Beruf als Kieferorthopädin mit Leidenschaft aus. Sie hat eine kleine, hochmoderne Praxis in Meckenheim bei Bonn. Dass sie mit 3D-Scanner, 3D-Druck, digitalem Röntgen und modernster Software arbeitet, ist vielleicht ein ganz kleines bisschen auch unserer Ehe, unseren Gesprächen und meiner Leidenschaft für Hightech zu verdanken. Aber ansonsten halte ich mich raus. Es ist ihre Praxis, und sie trifft alle Entscheidungen – als unabhängige Unternehmerin und Ärztin.

Ich bin sehr froh, dass ich mit Nathalie meinen Buddy, mein Soulmate und meine große Liebe gefunden habe. Sie ist meine Anti-Geek-Therapie und holt mich immer wieder ins normale Leben zurück. Ich bin von meiner Arbeit begeistert und fasziniert von unseren Gründern, und ich brenne für die nächste technische Revolution. Aber mein gemeinsames Leben mit Nathalie und unsere Liebe sind das Fundament meines Lebens.

Danke für alles, Nathalie!

<3

> SEIT ÜBER 12 JAHREN AN MEINER SEITE: MEINE NATHALIE

08

WUNDERLIST

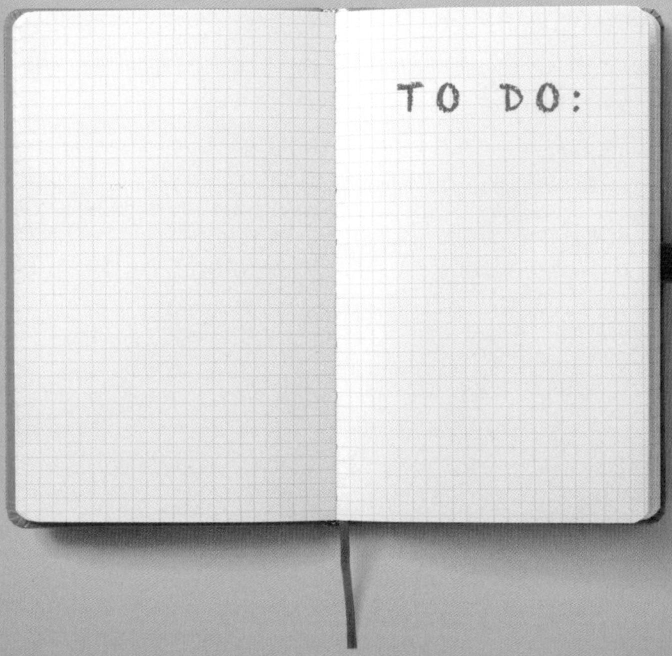

GTD – GETTING THINGS DONE

Vom Privaten zurück zum Geschäft: Ich erwähnte bereits unser Investment in Wunderlist. Dieses Startup ist eine fantastische Erfolgsstory mit Happy End geworden. Dass es so gekommen ist, grenzt auch irgendwie an ein Wunder, aber das steckt ja bereits im Namen. Und als erster Investor und Mitentwickler der ersten Produktversion ist Wunderlist ein wichtiges Kapitel meiner Lebensgeschichte. Nachdem wir ip.labs verkauft hatten, war ich kein anderer Mensch geworden. Klar, ich hatte jetzt keine Geldsorgen mehr, aber ich war immer noch Frank. Man müsste vielleicht auch andere dazu befragen, doch ich behaupte, Geld verändert Menschen, die von Leidenschaft getrieben sind, weniger, als man glaubt. Aber Geld gibt einem Freiheiten wie diese: Eines Abends saß ich auf der Terrasse meiner Finca, schaute aufs Meer und surfte stressfrei im Web, ohne bestimmtes Ziel. Dabei stieß ich im XING-Newsfeed auf jemanden, den ich zuvor erst einmal getroffen hatte und an den ich mich persönlich in diesem Moment nicht erinnern konnte. Er hieß Christian Reber und schrieb Folgendes: »Wer möchte 300.000 Euro in die nächste Generation Projektmanagement-Software investieren?«

Normalerweise rekrutiere ich meine Investments nicht über Kleinanzeigen oder Statusmeldungen auf Social-Media-Sites. Aber diese Nachricht klang sehr spannend, denn ich liebe und lebe »Productivity«, und die ist ohne gutes Projektmanagement nicht möglich. Ich hatte selbst schon drei verschiedene Projektmanagement-Tools eingesetzt, um die perfekte Lösung für mich und meine Unternehmen zu haben. Daher kannte ich die Branche und potenzielle Wettbewerber sehr gut. Zusätzlich wollte ich die Managementmethode »Getting Things Done« des Autors und Beraters David Allen unbedingt in meinen Alltag integrieren: Wie organisiere ich meinen Tagesablauf? Wie filtere, bearbeite und priorisiere ich alle E-Mails, Aufgaben und langfristigen Ziele? Und vor allem: Wie verwalte ich alle Aufgaben in einem einzigen System außerhalb meines Gehirns? Deshalb habe ich Christian Reber direkt angerufen. Ich wollte sehen, ob wir kompatibel sind. Hatte er ähnliche Konzepte im Kopf? Wie wollte er es technisch umsetzen? Wer mich kennt, weiß, dass ich kein guter Smalltalker und Socializer bin – ich kam also direkt zum Punkt: »Christian, du hast jetzt entweder ganz viel Glück oder ganz viel Pech. Du hast fünf Minuten Zeit, mir zu erklären, warum deine Software besser sein soll als alle anderen!«

>USER EXPERIENCE

User Experience, auch kurz »UX«, wird auf Deutsch meist mit »Nutzererfahrung« übersetzt. Die UX ist ein entscheidender Punkt für den Erfolg oder Misserfolg eines Produkts. Erfunden hat sie gewissermaßen der römische Architekt Vitruv, der für seine Häuser die Kriterien firmitas (Festigkeit), utilitas (Nützlichkeit) und venustas (Schönheit) anlegte. Fehlt dem User z. B. bei einer App eines der drei Kriterien »Festigkeit« (also: stürzt zu oft ab), »Nützlichkeit« (es funktioniert zwar, aber ich kann damit nix anfangen) oder »Schönheit« (es sieht nicht gut aus, fühlt sich nicht gut an, ist ästhetisch nicht ansprechend), wird es schwierig mit dem Erfolg.

Vielleicht war meine erste Ansprache etwas zu direkt, aber Christian konnte sehr gut damit umgehen. Auch heute noch komme ich oft sofort zum Punkt. Das ist nie böse gemeint und gehört auf eine gewisse Art zum Thema »Produktivität«: Ich will mein Unternehmen und unsere Startups so effektiv wie möglich voranbringen. Christian hat die fünf Minuten jedenfalls ziemlich gut genutzt, um mir seine Vision der Produktivitätsplattform Lunchbox – wie sie damals noch hieß (ja, unpassender Name) – überzeugend zu erklären. Wir haben dann länger über aktuelle Technologien, verteilte Teams, **USER EXPERIENCE** und viele weitere Themen gesprochen. Bei keinem anderen Gründer zuvor hatte ich den Eindruck, dass unsere Denkweisen und technischen Ansätze so gleich waren. Ich glaube, wir spürten beide, dass wir zusammenpassen und möglichst schnell mit der Umsetzung starten sollten.

CHRISTIAN UND FRANK, DAS PASST!

Und so flog ich nach Berlin, um mich mit Christian zu treffen und sein Team kennenzulernen. Bei diesem Treffen ging es überhaupt nicht um **DEAL-TERMS**. Nein, wir haben einfach über das Produkt, das Design und andere Plattformen gesprochen. Lunchbox war webbasiert, schön gestaltet und löste viele der Probleme, auf die ich bisher bei ähnlichen Produkten gestoßen war. Christian wollte eine Basisversion kostenlos zur Verfügung stellen, für erweiterte Funktionen sollten die Kunden bezahlen. Heute hat sich dieses Modell unter der Bezeichnung »Freemium« etabliert, damals war es noch ein exotischer Ansatz. Ich mochte das Design, die Liebe zum Detail und den neuen Ansatz. Aber noch wichtiger war mir, dass Christian und ich sehr ähnlich tickten, obwohl er zehn Jahre jünger ist. Er liebt Design, versteht Softwaretechnologie und kann effektiv Unternehmen aufbauen – progressiv und produktorientiert. Bereits in der Schulzeit hat er Softwareprojekte umgesetzt. Ich erinnere mich, dass er damals über seine Erfahrungen mit Programmiersprachen wie Assembler, Basic und Delphi sowie mit den verschiedenen PHP-Frameworks sprach. Wir haben uns direkt an Photoshop – damals gab es noch kein Sketch – gesetzt und gemeinsam designt, es war ein faszinierendes und energiereiches Treffen in Berlin.

Zurück in Bonn, war es jetzt meine Aufgabe, meinen e42-Partner Marc von dem Produkt, vom Team und vom Marktpotenzial zu überzeugen. Wie bereits erwähnt, hatten Marc und ich nach dem Verkauf von ip.labs beschlossen, einen Teil unseres Kapitals in einen eigenen kleinen Investmentfonds namens e42 zu investieren. Mit unserer Erfahrung als Unternehmer wollten wir design- und technologieorientierte Gründer mit **SEED-FINANZIERUNGEN** unterstützen. Im Fall von Lunchbox war es zunächst gar nicht so einfach, Marc von der Idee zu überzeugen. Es gab schon viele Projektmanagement-Tools aus den USA, doch ich wusste: Kein einziges davon wäre auch nur annähernd so effektiv wie unseres. Keines war so schön und intuitiv wie das, was Christian und ich in Berlin konzipiert hatten. Marc spürte meine Begeisterung und ließ sich schließlich überzeugen – und ab diesem Moment war ich wieder voll in meinem Element. Ich hatte vor allem eine Motivation: Ich wollte das Produkt für mich selbst haben! Ich wollte damit meine persönlichen Aufgaben und meine Teams organisieren.

Den Firmennamen 6Wunderkinder wählte Christian ohne Rücksprache mit mir, und das war in diesem Fall großes Glück – ich fand ihn anfangs so unpassend, dass ich ihn abgelehnt hätte. Die Idee hinter dem Namen waren die fünf Co-Founder und Christian, zusammen also sechs Gründer. Am Anfang war ich sehr skeptisch: Warum sechs (was ist, wenn das Team wächst?), warum unbedingt ein deutsches Wort? Aber Christian hat uns überzeugt – und im Nachhinein betrachtet hatte er absolut recht: Es funktionierte international, und die Leute liebten die persönliche Note. Heute mag ich den Namen und die Marke sehr. Learning:

> DEAL TERMS

Deal Terms sind die Vertragsbedingungen, unter denen zum Beispiel ein Unternehmen Kapital erhält oder verkauft wird. Solche Vertragsbedingungen sind unfassbar komplex. Ohne einen fähigen und erfahrenen Juristen kommt man da nicht weiter, das kannst du mir glauben.

> SEED-FINANZIERUNG

Seed heißt Samen – und die Seed-Finanzierung ist der Einstieg eines Risikokapitalgebers in der Frühphase eines Unternehmens. In dieser Phase ist das Risiko des Totalverlustes sehr hoch, aber wenn das Startup überlebt, kann der Gewinn umso größer werden. Wir investieren daher viel Zeit in die Gründer und das Produkt. Lediglich »auf gut Glück« früh zu investieren wird nicht funktionieren.

Vertraue und folge dem Instinkt des Gründers! Beim Produktnamen durften Marc und ich dann wieder mitdiskutieren. Lunchbox war auch für Christian nur ein Arbeitstitel. Jetzt mussten wir einen Namen für unser Produkt finden. Wenn ich micht recht erinnere, hatte Marc die Idee zu Wunderkit. Wunderkit war als große Produktivitätsplattform konzipiert. Es gab unsere eigenen Apps für Kontakte, Aufgaben und Dokumente. Im Kern gab es eine Datenschicht zur Synchronisation aller Daten und einen Newsfeed, der aktuelle Aufgaben, Dokumente, Kontakte und so weiter anzeigen sollte. Dazu sollte eine **API** externen Entwicklern erlauben, eigene Apps für Wunderkit zu bauen. Unsere Vision war, die weltweit führende Plattform zur Steuerung von Projekten und Teams zu erschaffen. Mir war klar, dass wir vor einer wirklich großen Herausforderung standen. Ich sagte zu Christian: »Wir sollten zuerst ein kleines, einfaches Tool entwickeln und veröffentlichen. Wir müssen zeigen, dass wir herausragende Software liefern können. Auf diese Weise gewinnen wir die ersten User für unsere große Plattform – und die Aufmerksamkeit möglicher Investoren.«

>API

API steht für »Application Programming Interface«, und das bedeutet »Programmierschnittstelle«. Die API ist ein Teil der Software, der anderen Programmen zur Verfügung gestellt wird, damit sie daran ankoppeln und mit diesem z. B. Informationen austauschen können. Damit muss das Rad nicht jedes Mal neu erfunden werden.

So war die Idee für Wunderlist geboren, den einfachsten und gleichzeitig schönsten und effektivsten Task-Manager der Welt. Damit wollten wir unser Team warmlaufen lassen, Technologien testen und erste Aufmerksamkeit generieren, um mit Wunderkit nicht ganz von null starten zu müssen.

ERSTE INVESTOREN

Wunderlist ging im November 2010 online. Lifehacker, ein großer internationaler Blog, berichtete sehr positiv über unseren neuen Task-Manager. Vom ersten Tag an hatten wir eine steile Wachstumskurve, und die meisten User verwendeten unser Produkt täglich. Auch die internationale Presse war von unserem Produkt begeistert und lieferte mit vielen Artikeln kostenfreie Werbung und damit Wachstum. Allerdings wussten wir: Um das viel komplexere Wunderkit umzusetzen, würden wir wir deutlich mehr Geld benötigen. Glücklicherweise gab es bei mir in

Bonn den neuen Hightech-Gründerfonds (HTGF), bei dem wir schnell einen Präsentationstermin erhielten. Der HTGF investiert Gelder vom Staat, aber auch von Unternehmen, um Gründer in Deutschland schnell und effektiv zu unterstützen. Es gab damals nur ein festes Modell – 500.000 Euro als **WANDELDARLEHEN** für 15 Prozent der Unternehmensanteile. Die Herausforderung: Man musste erst einmal einen Investmentmanager von seinem Produkt begeistern. Wenn er oder sie das Produkt nach intensiver Prüfung immer noch als große Chance einschätzte, durften die Gründer vor einem Komitee präsentieren, und schon wenige Stunden nach dieser Präsentation erhielt man einen Anruf mit der Zu- oder Absage. Ich kann mich noch sehr gut an unseren Pitch vor dem Komitee erinnern, Christian hatte sogar einen Anzug mit Krawatte an. Zwei Stunden später klingelte mein Telefon: Zusage! Ich erinnere mich auch noch genau an das Bild: Christian, Marc, Robert und ich saßen schick gemacht in der Bonner Tao Bar und feierten bei einem Glas Sekt unser Investment. Das war glücklicherweise für uns alle der wirklich letzte Pitch mit Anzug und Krawatte.

Die neu gewonnenen 500.000 Euro gaben uns die Möglichkeit, unser Team schneller aufzubauen, ein größeres Büro zu mieten und uns keine Sorgen mehr über die steigenden Serverkosten machen zu müssen. Tatsächlich riefen wir sogar nur 300.000 Euro der bereitgestellten Darlehenssumme ab, denn Wunderlist wuchs so schnell, dass wir noch attraktivere Finanzierungsangebote erhielten. Anstatt das ursprünglich geplante große Wunderkit zu bauen, entschieden wir uns, zunächst Wunderlist zu erweitern. Das noch sehr einfache Produkt hatte erstaunlich viele aktive Nutzer und wuchs schneller als erwartet. Christian entwickelte eine für damalige Verhältnisse herausragende Cloud-Synchronisation, die uns erlaubte, Wunderlist zusätzlich als App für das iPhone anzubieten. Jetzt konnte man Aufgaben im Büro mit seinem Mac oder Windows-PC anlegen und unterwegs mobil darauf zugreifen. Damals noch außergewöhnlich: Jede Änderung oder Ergänzung wurde in Echtzeit mit allen Geräten synchronisiert. Dies zuverlässig und batterieschonend hinzubekommen benötigt eine intelligente Architektur und

> WANDELDARLEHEN

Ein Wandeldarlehen ist eine nicht ideale Form der Finanzierung für Startups. Das Startup erhält nur ein Darlehen, kein Eigenkapital und muss dieses daher zurückzahlen oder das Darlehen später in noch mehr Anteile für den Investor umwandeln. Ein Darlehen zu erhalten, ohne Anteile abzugeben, oder Geld gegen Anteile zu bekommen sind bessere Wege. Aber ja, manchmal kann man es sich nicht aussuchen.

> DIE 6 WUNDERKINDER

eine sehr hohe Codequalität. Wir haben es geschafft, die Kritiker überschlugen sich des Lobes. Es war großartig zu sehen, wie schnell ein kleines, aber fokussiertes Team liefern konnte. Aber Christian kümmerte sich nicht nur darum, Sachen schnell zu bauen, er hatte auch ein bemerkenswertes Gespür für Design und herausragende Produktankündigungen.

Während er noch den Code für Wunderlist schrieb, arbeitete Christian parallel mit seinem Mitgründer Sebastian am Wunderkit-Konzept. Nach sehr intensiven, aber erfolgreichen Wunderlist-Monaten wechselte das gesamte Team schließlich zur Wunderkit-Entwicklung.

Ich habe damals das aktuelle Wunderlist-Wachstum und unsere Vision von Wunderkit der zweiten großen Venture-Capital-Firma in Bonn vorgestellt: T-Venture, der damaligen Investmentgesellschaft der Deutschen Telekom. So kam es, dass wir sehr schnell einen weiteren 600.000-Euro-Deal abschließen konnten. Diesmal als direkte Investition, nicht als Wandeldarlehen. Damit stieg der Druck , aber wir hatten einen weiteren starken Unterstützer für Wunderkit, unsere zukünftige productivity platform. Die war gefräßig: Das Unternehmen würde noch mehr Kapital benötigen, da ein viel größeres Entwicklungsteam gebraucht wurde. Christian wollte parallel außerdem Wunderlist weiterentwickeln, denn es gab ja bereits Millionen von Nutzern, die nach neuen Funktionen verlangten, aber seit einiger Zeit keine Updates erhalten hatten.

Die ersten beiden Seed-Finanzierungsrunden hatte ich durch meine persönlichen Kontakte gewonnen. Beide Deals waren gut und funktionierten schnell – wichtig, da sich das Unternehmen in einem sehr frühen Stadium befand. Da ist keine Zeit für lange Verhandlungen, da muss es laufen. Aber jetzt, da Wunderlist internationale Anerkennung bekam, starkes Wachstum zeigte und Wunderkit als großer Bruder langsam von einer Vision zu einem Prototyp reifte, waren wir groß und noteworthy genug, ganz neue Investoren anzusprechen. Christian dachte dabei größer. Viel größer.

Und er sollte recht behalten. Internationale Top-Investoren hatten bereits ihre Fühler nach uns ausgestreckt. Wir konnten den Skype-Gründer Niklas Zennström mit seinem Atomico Fund als Investor gewinnen. Das wird einigen vielleicht nicht viel sagen, Atomico ist zwar ein Venture Fund, doch viel mehr als nur ein normaler Risikokapitalgeber. Atomico ist darauf spezialisiert, innovative Tech-Firmen zu unterstützen und zu globalen Leadern in ihrem jeweiligen Markt zu machen. Natürlich will Atomico auch Geld verdienen, vor allem aber setzen sie auf Firmen mit Disruption, Unternehmen, die einen fundamentalen Wandel vorantreiben – und zwar in jedem Aspekt von Wirtschaft und Gesellschaft. Seit der Gründung im Jahr 2006 hat Atomico mehr als 75 Investments getätigt, überwiegend in Europa. Atomicos Team setzt sich aus Gründern von milliardenschweren Unternehmen und erfahrenen Managern zusammen, die in Führungspositionen bei Unternehmen wie Skype, Uber, Google oder Spotify Verantwortung trugen. Niklas und sein Team investierten schließlich 4,2 Millionen US-Dollar in die 6Wunderkinder – und wir konnten unser Team noch mal ausbauen, um an Wunderkit und Wunderlist parallel zu arbeiten. Das Wunderlist-Wachstum beschleunigte sich weiter, wir gewannen bis zu 50.000 User pro Tag dazu. Am Ende waren es über sechs Millionen Nutzer, die zusammen über 15 Millionen Listen mit Aufgaben erstellt hatten.

WUNDERKIT GEHT ONLINE

Bei Wunderkit wollten wir das perfekte Produkt liefern. Jedes Detail sollte stimmen. Jeder Button, jede Animation, selbst jeder Text des Interface wurde intensiv diskutiert. Retrospektiv war das ein teurer Fehler, denn wir verloren wichtige Monate. Im Februar 2012 startete Wunderkit schließlich als vollwertige Plattform für Projektmanagement, die sogar Drittanbietern erlaubte, Wunderkit-Apps zu entwickeln. Ich meine, dass das von Christian und seinem Team gelieferte Design und die Architektur herausragend waren. Wunderkit wurde von jedem bedeutenden Tech-Magazin gefeiert. Apple machte es zur App der Woche, und wir hatten in den ersten Stunden Hunderttausende Downloads.

Aber nach einiger Zeit stellte sich heraus, dass es zu wenige täglich einsetzten. Es war zu komplex: zu viel Interface, zu viele Features und kein klarer Produktfokus; ein Fehler, den ich übrigens ironischerweise leider mit doo wiederholt habe. Aber dazu später mehr. Das Team bemühte sich, das Produkt zu optimieren, doch jeder von uns wusste, dass wir in Schwierigkeiten waren. Die Währung in der App-Welt heißt: **DAILY ODER WEEKLY ACTIVE USER**. Denn das bedeutet: Wie viele Personen setzen dein Produkt wirklich ein? Viele Karteileichen machen kein erfolgreiches Produkt, du brauchst Anwender, die aktiv sind und die jede Aufgabe ihres Lebens in deiner App verwalten. Und davon gab es bei Wunderkit zu wenige. Christian traf dann die unglaublich harte Entscheidung, Wunderkit einzustellen und sich mit seinem Team auf das einfachere, aber erfolgreichere Wunderlist zu konzentrieren. Ich habe großen Respekt vor der Art und Weise, wie er diesen Pivot – diese dramatische Wendung – mit seinem Team, seinem Management und seinen Investoren durchgezogen hat. Der Blogpost, mit dem er die Entscheidung öffentlich machte, erhielt damals fast 1.000 Kommentare, was die Tragweite dieser Entscheidung auch in der öffentlichen Wahrnehmung zeigt.

> DAILY, WEEKLY UND MONTHLY ACTIVE USER

Das ist die Anzahl der Nutzer, die deine App, deine Plattform oder dcin Programm tatsächlich täglich wöchentlich oder monatlich nutzen. Wer sich z. B. eine App herunterlädt, einmal ausprobiert und dann nie wieder nutzt, wird nicht dazugezählt

WUNDERLIST 2

Wir hatten Wunderlist sehr effektiv umgesetzt und mit dem klaren Konzept einen Nerv getroffen. Die Architektur würde aber keine zehn oder sogar 10 Millionen Anwender verkraften. Wichtige Funktionalitäten wie Sharing, also geteilte Listen, Aufgaben oder Dateianhänge, waren in der aktuellen Architektur nicht berücksichtigt. Für Wunderlist 2 entwickelten wir daher eine komplett neue technische Plattform. Wir übernahmen das ursprüngliche Produktkonzept, aber alles andere wurde neu gedacht. Der Start von Wunderlist 2 im Dezember 2012 war ein voller Erfolg: Apple machte Wunderlist 2 im App Store weltweit zur »App of the Week«, Google empfahl unsere Android-App, und alle wichtigen Produktivitäts- und Startup-Blogs berichteten über unsere nächste Produktgeneration.

> LOAD TESTS

Man kann es einfach mit Lasttest übersetzen: Bevor man z. B. eine App in die freie Wildbahn schickt, simuliert man auf den dahinterstehenden Servern und Systemen die zu erwartende Last durch Zugriffe der Kunden.

Christians Team lieferte erstklassige Apps für alle wichtigen Plattformen auf dem Smartphone, Tablet und Desktop, stand aber gleichzeitig vor einer brutalen Herausforderung durch den weltweiten Erfolg: Die neue Software-Architektur war auf Wachstum ausgelegt, wir hatten viele theoretische **LOAD-TESTS** durchgeführt. Aber die einzelnen Zahnräder griffen bei der ersten echten Belastung durch die User nicht sauber ineinander. Viele Kunden hatten Probleme, ihre Listen und Aufgaben zwischen den Geräten zu synchronisieren, und die Apps erhielten hierdurch sehr schlechte Bewertungen. Außerdem war der Code für die Synchronisierung der Daten nicht fehlerfrei umgesetzt worden. Das Team war langsam erschöpft, immerhin hatte die neue Version ein halbes Jahr Entwicklung gefordert, und die Programmierer, die den Code für die Server und die Infrastruktur entwickelt hatten, waren mit den Problemen überfordert.

Ich erinnere mich, wie Christian die Hälfte des Serverteams über Weihnachten (!) ersetzen musste, damit nicht alles komplett zusammenbrach – und wie er einen der bemerkenswertesten CTOs der Branche engagierte: Chad Fowler, der zuvor unter anderem Senior Vice President of Technology beim Groupon-Konkurrenten Living Social gewesen war. Ich habe bis heute keine Ahnung, wie er den US-Techstar überzeugte, bei uns in Berlin ein brennendes Produkt mit ausgebranntem Team als Feuerwehrmann zu übernehmen, aber Christians Pitch muss sehr überzeugend gewesen sein. Chad ins Team zu holen war ein Geniestreich von Christian.

Als Chad in Berlin ankam, traf er auf unser Serverteam – die eine Hälfte ausgelaugt und verzweifelt, die andere Hälfte unerfahren und mit den Problemen noch überhaupt nicht vertraut. Aber Chad war als ehemaliger Jazzsaxofonist extrem teamfähig, immer freundlich und völlig ruhig, was für uns als Investoren anfangs eine Herausforderung war, ja sogar manchmal wie eine Provokation wirkte: Wir waren ungeduldig und brauchten – jetzt – eine Lösung! Aber natürlich hatte Chad recht, als er sich die Zeit nahm, zu analysieren, zu denken, zu konstruieren und erst dann auszuführen. Ich habe tiefen Respekt für seine analytischen und architektonischen Fähigkeiten. Christian und Chad waren eine magische Kombination. Christian war der leidenschaftliche und progressive Unternehmer mit einem ausgeprägten Gespür für Geschäft und Design, und Chad war der sorgfältige technologische Umsetzer und das neue Hirn für das Ingenieurteam. Beide zusammen haben die Kurve gekriegt: Ab da ging es nur noch bergauf – Wunderlist lief auf dem iPad hervorragend, auf dem iPhone, Windows Phone, Android, Mac, Windows Desktop, natürlich im Web – einfach überall. Heute ist Wunderlist weltweit eines der wenigen Produkte mit faktisch keinen Synchronisationsproblemen – und das alles in Echtzeit-Geschwindigkeit. Chads Engagement war aber nicht der einzige magische Moment in der Firmengeschichte. Ein Jahr nach der Veröffentlichung von Wunderlist 2 entschied sich Christian, in die USA zu fliegen und eine weitere Finanzierungsrunde abzuschließen. Er sprach nur mit einer Handvoll ausgewählter Investoren, und zwar nur mit denen, die bereits eindrucksvolle Gründer finanziert hatten. Sein absoluter Favorit war Sequoia Capital mit dem legendären Investor Sir Michael Moritz. Er sprach mit anderen Venture Funds in New York und San Francisco. Manche waren interessiert, andere nicht. Sequoia hatte er sich für sein letztes Treffen reserviert, um sicherzustellen, dass er dann bereits überzeugende Antworten auf die schwierigsten Fragen hatte. Er traf den legendären Sir Michael

>FUNNY MONEY

Würden wir am ehesten mit »Spielgeld« übersetzen: also Geld, das jemand in die Hand nimmt, weil es ihm nicht wehtut, wenn es komplett den Bach runtergeht. Dann gibt es auch noch das silly money, also Geld, das jemand kopflos oder in Panik investiert, obwohl alle anderen bereits sehen, dass es keinen Sinn macht und so gut wie verloren ist.

Moritz und schloss den Deal innerhalb von drei Tagen ab. Das war Sequoias erstes Investment in ein deutsches Unternehmen. Neunzehn Millionen US-Dollar haben sie investiert, und auch wenn das für Sequoia **FUNNY MONEY** war, war es für uns extrem viel Geld. Ein bemerkenswertes Signal für 6Wunderkinder, aber ein noch stärkeres Signal für die wachsende Berliner Startup-Szene, wenn man bedenkt, dass Sequoia vorher in Unternehmen wie Apple, Google, Oracle, PayPal, YouTube, Instagram, Yahoo! oder WhatsApp investiert hatte.

EXIT

> MIT BEN UND CHRISTIAN UNTERWEGS

Am 2. Juni 2015 gab Wunderlist die Übernahme durch Microsoft bekannt. In der Presse war zu lesen, dass Wunderlist für eine Summe zwischen 100 und 200 Millionen US-Dollar verkauft wurde. Alles fing an, weil sechs Freunde einen Traum hatten, aus dem 6Wunderkinder erwuchs. Sie entwickelten ein großartiges Produkt und bauten ein herausragendes Team auf, das dann die weltweit führende App für Aufgabenmanagement lieferte. Als produktbegeisterter Gründer gestartet, musste Christian nicht nur Verantwortung für das Produkt übernehmen, sondern auch ein Managementteam aufbauen, das mit dem Wachstum Schritt halten konnte. Neben Chad engagierte er Steffen Kiedel als CFO, Benedikt Lehnert als Chief Design Officer und Rebecca Escreet als VP Marketing. Es war mir immer eine große Freude, mit Chad, Steffen, Ben und Rebecca zusammenzuarbeiten. Christian engagierte und förderte immer die richtigen Leute zum richtigen Zeitpunkt, um das bestmögliche Führungsteam für jede Phase zu haben.

Christians Traum war es, eine solide Firma aufzubauen. Er stellte seine Führungsmannschaft nicht nur wegen ihrer Fähigkeiten zusammen, sondern auch wegen ihrer Bereitschaft zu einem langfristigen Engagement. Er träumte immer davon, mit einem Team von Hunderten Entwicklern und Designern ein ganzes

Universum von herausragenden Productivity-Produkten zu bauen. Warum also stimmte er (und die Investoren) einem Angebot von Microsoft zu? Lasst es mich so formulieren: Weil es eine überwältigende Gelegenheit war. Wunderlist wurde Teil von Microsoft, deren neue Strategie es ist, der führende Produktivitäts-Hub zu werden. Wunderlist wurde Teil von Office und ist auf vielen Windows-PCs weltweit vorinstalliert. Durch die neue Multi-Plattform-Strategie von Microsoft werden auch die Versionen für iOS, MacOS und Android weiterentwickelt. Im April 2017 kündigte Microsoft schließlich eine neue Fassung von Wunderlist unter dem neuen Namen Microsoft To-Do an.

Eigentlich ist das eine unglaubliche Geschichte, von der wir in Deutschland noch viel mehr brauchen: Ein deutsches Startup, mit wenig unternehmerischer Erfahrung zu Beginn, konnte starten, kämpfen, überleben und wurde ein internationaler Erfolg. Viele Einzelpersonen wurden sehr wohlhabend und werden wahrscheinlich einen großen Teil ihres Kapitals dem Berliner Startup-Ökosystem zurückgeben. Das Produkt und die Technologie dahinter werden für eine sehr lange Zeit viele Millionen User täglich ein kleines Stück produktiver machen. 6Wunderkinder wird auch nicht die letzte Firma sein, die Christian und andere Wunderkinder starten. Sie können sich mit ihrer großen Erfahrung und ihrem Weitblick viele Fehler und Umwege sparen.

Vielleicht noch ein kleiner Kommentar für unsere deutsche Community, aber auch für die Neider und Hater: Feiert! Seid glücklich, dass so etwas möglich ist! Microsoft hat jetzt einen Sitz in Berlin, mit einem unglaublichen Entwicklerteam. Heute ist es einfacher als je zuvor, eine Softwarefirma in Berlin aufzubauen, denn ein exzellenter Partner sitzt direkt vor Ort. Es gibt manche, die den Preis »zu niedrig« fanden. Aber erstens ist die genaue Summe geheim – und zweitens besaß das Team ja auch nach dem Verkauf immer noch 30 Prozent des Unternehmens: Ein großer Erfolg für alle, die in den letzten Jahren unglaublich hart gearbeitet haben. An alle Gründer, die das lesen: Ich hoffe, diese Geschichte ermutigt euch, selbstbewusst und energiegeladen zu bleiben, um weiterzumachen, größer zu denken und großartige Produkte zu liefern!

Und falls du eine eigene Firma gründen willst, wird vielleicht ein »Wunderkind« in deine Idee investieren. Ich denke, das ist eine großartige Leistung, von der auch in Zukunft noch viele profitieren werden. Und ich bin sehr dankbar, dass Wunderlist ein neues Zuhause gefunden hat, in dem es wachsen und gedeihen kann. Aber eine Sache stimmt mich doch ein wenig traurig: Ich vermisse es, mit dem 6Wunderkinder-Team an der nächsten Produktgeneration zu arbeiten.

WUNDERKINDER 2.0

Während ich dieses Buch schreibe, hat Christian sein nächstes Softwareunternehmen gestartet. Es heißt Pitch. Sehr viel hat Christian noch nicht verraten. Aber ich freue mich schon jetzt auf den Produktstart, er wird sicher auf Wunderlist 2 noch mal einen drauflegen. Seine Mitgründer kommen alle von Wunderlist, und bevor er eine Zeile Code geschrieben hatte, konnte er sich bereits drei Millionen Euro von BlueYard Capital sichern.

Christians Co-Founder Sebastian Scheerer, mit dem ich viele Tage und Nächte am Wunderlist-Design gearbeitet habe, hat auch wieder gegründet. Anfang 2016 startete er eine neue Krankenversicherung unter dem Namen ottonova. Eine gute Krankenversicherung ist für uns alle sehr wichtig, doch leider gab es in diesem Markt in den letzten Jahrzehnten nur sehr wenig Innovation und echten Wettbewerb. Es freut mich sehr, dass ein Wunderkind dies nun ändern will. Sebastian konnte mit seinen neuen Co-Foundern Roman Rittweger und Frank Birzle bereits eindrucksvolle 50 Millionen Euro Kapital für ihr Produkt und ihr Team gewinnen. Ich hoffe, seine Erfahrungen als Wunderkind helfen ihm, Herausforderungen bei dem Aufbau der ersten digitalen Krankenversicherung effektiv zu meistern. Ich bin übrigens über einen der investierten Fonds auch ein sehr, sehr kleiner Anteilseigner an ottonova – ganz im Einklang mit meiner Überzeugung, dass wir gemeinsam in Deutschland ein starkes Startup-Ökosystem aufbauen müssen. Denn das ist doch die Botschaft der Wunderlist-Story: Erfolge wie dieser helfen nicht nur den Gründern, sondern, auf lange Sicht gesehen, allen Startups der im Vergleich zu anderen Ländern noch so kleinen, fast rückständigen Startup-Szene in Deutschland, dem selbst ernannten »Land der Ideen«.

09

DOO UND SCANBOT

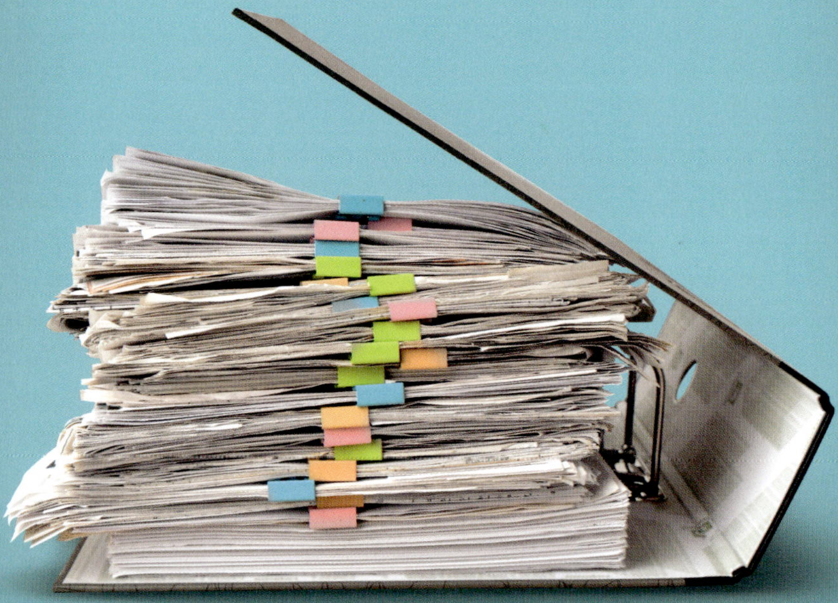

ICH WILL WIEDER ANS STEUER

Trotz unseres überraschenden Erfolgs als Investoren wollte ich wieder gründen. Denn das sind wirklich zwei verschiedene Jobs: Als Investor begleite ich Gründer oftmals in einer sehr frühen Phase des Aufbaus und packe auch im Tagesgeschäft einmal mit an, aber letztendlich entscheidet und verantwortet der Gründer. Ich wollte wieder selbst ans Steuer und mich auf ein Produkt konzentrieren, ein Team aufbauen und in letzter Konsequenz die Verantwortung tragen. Mein Gründer-Gen wurde wieder durch eine Produktidee aktiviert, die mich völlig vereinnahmte, ein Thema, das mich schon immer ärgerte und bis heute nicht loslässt: analoge Information in Form von Papier. Seit Jahren, ich glaube sogar bereits seit den 70ern des letzten Jahrhunderts, redet man vom »papierlosen Büro«. Das einzige, was es gebracht hat, war aber nur noch mehr Papier: Ausgedruckte E-Mails, Dokumente, Verträge und Quittungen. Vor jeder Steuererklärung kommt dieses beunruhigende Gefühl auf, wieder einige wichtige Dokumente verlegt zu haben. Oder diese sinnfreien Behörden- und Notartermine, um eine Unterschrift zu leisten... es ließ mich nicht mehr los: Dokumente müssten endlich konsequent digitalisiert werden.

DIE PRODUKTIDEE REIFT

Wie könnte also eine Plattform aussehen, die zentral alle Dokumente verwaltet, die Inhalte versteht und Unterschriften digitalisiert? Für unsere Musik haben wir Spotify oder Apple Music. Beide bieten fast jeden Song der Welt auf Knopfdruck an, kennen aber auch meinen Musikgeschmack und schlagen mir dynamisch neue Playlists oder Samstagabend-Partymusik vor. Netflix bietet eine komplett digitale und auf mich zugeschnittene, lernende Videothek an. Mit Produkten von Google, Microsoft oder Apple verwalten wir unsere Fotos und können in der Foto-Cloud nach Personen, Orten, Daten und sogar nach ähnlichen Bildern suchen. Nur unsere Dokumente steckten immer noch in »toten« Ordnern. Mittlerweile zwar als Ordner auf unserem PC oder in der Cloud, aber immer noch ohne jede Intelligenz, die Struktur wird von uns starr angelegt. Das ist verrückt. Musik, Videos und Fotos wurden durch moderne Software intelligent, aber unsere Dokumente blieben »dumm«, obwohl die notwendige Softwaretechnologie und Rechenkapazität längst verfügbar war. Ich wollte eine zentrale App als Plattform für alle Dokumente entwickeln. Der Name war so einfach wie die Idee: doo – the document app.

Egal, wo und in welchem Format die Dokumente gespeichert waren, ob E-Mails, Evernote, Dropbox, Google Drive oder sogar Kontoauszüge aus dem Online Banking, doo würde automatisch alle Dokumente aggregieren. Anschließend würde die App diese Dokumente analysieren und dank Künstlicher Intelligenz verstehen. Man würde doo fragen können: »Offene Rechnungen in den nächsten sieben Tagen?«, oder: »Wie lange läuft mein Mietvertrag Hohe Straße?« – und dann würde doo alle entsprechenden Informationen aus verschiedenen Quellen anzeigen. Alle Dateien, die man digital in seinen Accounts aufbewahrt, und sogar ursprünglich analoge Dokumente, die man mit dem Smartphone gescannt hat. Und alle Änderungen, die man an den Dokumenten vornimmt, würden auf allen Geräten synchronisiert, egal, ob Windows, Android, iOS oder Mac. Praktisch, oder?

Das Ganze hatte bloß einen Haken: Es würde die Verwendung von Dokumenten radikal verändern. Es würde keine starren Ordnerstrukturen mehr geben, sondern eine automatische und intelligente Software würde die Dokumente für ihre Nutzer verwalten. Um dieses Produkt zu liefern, mussten viele komplexe Softwaretechnologien in einer intuitiven und zuverlässigen App zusammengebracht werden. Für Interessierte hier eine kleine Aufzählung der technischen Herausforderungen, vor denen wir standen:

- Es musste ein Import aus über 150 verschiedenen Dokument-Formaten ermöglicht werden – denn so viele gibt es, nur einige Beispiele dafür sind DOC, DOCX, XLS, XLSX, PDF, Pages, Numbers, RTF, ODT...

- Aus allen diesen Formaten musste unformatierter Text extrahiert werden. Das ist eine Mammut-Aufgabe: Ein PDF zum Beispiel besteht ja oft nur aus einem Bild, sodass der Text via OCR (Optical Character Recognition, also Optische Zeichenerkennung) errechnet werden muss.

- In den nächsten Schritten musste die Sprache des Dokuments (Deutsch, Englisch, Spanisch...) erkannt werden.

- Anschließend musste der Dokument-Typ (Rechnung, Angebot, Mahnung, Arbeitsvertrag....) erkannt werden.
- Fälligkeitsdatum oder Vorgangsnummern mussten extrahiert werden.
- Wir mussten eine Struktur zur Extraktion von Datentypen (zum Beispiel Personen, Firmen, Orten, Zeiten, Beträge) aus Dokumenten entwickeln. Das ist eine wichtige Basis für die intelligente Sortierung und Suche.
- Es musste eine automatisierte Verknüpfung von zusammengehörigen Dokumenten geben: zum Beispiel Kontoauszüge mit entsprechenden Rechnungen, Gehaltsabrechnungen oder Quittungen. Für diese Funktion haben wir damals sogar ein Patent erhalten. So konnte man etwa eintippen: »Welche Rechnungen sind noch offen?«, oder »Was brauche ich für die Steuererklärung 2018?« – und bekam die entsprechende Antwort.

Und das sind nur die großen Themenkomplexe, der Teufel steckte im Detail. Die Größe der Herausforderung war mir schnell klar – aber die Komplexität der Lösung sollte ich erst später erfahren. Die technischen Anforderungen für doo waren enorm: So benötigte man als Grundlage eine leistungsstarke Cloud und eine entsprechende Synchronisierung für die hunderte Millionen Dokumente von Millionen Nutzern – diese wollten ja auf jedem ihrer Geräte immer die aktuellen Daten haben. Damals noch ein sehr neues Thema: intelligente Analyse von Texten. Hierzu bauten wir ein Data-Intelligence-Team auf. Dazu kamen noch die verschiedenen Entwicklerteams für die Plattformen iOS, Android, Windows und macOS, um jeweils die bestmögliche App liefern zu können. Eine der größten Herausforderungen schließlich war es, das alles technisch sauber zu verbinden und die Komplexität vor den Anwendern zu verstecken. Alles sollte ja von außen einfach aussehen und intuitiv funktionieren.

In den Monaten, in denen ich das Gesamtsystem in meinem Kopf konzipierte und auf langen Waldspaziergängen Nathalie erklärte, merkte ich: Wow, das ist ein wirklich relevantes und revolutionäres Produkt! Aber es war auch die bisher größte technische Herausforderung meines Lebens. Ich war so begeistert und ergriffen von der Idee, dass ich meine schmerzhaften und doch eigentlich lehrreichen Wunderkit-Erfahrungen mit groß angelegten Plattformen völlig ausblendete. Es gelang mir schließlich sogar auch, meine beiden Partner Marc und Alex für die Vision von doo zu begeistern – und wir wollten unser nächstes Produkt gemeinsam zum Weltmarktführer machen. Diesmal aber nicht in einem Nischenmarkt wie Online-Fotoservices, sondern in einem der größten Märkte der Welt: der Verwaltung von Dokumenten.

ICH WERDE WIEDER GRÜNDER

Zunächst ging es darum, die Start-Finanzierung zu sichern. Durch die Kombination unseres **TRACK RECORDS**, unserer spürbaren Begeisterung und des potenziellen Werts der Firma konnten wir in der Rekordzeit von nur drei Monaten knapp zehn Millionen US-Dollar Kapital für doo einsammeln. Das Abenteuer konnte beginnen. Wir mieteten eine Villa in der Bonner Innenstadt, direkt an der repräsentativen Poppelsdorfer Allee. Hier hatten über 100 Mitarbeiter Platz, wir hatten schließlich große Pläne. Wie oben bei den technischen Herausforderungen beschrieben, brauchten wir viele verschiedene Technikteams – dazu kamen noch ein UX-Design-Team, ein Marketingteam und natürlich das erforderliche Backofficeteam. So kamen wir in kürzester Zeit von drei Mitarbeitern – Marc, Alex und ich – auf hundert.

>TRACK RECORD

Der Track Record ist wie die Trophäensammlung eines Jägers. Es ist eine individuelle Referenzliste über Erfolge und Misserfolge eines Unternehmens oder einer Person. Das Konzept dahinter ist, wer es viele male geschafft hat, wird es wieder schaffen. Ich muss ehrlich sagen, das stimmt nur bedingt. Jede Gründung ist eine neue Herausforderung.

Wie bei ip.labs arbeiteten wir 12 bis 16 Stunden an sechs bis sieben Tagen in der Woche. Ich war der Architekt dieser wichtigen Revolution, ich spürte das Adrenalin in meinen Adern. Aber ich fühlte auch meine Verantwortung, und dieser Druck brachte mich an meine Grenzen. Oftmals kam ich erst gegen Mitternacht nach Hause und hatte so viele komplexe Herausforderungen in meinem Kopf, dass ich wirklich nur noch stottern konnte. Es war eine sehr intensive, lehrreiche und trotz der extremen Beanspruchung auch schöne Zeit. Der Fokus auf ein Produkt, so viele brillante Köpfe in einer Tech-Villa, so viele neue technische Herausforderungen, das war und ist mein Ding! Noch neulich schrieb mir ein ehemaliger Mitarbeiter, wie gern er sich an diese Zeit erinnere und wie viel er damals gelernt

> ES GEHT WIEDER LOS: DOO - THE DOCUMENT APP

habe. Nicht zu vergessen der Teamspirit – der sich zum Beispiel zeigte, wenn um 21:55 Uhr beim gesamten Team die Chat-Nachricht eingeblendet wurde, dass jetzt die letzte Chance sei, noch bei »Hallo Pizza« zu bestellen. Es gab Tage, da saßen wir bis 05:00 Uhr morgens im Büro, um den versprochenen Termin für ein Update einzuhalten. Unser Team wuchs so schnell, dass ich neue Mitarbeiter manchmal erst durch Zufall in der Kaffeeküche kennenlernte – ich konnte nicht mehr jeden persönlich einstellen. Die Vorstellungsgespräche hätten wertvolle Zeit von der Produktentwicklung abgezogen. Das dachte ich jedenfalls damals. Mit dem Abstand von heute muss ich leider sagen: Das war ein großer Fehler. Ich hätte das Team langsamer und stabiler aufbauen müssen.

Aber ich hatte versprochen zu liefern. Investoren hatten uns sehr viel Geld anvertraut, und ich wollte niemanden enttäuschen – am wenigsten mich selbst. Und wir schafften es: Marc, Alex und ich arbeiteten schließlich seit über zehn Jahren täglich zusammen. Wir ergänzen uns ideal, und es war uns immer sofort klar, wer von uns was anstoßen und wer welchen Ball auffangen musste. Und so »launchten« wir am 3. Juli 2012 die erste Version von doo!

Glücklicherweise bin ich seitdem nie wieder in eine so extreme Situation gekommen und habe gelernt, große Themenkomplexe mit mehr Ruhe, Zeit und tiefgreifender Prüfung anzugehen, Schritt für Schritt. Aber vielleicht musste ich diese Erfahrung erst selbst machen, um eben genau das zu lernen – wer weiß?

DOO – DIE DOKUMENTEN-APP

Insgesamt war doo eine eindrucksvolle Plattform, für die wir viel Lob erhielten. Wir wurden als »App of the Year« von Apple ausgewählt, von Google im Android-Store vorgestellt und von Microsoft im damals neuen Windows-8-Store auf die Startseite gebracht. Am 15. Juni 2012 durften wir die Beta-Version unserer OS X-Version – heute macOS genannt- sogar in New York an der NASDAQ präsentieren, und der einflussreiche Tech-Journalist Mike Butcher berichtete live über unseren Start auf Techcrunch, einem der wichtigsten Techblogs der Welt. Das war so ziemlich der bestmögliche Start, den man sich für ein Produkt

> IN NEW YORK BEI DER NASDAQ 2012

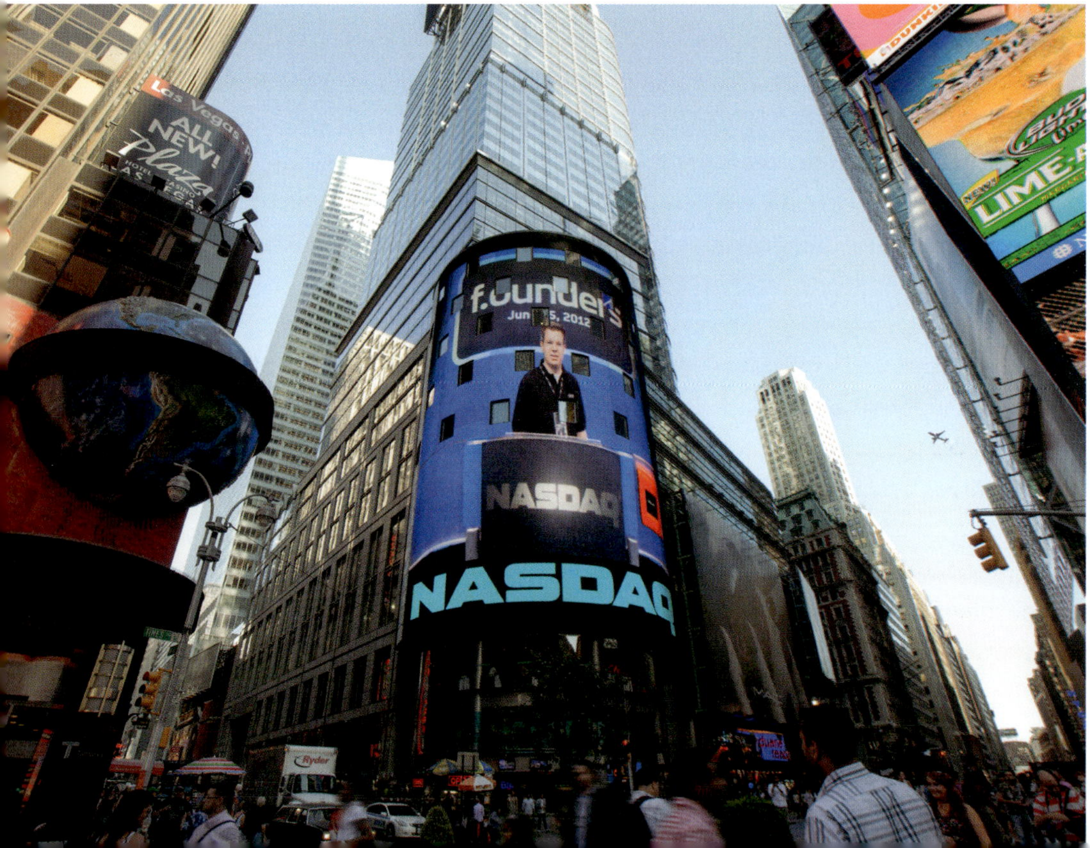

wünschen konnte. Ein hochrangiger Apple-Manager hat mir bei einer Präsentation in London wortwörtlich gesagt: »Shit! We should've invented this!«, also: »Mist! Das hätten wir erfinden sollen!«, und Bundeskanzlerin Angela Merkel überreichte mir 2012, nur ein Jahr nach der Gründung, für doo den »Innovate 4 Society Award«. Von außen sah auf den ersten Blick also alles perfekt aus: Viele Preise, viel Aufmerksamkeit in der Presse und viele neue User, für alle einsehbar an den Download-Rankings der großen App-Stores.

Aber hinter den Kulissen war es leider nicht so rosig. Besonders die **KPIs** waren sehr enttäuschend. Die User luden unsere App zwar in Massen herunter, verbanden vielleicht noch ihre Dropbox und ihren Email-Account damit – aber das war es dann auch schon. Sie änderten ihre gewohnten Arbeitsprozesse nicht. Nur sehr, sehr wenige Anwender machten doo zu ihrer zentralen Dokumenten-App, die sie täglich verwendeten. Anfangs dachte ich, das läge an unserer noch nicht ganz ausgereiften Software. Wir waren zwar sehr stolz darauf, 98 Prozent aller Dokumente zu erkennen, aber wenn zwei von hundert Dokumenten falsch eingeordnet werden, verärgert das den Anwender, der sich schließlich zu 100 Prozent auf die Software verlassen will. Und da unsere wenigen wirklich aktiven Benutzer über 10.000 Dokumente aus verschiedenen Quellen importiert hatten, wollte verständlicherweise auch keiner von ihnen die 2 Prozent der falsch eingeordneten Dokumente manuell korrigieren.

> KPI

KPI steht für »Key Performance Indicator«. Ein KPI ist eine wichtige Kennzahl des Unternehmens. Solche KPIs sind zum Beispiel Umsatz pro Tag, Umsatz pro Kunde, Auslastung der Mitarbeiter, Quote an wiederkehrenden Besuchern, Retourenquote und so weiter.

Unser zweites großes Problem war die benötigte Zeit, alle in doo importierten Dokumente zu analysieren und die Daten zu extrahieren. Sobald man eine umfangreiche Dropbox oder ein zehn Jahre altes E-Mail-Postfach verbunden hatte, lief der Lüfter des Notebooks von sechs bis 24 Stunden lang ununterbrochen. Mit der nächsten Version von doo optimierten wir die Algorithmen und die Intelligenz der Plattform, sodass wir beim Import nur noch die Hälfte der Rechenzeit benötigten – was sich für die User leider immer noch nach einer Ewigkeit anfühlte. Außerdem versuchten wir dem Benutzer besser zu erklären, warum sein Notebook gerade als besserer Heizlüfter wirkt – optimal war das aber natürlich nicht.

Nach außen war unser Wachstum ungebrochen, fast alle fanden das Konzept großartig und waren begeistert von unseren intelligenten Algorithmen und dem herausragenden Design unserer Apps – aber immer noch änderte kaum jemand seine Gewohnheiten. doo war nach außen die coole neue App, die alle liebten – endlich mal relevante Technologie im App-Bereich aus Deutschland. Nur intern sahen wir immer deutlicher, dass kaum jemand wirklich in unsere neue Welt einstieg. Auch das Update änderte grundlegend nichts. Auch die Updates, die Schritt für Schritt die Fehler behoben und die Geschwindigkeit optimierten, änderten grundlegend nichts daran daß die Menschen, als Gewohnheitstiere, Ihre alten Gewohnheiten nicht ändern wollten.

Unser Konzept war aber darauf ausgelegt, herkömmliche Ordnerstrukturen abzulösen. Statt selbst entscheiden zu müssen, ob ein Dokument unter \dokumente\vertraege\ oder unter \dokumente\briefe\ abgelegt werden sollte, konnte man mit doo alles in einen Container werfen, und die Intelligenz der Software übernahm die gesamte Organisation. Aber parallel konnten die beiden Welten nicht bestehen. Um wirklich von doo profitieren zu können, mussten die Anwender ins kalte Wasser springen, in unsere neue Welt wechseln und ihre alten Strukturen hinter sich lassen – und das taten eben deutlich zu wenige Nutzer. Wir hatten schlicht ein **ENGAGEMENT-PROBLEM**.

> ENGAGEMENT-PROBLEM

Engagement-Probleme gibt es überall: In Firmen, bei Produkten und sogar in Ehen. Wenn sich eine Seite nicht genügend für die andere Seite interessiert, hat die andere Seite ein Problem – ein Engagement-Problem.

Jede neue Softwareplattform durchläuft die gleichen Phasen:

- Growth: Möglichst viele potentielle Nutzer müssen die App kennenlernen, am besten über kosteneffiziente und skalierbare Marketing Kanäle.
- Engagement: Verwenden die User die neue Plattform, am besten täglich oder zumindest wöchentlich?
- Monetization: In dieser Phase versucht man, mindestens 5 bis 15 Prozent der Nutzer zu zahlenden Kunden zu machen.

Und schon am Engagement hakte es bei doo – mit dermaßen miserablen Zahlen würde kein Venture-Capital-Investor unser Team und Produkt weiter finanzieren. Ich war als Investor und Unternehmer mittlerweile erfahren genug, um abends bei einem Glas Wein zu erkennen, dass wir sehr dringend einen neuen Plan benötigten.

Das Gute an doo war, dass unsere Technologie zur Analyse und strukturierten Datenerkennung von Dokumenten damals weltweit führend war. Kein Google, kein Apple, kein Microsoft, kein IBM, kein Amazon und auch kein Dropbox war so weit. Unser neuer Masterplan war daher, die Technik an einen der großen US-Player zu verkaufen. Die hatten nämlich hunderte Millionen Kunden, mit Milliarden Dokumenten. Mangelndes Engagement war nicht deren Problem. Und durch unsere Software, die vom ersten Tag an auf Internationalität ausgelegt war, hätten wir gleichsam über Nacht Intelligenz in ihre Clouds und damit zu ihren Kunden bringen können. Dank meiner langjährigen Erfahrung und meines Netzwerks konnte ich diese Idee mit drei Top-CEOs auf diesem Gebiet persönlich besprechen. Zwei prüften den Kauf, und einer machte sogar ein Angebot. Aber natürlich spürten sie, dass unser eigentlicher Plan gescheitert war – die Zahlen sprachen ja eine deutliche Sprache. Und sie wussten auch, dass wir kein weiteres Geld von Investoren erhalten würden und wir eigentlich zum Verkauf gezwungen waren – dementsprechend schlecht war das Kaufangebot des Giganten aus den USA.

Marc, Alex und ich hatten einige Monate an dem Verkauf unserer Technologie an einen strategischen Interessenten gearbeitet und waren sehr enttäuscht über das Angebot, das wir ablehnen mussten – nicht aus falschem Stolz, sondern einfach, weil es lächerlich gering war, selbst für ein Produkt, das man marktwirtschaftlich als gescheitert betrachten musste. doo beinhaltete zu viel technologische Innovation und war einfach zu gut, um es in einem bösen **FIRESALE** an einen US-Cloud-Riesen abzugeben.

> **FIRESALE**
>
> Firesale heißt übersetzt »Panikverkauf« und ist nichts anderes als der meist viel zu billige Verkauf in einer Notsituation.

Aber ohne neue Finanzierung mussten wir fast 80 Prozent des Teams entlassen. Das waren keine schönen Tage. Wie bei der twisd AG musste ich mich wieder von vielen Mitarbeitern verabschieden. Ich war ein zweites Mal gescheitert, diesmal als erfahrener Unternehmer. Und diesmal hatte ich zwar keinen Cent verschwendet, aber andere Fehler gemacht. Nun mussten wir ganz wortwörtlich einpacken: Wir räumten unsere schöne Villa an der Poppelsdorfer Allee. Es war paradox: Wir bewegten uns in einem gigantisch großen Markt, waren technologisch führend, hatten unser Produkt an der NASDAQ launchen dürfen, Angela Merkel hatte mir einen Preis überreicht, aber jetzt sollten wir nicht mal einen faire Summe für unsere Technologie erhalten? All das zum Spottpreis zu verscherbeln, war keine Option für uns. Aber wie sollte es weitergehen?

>PIVOT-PLANUNG

»To pivot« heißt »umschwenken« – und ist notwendig wenn ein Produkt nicht vom Markt angenommen wird. Die Herausforderung besteht im Timing: Wie lange muss man durchhalten und probieren, bis man den Pivot, den Schwank macht? Bei doo haben wir ihn zu spät durchgeführt, aber in anderen Fällen hätte etwas mehr Durchhaltevermögen vielleicht noch zum Erfolg geführt.

Damals habe ich viel Häme einstecken müssen von Leuten, die natürlich schon immer wussten, was für ein Idiot ich bin, und die sich freuten, dass ich mit meiner großen Dokumenten-Revolution gescheitert war. Meine Niederlage war ein Fest für alle Hater. Aber gleichzeitig bekam ich auch sehr viel gutes Feedback: Große, erfolgreiche Gründer haben mich sehr wohlwollend unterstützt. Ganz im Gegenteil zu meiner ersten großen Niederlage, nach der mir fast nur Böses widerfahren ist, gab es diesmal auch Aufmunterung und Anerkennung. Scheitern gehört zum Erfolg, das müssen besonders wir Deutschen dringend lernen. Denn es gibt niemanden, der wirklich Großes erreicht hat, ohne vorher auch mal gescheitert zu sein. Erfolge entstehen im Grenzbereich und da fliegt man halt auch mal aus der Kurve. Niederlagen sollte man nicht feiern, aber man muss sie riskieren, um langfristig nicht ganz sicher zu verlieren. Stillstand bedeutet Tod, zumindest in der schnellen Technologiewelt.

Gescheitert ist doo letztlich nicht an der Technik – die hatten wir seit doo 2.0 weitestgehend im Griff. Unterschätzt hatten wir, wie lange es dauert, eingefahrene Arbeitsweisen zu ändern. Ein Produkt muss einen direkten und konkreten Mehrwert bieten. Sonst ändert ein Anwender seine Gewohnheiten nicht. Der Wechsel zu doo war zu groß und komplex und der Mehrwert wäre erst im Laufe der längeren Anwendung deutlich geworden. Diese Herausforderung habe ich komplett unterschätzt. Doch diese Erkenntnisse halfen ja nicht – es hieß, alle Enttäuschung und allen Ärger hinter sich zu lassen und nach vorne zu schauen. Wir hätten auch aufgeben können, aber so leicht lasse ich mich nicht unterkriegen. Ich bin bis heute unseren Investoren sehr dankbar: Target Partners und DuMont Venture (heute Capnamic) waren auf Grundlage unserer **PIVOT-PLANUNG** bereit, noch einmal zu investieren. Und auch Marc, Alex und ich legten noch mal eigenes Geld dazu. Denn wir hatten inzwischen einen Plan B. Übrigens ist das papierlose Büro auch jetzt noch, vier Jahre nach dem Ende von doo, eine Vision. Cloud-Speichersysteme haben sich durchgesetzt, aber keiner hat noch einmal den großen Sprung zur intelligenten automatischen Verwaltung gewagt. Die Ordner-Strukturen sind bis heute in den Köpfen geblieben.

SCANBOT

Was bei Wunderlist und Wunderkit funktioniert hatte, klappte auch bei doo, bloß umgekehrt: Während Wunderlist ja die funktionierende Keimzelle für das darauf folgende und dann grandios gescheiterte größere Universum Wunderkit war, haben wir aus dem gescheiterten Universum doo einen Teilbereich genommen und diesen weiterentwickelt. Scanbot war unsere Scanner-App, die zwar nur einen kleinen Teil der doo-Plattform ausmachte, aber sehr gut funktionierte.

Scanbot war ein einfaches und klares Produkt – keiner musste eingefahrene Arbeitsprozesse ändern, niemand musste etwas Neues lernen: Halte dein Smartphone über ein Dokument, und es wird – abrakadabra – zu einem PDF. Diese verständliche Operation brachten wir zur Perfektion. So hatten wir zum Beispiel für doo eine Funktion entwickelt, die ein weißes Blatt auf einem dunklen Schreibtisch sauber erkannte und dann nur dieses einscannte und analysierte – und eben nicht auch noch Teile des Tisches. Bei Scanbot war ich ehrgeiziger: Ich wollte, dass die App wirklich jeden Hintergrund als solchen erkennt und eliminiert! Denn es gab natürlich auch helle Schreibtische, Schreibtische mit Mustern, Schreibtische, auf denen bunte Unterlagen lagen und Tausende andere Konstellationen, die unsere Software noch nicht erkannte. In diesem Fall musste der User bisher das Dokument manuell zuschneiden, denn der Schreibtisch sollte ja nicht Teil des Scans werden. Und auch bei den Dokumenten sah es nicht besser aus: Es waren ja nicht alles makellose DIN

A4-Blätter. Es gab Dokumente mit Eselsohren, Papiere mit Kaffeeflecken, Ausdrucke aus fast leeren Tintenpatronen, glänzende Visitenkarten, bunte Prospekte, ausgeblichene Quittungen – jeder, der mit Papier zu tun hat, kennt das. Also sammelten wir tausende verschiedene Dokumente und fotografierten sie auf jedem Tisch und anderen Unterlagen, die uns begegneten. Daraus sollte die App lernen und alles sauber erkennen, damit zusätzliche manuelle Schritte entfallen konnten. So entstanden dann zehntausende Dokumente mit Hintergrund-Kombinationen, die wir mithilfe von studentischen Hilfskräften ideal ausschnitten. Das war die Benchmark für unsere automatische Software. Erst wenn die App 99,9 Prozent der Dokumente so gut erkennen konnte wie unsere Studenten, und das natürlich in wenigen Millisekunden – erst dann wollte ich Scanbot freigeben. Unser Entwicklerteam erklärte mich anfangs für verrückt, aber diesmal wollte ich wirklich die perfekte Software liefern. Am 3. April 2014 war es so weit: Scanbot startete und war tatsächlich die beste Scanner-App.

Wieder liebte uns die Presse. So schrieb Engadget, eines der führenden Blogs der Tech-Branche: »The US$ 0.99 iPhone app only does two things – scan and create PDFs of documents – but it does those two things very well.« Und auch Apple unterstützte uns und machte uns erneut weltweit zur App der Woche. Aber viel wichtiger: Anders als doo war Scanbot ein Engagement-Hit. Viele Nutzer platzierten unsere App auf dem Startscreen ihres iPhones und scannten wie verrückt alles, was man scannen konnte... Vom ersten Tag an zeigte Scanbot ein starkes Nutzerwachstum. Unsere App wurde in den ersten acht Monaten von über 1,2 Millionen Nutzern installiert. In der Spitze wurde Scanbot über 166.000 Mal an nur einem einzigen Tag heruntergeladen. Die Nutzer liebten Scanbot, es entstand sogar eine starke Fangemeinde, die unser Productivity-Werkzeug unterstützte. Scanbot bekam Tausende begeisterte Bewertungen und erzielte im Durchschnitt eine Bewertung von 4,8 von 5 Sternen im App-Store und 4,3 von 5 Sternen im Google-Play-Store – ein Wert, den nur wenige Apps erreichen, und den wir bis heute halten konnten. Dazu beigetragen hat sicherlich, dass wir stark auf das Feedback der Nutzer hören

> UI

UI ist das user interface, die »Benutzerschnittstelle«, also das, was der Kunde vom Produkt zu Gesicht bekommt. Angenommen, du machst eine Kreuzfahrt. Bordrestaurant, Kabinen, Pooldeck und Ähnliches wären die Benutzerschnittstellen. Aber Maschinenraum, Bordküche oder Personalkabinen gehören nicht dazu. Es ist sehr schwer, ein einfaches UI über eine komplexe Technologie zu legen, ist aber eine meiner großen Leidenschaften.

und bis heute hunderttausende Konversationen auf verschiedenen Kanälen mit ihnen geführt haben.

Um das Download-Wachstum zu beschleunigen, entschieden wir relativ bald, von einem bezahlten Modell auf ein Freemium-Business-Modell umzusteigen. Die Wertschätzung und Zahlungsbereitschaft von einigen Kunden im App Store ärgert mich bis heute sehr. Irgendwie ist die Grundeinstellung: Apps haben gefälligst umsonst zu sein. Dass die Entwicklung einer App mittlerweile manchmal ähnlich aufwendig ist wie die einer Hollywood-Produktion und die App im Gegensatz zu dieser ständig weiterentwickelt werden muss, ignorieren manche User gerne. Das Problem ist, dass es zu viele durch Venture Capital finanzierte Apps gibt, die lange kostenfrei sind um möglichst viele User zu gewinnen – erst später bieten Sie dann kostenpflichtige Funktionen an. Kleinere Entwickler, die wirklich von App-Verkäufen leben, haben dagegen selten eine Chance. Unsere Preisumstellung war ein voller Erfolg, im Jahr darauf verdoppelte sich die Anzahl der Installationen. Langsam wuchs Scanbot aus der Nische der technisch versierten Nerdcommunity heraus, und wir standen vor der Herausforderung, die **UI** und UX der App so anzupassen, dass auch Menschen wie meine Mutter, ohne große Erfahrung und Begeisterung für Apps, Scanbot intuitiv bedienen konnten. Gleichzeitig mussten wir immer sicherstellen, neue Technologien wie zum Beispiel FaceID in Scanbot zu integrieren, und zwar direkt, nachdem sie verfügbar waren. Das haben wir geschafft.

Es ist uns sogar gelungen, unsere Technologie zu verkaufen und zugleich die Firma zu behalten: Eines Tages meldete sich ein großer US-Konzern. Er benötigte dringend unsere mittlerweile ausgereifte Scanbot-Technologie und bot einen sehr attraktiven Lizenz-Deal an. Das war auch für mich ganz persönlich ein sehr wichtiger Moment: Wir konnten nämlich durch diesen Deal einen Großteil der Investition an unsere Investoren zurückzahlen. Das war emotional ein wirklich bedeutender Befreiungsschlag – ich hatte aus einer schweren Niederlage eine erfolgreiche App gemacht, und jetzt konnten wir sogar noch unseren Investoren eine kleine Erfolgsgeschichte präsentieren.

Auch die harte Arbeit an der App wurde belohnt: Scanbot wurde als »Best App of the Year« in den Jahren 2014, 2015, 2017 und als »Editors' Choice« durch

> 2016 ÜBERGABEN WIR DAS STEUER AN DEN NEUEN SCANBOT-CEO, CHRISTOPH WAGNER

>ASO

ASO steht für App Store Optimization und ist vergleichbar mit SEO, der Suchmaschinenoptimierung. ASO sorgt dafür, dass die App im App Store so weit oben wie möglich auftaucht. Die Faktoren, nach denen ein Store seine Apps rankt, sind so geheim wie die Archive des Vatikan.

Apple ausgezeichnet. Google gab uns den »Top Developer«-Status. Es folgten Einladungen zu exklusiven Events und Technologie-Previews der beiden dominanten App-Store-Anbieter. Wir durchbrachen die Grenze von 10 Millionen Usern und es gelang uns, den Jahresumsatz zu verdreifachen. Inzwischen digitalisieren die Nutzer jeden Monat über zwei Millionen Dokumente und laden circa die Hälfte davon auf externe Cloudspeicher-Dienste wie Dropbox und Google Drive hoch. Scanbot war jetzt profitabel, wir stellten sogar wieder Mitarbeiter ein. Das war ein guter Zeitpunkt, um als CEO zurück-

zutreten und die Verantwortung an einen jungen Kopf zu übertragen. Die doo und Scanbot-Jahre waren in vielerlei Hinsicht sehr lehrreich, herausfordernd und schön. Aber sie waren auch so intensiv und kräfteraubend, dass ich mir eingestehen musste: Ich brauchte einen Wechsel. Und ich hatte bereits einen Nachfolger im Blick. Christoph Wagner war unser Head of Operations und hatte die erfolgreiche Entwicklung von Scanbot maßgeblich mitgestaltet. Wir waren von seiner frischen Energie und vor allem von seinen Ergebnissen sehr beeindruckt. Innerhalb kürzester Zeit entwickelte er sich zum **ASO**-Experten, führte das Entwicklerteam und sorgte für starkes Umsatzwachstum. Er war die ideale Besetzung, um aus dem erfolgreichen Startup ein langfristig erfolgreiches Unternehmen zu entwickeln.

SCANBOT WIRD ZUM TECHNOLOGIEANBIETER

Zum Abschluss noch eine Geschichte, die zeigt, dass ich auch nicht immer richtig liege: Neben unserem starken **B2C**-Geschäft hatten wir unsere Technologie wie erwähnt als **B2B**-Deal an einen großen US-Player lizenziert.

Christoph und Alex wollten daraus jetzt ein standardisiertes Produkt machen, dass es anderen App-Anbieter erlaubt unsere Software in wenigen Minuten in Ihrer aufzunehmen. Dieses **SOFTWARE-DEVELOPMENT-KIT**-Business (SDK) war ein großes Risiko. Es bestand nämlich die Gefahr, dass es wertvolle Ressourcen von unserem ursprünglichen Business abziehen würde. Außerdem würden die Verhandlungen mit jedem Geschäftspartner Monate dauern und nicht unbedingt zu einem erfolgreichen Abschluss führen. Darauf war das Unternehmen Scanbot bisher nicht ausgelegt.

>B2C/ B2B

B2B ist die Abkürzung für Business to Customer und meint ein Geschäft, in dem das Produkt oder der Service vom Anbieter an den Endverbraucher geht. Das Gegenmodell wäre B2B, Business to Business, wo das Produkt oder der Service von einem Unternehmen an ein anderes Unternehmen verkauft wird.

>SOFTWARE-DEVELOPMENT-KIT

Das Software-Development-Kit ist das Handwerkszeug des Programmierers. Jede Programmiersprache hat eigene Werkzeuge und Bibliotheken, auf die der Softwareentwickler zugreifen kann. Ein Klempner hat anderes Werkzeug als ein Maurer, ein Android-Entwickler ein anderes Development Kit als ein iOS-Entwickler.

Ich war daher sehr skeptisch und gab eine klare Empfehlung an den neuen CEO: Ich würde dieses Business nicht aufbauen, konzentriere dich auf die Weiterentwicklung unserer App. Aber nun, ich hatte die Führung ja ernsthaft und konsequent übergeben und so hatte Christoph jetzt das letzte Wort. Mit der Rückendeckung von Alex entschied er: »Sorry Frank, ich werde das Lizenz-Business zusätzlich aufbauen! Und zwar parallel zum normalen Kundengeschäft, mit dem wir weiterhin die weltweit führende Scanner-App entwickeln.«

Christoph war sich bewusst, dass dies eine Herausforderung war, die nicht ohne Risiko für unser Unternehmen war. Aber er war sich auch sicher, dass seine Vision ein großer Erfolg werden würde. Und er sollte Recht behalten. Es hat zwar viel länger gedauert als angekündigt und es hat harte Entscheidungen und mehr Kapital benötigt, als Christoph zunächst geplant hatte. Aber er konnte sich der Unterstützung des gesamten **BOARDS** immer sicher sein, trotz inhaltlich teils kontrovers und hart geführter Diskussionen. Der neue Geschäftszweig ist letztendlich ein noch größerer Erfolg geworden als geplant. Weltweit führende Unternehmen verlassen sich auf das Know-how und die Technologie die wir hier in Bonn entwickeln. Scanbot erzielt heute über 70 Prozent des Umsatzes mit dem neuen Geschäft und hat monatliche Wachstumsraten, die es mit meinem Ansatz nicht gegeben hätte. Es erfüllt mich mit großer Freude, junge Talente wie Christoph zu unterstützen und zu erleben, wie sie Dinge besser machen als ich. Respekt, Christoph!

> **BOARD**

Den Begriff Board kenne ich natürlich zunächst aus dem Skateboarding, da nennt man das Brett so – in diesem Zusammenhang ist es aber die Abkürzung für Board of Directors, und bezeichnet in etwa das »Direktorium«, also die Leitungs- und Kontrollgremien eines Unternehmens.

doo und Scanbot waren – vermutlich – meine letzten Abenteuer als Kapitän auf der Kommandobrücke. Aber man soll ja niemals nie sagen, vielleicht wird mein Gründer-Gen ja doch noch mal aktiviert...

> SCANBOT UND FREIGEIST ARBEITEN HEUTE IN EINEM GEMEINSAMEN BÜRO

10

DIE HÖHLE DER LÖWEN

WIE ES BEGANN

Oh Mann, Fernsehen! Worauf habe ich mich da bloß eingelassen? Ich war früher eher der Typ, der höchstens mal im Freundeskreis begeistert von neuen Gadgets berichtete und mit Freude neue Software-Technologien bis in die frühen Morgenstunden testete – aber nicht der Mann für die große Bühne. Ich suchte nie die Öffentlichkeit. Stattdessen entwickelte, verhandelte, investierte und verkaufte ich lieber hinter den Kulissen. Ich bin eben nicht Heidi Klum, Thomas Gottschalk oder Dieter Bohlen. Und ein solcher Show-Profi werde ich auch nie werden! Ich habe sehr selten ferngesehen und war vor der »Höhle der Löwen« noch nie in einem Fernsehstudio – und wenn eine Kamera auf mich gerichtet war, lächelte ich immer ein wenig verlegen. Wie also wurde ich zu einem zentralen Bestandteil einer sehr erfolgreichen Prime-Time-TV-Show?

Einen roten Faden hat mein Leben: Neustarten, neue Wege gehen – und irgendwie war die Zeit für einen Neustart wieder gekommen. Ich hatte doo gegen die Wand gefahren, Scanbot lief inzwischen solide, doch die große Dokumentenplattform, von der ich immer geträumt hatte, durfte ich nicht umsetzen. Die Geschäfte liefen gut, doch mir fehlte die nächste große Herausforderung. Aber alles der Reihe nach:

Zweimal im Jahr trifft sich in Bonn ein kleiner Kreis, der »Private Investor Circle« des High-Tech Gründerfonds, der eine Mischung aus öffentlichen und privaten Geldern in Startups investiert. Dessen Chef Alex Frankenberg sagt passend: »Man wird eingeladen, wenn man an der Bar hunderttausend Euro entspannt investieren kann.« Klingt ein bisschen nach neureich, Zigarre, goldener Rolex und »Hey, was kostet die Welt« – aber so ist es nicht. Hier treffen sich erfahrene Investoren, die ihr privates Vermögen in Technologie investieren: Der High-Tech Gründerfonds hat schon in mehr als 500 Unternehmen investiert und bisher flossen über 1,5 Milliarden Euro von externen Investoren in die Startups. Mehr als 90 Unternehmen wurden bereits erfolgreich verkauft – und damit ist der High-Tech Gründerfonds der größte seiner Art in Europa. Ich würde übrigens niemals so ohne weiteres an einer Bar hunderttausend Euro verteilen (sagts nicht dem Chef, sonst werde ich nicht mehr eingeladen), aber ich durfte trotzdem hin.

Mein Freund Oliver und ich diskutierten also an besagter Bar bei einem Glas Champagner über die an diesem Abend vorgestellten Startups. Die Präsentationen sind immer spannend – und es ist deswegen durchaus sinnvoll, das Publikum zu begrenzen. Nur echte, ernsthaft interessierte, potenzielle Investoren sollen sich die Ideen der Gründer anhören. Leute wie Oliver. Er hatte erfolgreich ein Unternehmen im **ADTECH**-Bereich gegründet, aufgebaut und an einen DAX-Konzern verkauft. Oliver ist einer der wenigen wirklich erfolgreichen Gründer aus dem Köln-Bonner Raum. Um in Ruhe über Neuigkeiten der Startup-Szene sprechen zu können, gingen wir auf die Terrasse. Dort erzählte mir Oliver, dass er neulich bei seinem Nachbarn zum Grillen eingeladen war – der sei beim Fernsehen und mache demnächst eine Show, in der Startup-Gründer vor fünf Investoren pitchen sollten. Ob ich da nicht mitmachen wolle, ich könne doch gut sprechen. »Nein«, habe ich gesagt, »mach du doch da mit!« Doch Oliver wollte das nicht. Wie gesagt: Ich war damals in einer Phase, in der ich sehr offen für Neues war – ich wollte etwas lernen, ich wollte etwas sehen, ich wollte etwas ausprobieren. Aber Fernsehen? Darauf wäre ich nie gekommen – und ehrlich gesagt, hatte ich da eigentlich auch gar keinen Bock drauf. »Guck's dir mal an, ist ganz gut gemacht«, beharrte Oliver. »Okay, ich schaue es mir mal an, versprach ich ihm, und so gingen wir an diesem Abend auseinander.

>ADTECH

Adtech ist die Abkürzung für Advertising Technology, und das wiederum bezeichnet alle möglichen technischen Bereiche rund um das Thema digitale Werbung und digitales Marketing. Vom Datenmanagement über Analytics bis hin zu kompletten Plattformen und 360°-Lösungen, wie man mit seinen Kunden kommuniziert.

Fast hatte ich das Gespräch vergessen. Doch Oliver stellte den Kontakt zur Produktionsfirma Sony Pictures her, und ich erhielt unerwartet eine Powerpoint-Präsentation, die das TV-Format erklärte. «Die Höhle der Löwen" empfand ich zunächst als einen etwas affigen Namen – und so richtig klar war mir immer noch nicht, wie ich in die Sendung passen sollte, aber dann habe ich mir Shark Tank aus den USA angesehen. Auch diese Sendung wurde von der Sony produziert, sozusagen von unseren Kollegen. Mittlerweile gibt es das Format erfolgreich in über 25 Ländern. In Großbritannien heißt die Sendung Drachenhöhle, in Afghanistan Träume und erreiche, in Finnland Löwenmaul, in Japan Geld-Tiger und in Slowenien Gutes Geschäft. Ich habe mir damals nur Shark Tank angesehen, aber das hat mir richtig gut gefallen. Die Sendung hat mittlerweile mehrere Prime-Time-Emmys gewonnen und ist in den USA Family-Show Nummer Eins. Kein Wunder, denn bei unseren Kollegen waren schon damals richtig gute Leute dabei: Einer der Sharks war Daymond John, der Gründer der Klamottenmarke FUBU, oder Mark Cuban, der mit der Übertragung von Sport-Events im Internet zum mehrfachen Milliardär wurde und dem das Basketballteam Dallas Mavericks gehört. Und so kam ich dann doch ins Grübeln, ob ich meine anfängliche Ablehnung nicht aufgeben und es mir wenigstens mal anschauen sollte.

Immer, wenn ich mich irgendwo nicht auskenne, frage ich Menschen, die in dem jeweiligen Bereich Erfahrung und Expertise haben. Ein Bekannter von mir ist mit einer TV-Moderatorin verheiratet, und er war nicht der einzige, der mir sagte: »Frank, du bist gerade voll in der richtigen Spur, du bist erfolgreich, deine Karriere liegt noch vor dir. Tu dir das nicht an. Wenn das schief geht, bist du verbrannt!« Ehrlich gesagt haben fast alle, die ich gefragt habe, ähnlich reagiert und gewarnt: »Finger weg!«.

Alle Business-Shows in Deutschland waren bisher gescheitert. Oder erinnert sich jemand an einen grandiosen Erfolg von The Big Boss mit Reiner Calmund? Im amerikanischen Original hieß es The Apprentice, und da war es tatsächlich ein Quotenhit, aber die hatten auch Donald Trump als Big Boss. In Deutschland hörte ich von weinenden Producern hinter den Kulissen und verzweifelten Senderverantwortlichen, wenn sie morgens fassungslos auf die enttäuschenden Quoten starrten. Im Gegensatz zu der Heerschar der Leute, die mir abrieten, gab es auch eine positive Stimme: meine Startup-Weggefährtin Verena. Sie war als Unternehmerin einmal zu Gast in Stefan Raabs Polit-Talkshow »Absolute Mehrheit« gewesen. Damit galt sie für mich bereits als TV-Expertin. Verena erzählte mir eine Geschichte, die mich eigentlich hätte abschrecken müssen: Sie sei damals gemeinsam mit dem FDP-Politiker Wolfgang Kubicki, dem damaligen Parlamentarischen Geschäftsführer der SPD, Thomas Oppermann, dem CDU-Mann Michael Fuchs und dem Linken-Politiker Jan van Aken eingeladen gewesen. Und weil sie sich mit Kubicki ganz gut verstanden habe, sei man mit einer Umarmung zur Verabschiedung auseinander gegangen. Am nächsten Morgen sei sie von Köln nach Berlin zurückgeflogen – und in Berlin am Kaffeestand habe eine Frau sie angesprochen: Ob sie was mit Kubicki gehabt hätte? Das hätte doch in der Zeitung gestanden! Verena kaufte sich also eine BILD und fand darin ein Foto von Kubicki und sich, auf dem es so aussah, als ob die beiden sich statt einer Umarmung zum Abschied regelrecht geküsst hätten. Und darunter die Schlagzeile: »Kubickis Sofa-Flirt«. Im Artikel hieß es über Verena: »Sie busselte und tätschelte den FDP-Oldie«. Dabei ist überhaupt nichts zwischen den beiden gewesen. Verena hat sich fürchterlich über diesen Umgang der Medien mit ihr geärgert, auch wenn nach ein paar Wochen wieder Gras über die Sache gewachsen war. Trotz dieser negativen Erfahrung war Verena die Einzige, die mir sagte: »Mach doch! Warum nicht?« Eigentlich sei das Feedback auf ihren TV-Auftritt recht gut gewesen, und trotz des größten anzunehmenden Unfalls mit der peinlichen Schlagzeile in der BILD hätte sie ihn als positive Erfahrung verbucht. Und wenn mir Ähnliches widerführe, könne ich doch einfach abtauchen, bis die nächste Sau durchs Dorf getrieben werde. Danke, Verena!

Daraufhin habe ich mit Nathalie diskutiert. Wir haben alle Pros und Kontras ausgetauscht und gemeinsam folgenden Plan gefasst: Ich versuche das – und wenn es schiefgeht und ich tatsächlich zum Affen der Nation werde, dann ziehe ich mich wirklich für ein halbes Jahr nach Mallorca zurück. Danach würden alle die Show und meinen Auftritt vergessen haben, und ich könnte da weitermachen, wo ich falsch abgebogen war.

FRANKY GOES TO HOLLYWOOD

Beinahe wäre mein Job beim Fernsehen dann doch noch in letzter Minute geplatzt: Ausgerechnet an dem Tag, an dem VOX Die Höhle der Löwen ankündigte, gaben wir das Scheitern meiner Dokumenten-App doo bekannt. Wie gesagt, ich war noch kein Medienprofi, sonst hätte ich damit noch ein, zwei Tage gewartet. Scheitern ist bekanntlich in Deutschland nicht gerne gesehen – und plötzlich wurden Stimmen laut, mich gar nicht erst in der Sendung stattfinden zu lassen. Menschen riefen bei der Produktionsfirma an und forderten: »Nehmt den Thelen raus, der kann es einfach nicht!« Aber Sony hat überhaupt nicht mit der Wimper gezuckt: Sie hatten mich gecastet – und meine Expertise und mein Zugang zur deutschen Gründer- und Startup-Szene waren unbestritten. Also blieb es dabei – und ich wurde ein »Löwe«. Danke für dein Vertrauen, Astrid!

> DIE LÖWEN AUS STAFFEL 1 IM GOLDENEN KÄFIG

Ich bin in die TV-Show naiv reingestolpert wie ein schlecht angezogener IT-Geek in die Oscar-Verleihung. Wenn ich mich im Nachhinein frage, weiß ich gar nicht, was ich dort eigentlich erwartet hatte – aber jedenfalls nicht das, auf was ich dann gestoßen bin. Die Aufzeichnungen für Die Höhle der Löwen finden in Köln-Ossendorf statt, in wenig glamourösen, etwas industriell anmutenden TV-Studios. Ich kam dort ganz alleine an, hatte meinen Rucksack auf der Schulter, keinen Berater, Kommunikationsdirektor oder gar Manager an meiner Seite. Kein Mensch wusste, wer ich war – wie denn auch? –, und es dauerte eine ganze Weile, bis ich meine Garderobe gefunden hatte. Für mich war das ein echter Kulturschock. In Startups macht oft jeder zwei bis drei Jobs gleichzeitig. Aber hier! Hier waren hundert Leute am Set, alleine acht Kameraleute mit acht Kabelträgern! Und dann noch ein Mitarbeiter, der ausschließlich dafür zuständig war, das

Löwenfeuer an- und wieder auszumachen. Eine Mitarbeiterin, die meine Frisur richtete, eine zweite, die sich um meine Klamotten kümmerte, und eine dritte, die für mein Make-up da war. Ja, heute weiß ich es auch: Man glänzt, wenn man nicht abgepudert ist. Dennoch: Ich habe noch nie so viele Leute auf einem Fleck hin und her wuseln sehen. Trotzdem schien jeder zu wissen, was er tat – außer mir, ich war immer noch sehr unsicher. Und ich fragte mich: Wer soll das bloß alles finanzieren? Ich sah mit meinem Unwissen VOX schon in die Insolvenz schlittern – sorry, Berufskrankheit von mir. Ich war ahnungslos, dass es bei einer großen Fernsehshow anscheinend immer so zugeht. Heute weiß ich, dass nur so alles reibungslos ablaufen kann.

Bei einem Abendessen im Vorfeld hatte ich schon Judith Williams und Lencke Steiner kennengelernt. Vural Öger und Jochen Schweizer kamen jetzt auch dazu, und das waren für mich beeindruckende Namen. Große Unternehmerpersönlichkeiten, vor denen ich wirklich Respekt hatte. Ich war sehr froh, denn naiverweise hatte ich bei meinen Verhandlungen nicht einmal gefragt, wer denn die anderen Löwen waren. Es hätte also wirklich ordentlich in die Hose gehen können ... Am Tag vor den ersten Aufzeichnungen hatten wir so eine Art Workshop, eine Teambuilding-Maßnahme für uns »Löwen«. Man hatte eine Trainerin vom Theater engagiert. Sie hat mit uns Lockerungsübungen gemacht, lustige Klatsch-Spielchen, oder eine Übung, in der wir mit unseren Körpern Giraffen bauen sollten. Das fühlte sich am Anfang ein bisschen komisch an, war aber gar nicht blöd, denn es hat uns wirklich in kürzester Zeit einander nahegebracht. Man öffnet sich und verliert ein wenig die Scheu. Da habe ich echt was gelernt – und wir »Löwen« haben eine Menge gelacht. Wieder eine neue Erfahrung. Ich bin froh, dass ich mich auf sie eingelassen habe, und möchte sie nicht mehr missen.

In diesem Coaching regte ich an, dass wir Löwen uns untereinander duzen. Ich hatte mir gar nichts dabei gedacht, denn ich duze immer alle, das ist so eine Art signature move von mir. Dieses Duzen ist so gemeint, wie es die Skandinavier machen, es drückt gar nicht Vertrautheit oder gar Missachtung aus, nur eine Art des freundlichen Miteinanders, das eine entspannte Atmosphäre schafft – oder zumindest schaffen soll. Das gab ein paar Diskussionen, Jochen Schweizer und Vural Öger taten sich zunächst schwer, aber ließen sich dann doch darauf ein. Wie gesagt, ich hatte mir gar nichts dabei gedacht. Heute weiß ich, dass es auch die Haltung des Pitchenden verändert, wenn er auf ein Löwenrudel trifft, das per Du ist. Es macht einen Unterschied, ob man vor fünf solitären Persönlichkeiten auftritt oder vor einer Fünfereinheit, es erhöht einfach den Druck. Vielleicht war auch das ein kleiner Baustein zum Erfolg der Show.

Heute darf man vielleicht einige von den Anekdoten und Hintergrundgeschichten erzählen. Die Höhle der Löwen wird inzwischen fast nur noch DHDL genannt und ist ja eine grandiose Erfolgsgeschichte geworden. Aber in der ersten Aufzeichnung stieg mein Blutdruck von Pitch zu Pitch. Bisher war ich qualitativ hochwertige Startups mit herausragenden Gründern gewohnt, mit klaren Geschäftsmodellen und durchdachten Businessplänen. Doch die ersten zehn Pitches in der ersten Staffel DHDL waren – die Kollegen von VOX und von Sony mögen es mir heute verzeihen – großer Mist. Das kann man niemandem vorwerfen, keiner kannte das Format. Und es war vermutlich gar nicht so leicht, gute Gründer dazu zu bewegen, in einer TV-Show ihr Produkt zu präsentieren und vor Millionen Zuschauern auch eigentlich geheime Details zu diskutieren. Deshalb war das Niveau am Anfang, na ja, überschaubar. Da war eine Frau, deren Idee es war, High Heels mit lustigen Teddybär-Aufklebern zu verzieren. Ein anderer hatte einen Brötchen-Dreher-Toaster-Aufsatz gebaut, der unfassbar schlecht konstruiert und verarbeitet war. Keiner von uns wollte investieren. Denn es ist tatsächlich so: Wir investieren unser eigenes Geld. Das ist nicht das Geld vom Sender, von der Produktionsfirma oder von irgendwelchen Werbekunden. Dem Fernsehen wird ja gern jede Niederträchtigkeit unterstellt, aber ich lege die Hand dafür ins Feuer, dass es bei der Höhle der Löwen mit rechten Dingen zugeht. Sonst wäre ich auch heute nicht mehr dabei.

Keiner von uns wollte also sein eigenes Geld in Aufkleber für High Heels oder in einen mangelhaften Brötchen-Wender investieren. So ging es zehn Pitches lang. Aber wenn die Löwen nicht investieren, kann das Format nicht funktionieren. Also zogen wir uns zurück. Pause. Beratung. So geht das nicht, sagten wir uns. Vural, Judith und ich saßen in der Löwen-Lounge, waren ein wenig niedergeschlagen und fassten einen Plan. Heute wäre das nicht mehr nötig, weil das Format angenommen wurde, ausgereift ist und funktioniert – aber damals haben wir uns vorgenommen: Let's go! In das nächste Ding investieren wir einfach mal, egal was es ist. Jeder von uns übernimmt ein Drittel des benötigten Kapitals. Damals waren wir froh über jeden Deal. Heute machen wir eher zu viele als zu wenige Deals, aber heute sind wir auch viel erfahrener und nicht mehr ganz so ängstlich. Mit dem Vorsatz zu investieren, egal was es werden würde, gingen wir also zurück ins Studio. Gespannt wie Flitzebögen warteten wir auf den nächsten Pitch. Auch das ist im Übrigen ein immer wiederkehrender Verdacht, zu dessen Aufklärung ich beitragen kann: Wir wissen wirklich nicht, wer als Nächstes was präsentiert. Die Gründer und wir werden vor den Aufzeichnungen auch räumlich streng voneinander getrennt, sodass wir uns nicht zufällig auf dem Gang über den Weg rennen und uns kennenlernen können. Wir saßen also auf unseren Sesseln – und das nächste Produkt war dann: ein Sandsack. Ja, genau, richtig gehört: ein Sandsack! Aber nicht irgendein Sandsack, nein, das war ein Sandsack, den man sich auf den Kopf legen sollte, wenn man Migräne hat oder dieser vorbeugen wollte. Wir drei tauschten verstohlene Blicke aus und konnten ein Lachen kaum zurückhalten, aber keiner stieg aus. Und so wurde dies der Tag, an dem Judith Williams, Vural Öger und Frank Thelen 100.000 Euro in einen roten Sandsack investierten… Der Deal kam dann letztlich doch nicht zustande, da der Sandsack nicht hielt, was er versprochen hatte, im Gegenteil sogar eventuell schädlich für Migränepatienten war. Der große Durchbruch für den roten Sandsack – ohne ein Investment der »Löwen« – steht auch heute noch aus.

> DUE-DILIGENCE-PRÜFUNG

Die Due-Diligence-Prüfung wird gerne abgekürzt mit DD und heißt nichts anderes als »Prüfung mit gebotener Sorgfalt«. Damit lotet man Stärken und Schwächen eines Unternehmens aus, um die mit dem Investment verbundenen Chancen und Risiken abzuwägen und den Wert zu bestimmen. Ein Investment ohne DD gibt es nicht – oder wäre grob fahrlässig.

Ein geplatzter Deal ist für keinen erfreulich. Für uns nicht, für die Unternehmer nicht und für die Fernsehzuschauer erst recht nicht. Wir wollen so etwas unbedingt vermeiden – aber es ist ausgeschlossen, in den ein bis zwei Stunden Aufzeichnung pro Pitch alle für einen Deal relevanten Fakten abzufragen und zu überprüfen. Keiner ist online, wir sind ganz auf uns alleine gestellt, eine Recherche ist unmöglich. Und manchmal passiert es eben, dass in der anschließenden **DUE-DILIGENCE-PRÜFUNG** herauskommt, dass manche Angaben nicht der Wahrheit entsprechen oder wichtige Dinge – wie zum Beispiel laufende Gerichtsverfahren – nicht erwähnt wurden. Manchmal sind auch die präsentierten Produkteigenschaften oder die Kunden- und Umsatzzahlen in der realen Welt andere als die, die uns im Studio präsentiert wurden. Und wenn die Realität des präsentierten Unternehmens nicht mit der Darstellung im Studio übereinstimmt, kommt das Investment von mir nicht zustande. Das macht keine Freude, wenn der Deal platzt, aber ich bin hier sehr konsequent: Ich investiere meine Zeit und mein Kapital nur, wenn der Gründer, die Idee und der Pitch passen. Das sind oftmals sehr schwierige Entscheidungen.

Zwischen dem ersten Aufzeichungstag der Show und der TV-Ausstrahlung liegen sechs bis acht Monate. Das war zu Beginn eine merkwürdige Phase, da wir nicht wussten, ob wir eine interessante und unterhaltsame Show produziert hatten. Zwei Wochen vor der Ausstrahlung wurden deutschlandweit Plakate mit unseren Gesichtern aufgehängt. Das war auch ganz komisch, sich selbst so zu sehen, zumal ich mich auch nicht ganz optimal getroffen fühlte – aber wer mag sich selbst schon auf Fotos?

Für die erste Ausstrahlung hatte Judith Williams uns alle nach München eingeladen. Alle Löwen, Partner und Freunde waren gekommen. Im Bayerischen Hof

> WÄHREND DER ERSTEN AUSSTRAHLUNG VERSUCHTE ICH, DIE SERVER ZU STABILISIEREN

>DDOS
DDoS ist die Abkürzung von »Distributed Denial of Service« – es wird übersetzt mit »Verweigerung des Dienstes« und steht für die Nichtverfügbarkeit eines Internetdienstes aufgrund zu vieler Anfragen aus verschiedenen Quellen. Das kann passieren, wenn man unerwartet sehr erfolgreich ist und seine Server zu gering dimensioniert hat. Dann ist das Netzwerk überlastet. Nicht selten ist die Ursache aber eine Attacke, mit der Hacker mehr Anfragen versenden, als der Dienst bearbeiten kann. Früher ein Akt des reinen Vandalismus, werden DDoS-Attacken heutzutage sogar als Dienstleistung zum Kauf angeboten, um die Konkurrenz zu schädigen oder sie zu erpressen.

saßen wir also bei Würschtl und Bier und warteten gespannt, was passieren würde. Und als Erstes passierte etwas, was einerseits super, andererseits aber auch eine Katastrophe war: Die Server, auf denen die Websites der Startups lagen, konnten die Menge an Besuchern nicht verarbeiten und stürzten ab.

Klar, das war einerseits ein gutes Zeichen dafür, dass es offensichtlich ein gewisses Interesse für die Sendung und die darin vorgestellten Startups gab. Andererseits konnten wir dieses Interesse überhaupt nicht bedienen, wenn die Websites wegen Überlastung nicht zu erreichen waren. Das war selbst für mich als Techniker eine neue Erfahrung – und die trübte ein wenig den Genuss der ersten Ausstrahlung, weil ich nach dem ersten Pitch bis zum Ende der Sendung in Telefonkonferenzen mit meinen Technikern hing und versuchte, unsere Server zu reanimieren. Nachher stellte sich heraus, dass wegen des großen Ansturms auf die Website eines der vorgestellten Startups der gesamte Hoster zusammengebrochen war. Die armen Mitarbeiter im Serverzentrum wussten erst gar nicht, wie ihnen geschah, und dachten, die Russen oder Chinesen würden mit einer **DDOS**-Attacke angreifen. Leider waren die Websites erst nach der Sendung wieder erreichbar. Aus technischer Sicht war das sehr enttäuschend, aber es zeigte das große Interesse an unserer neuen Show – und das war natürlich fantastisch.

Entscheidend für den Erfolg einer solchen Sendung ist immer die Einschaltquote. Wie die ermittelt wird, war für mich als Neuling zunächst ziemlich schockierend. Die Quoten werden von der Gesellschaft für Konsumforschung (GfK) gemessen. Die Mitglieder von 5100 repräsentativ ausgewählten Haushalten müssen zusätzlich einen Knopf auf ihrer Fernbedienung drücken, und dann wird ihr Fernsehverhalten sekundengenau gemessen. Natürlich war mir das anfangs unbegreiflich: Warum errechnet man mit nur 5100 Menschen die Quote? Verrückt. Aber nun gut, so arbeitet halt das Fernsehen mit seinen alten Strukturen. Es sei repräsentativ, wurde mir versichert. Bei einem Privatsender wie VOX ist besonders der Marktanteil der 14- bis 49-Jährigen wichtig, also der Anteil derjenigen, die in ihrem Markenverhalten noch nicht so festgelegt sind. Denn so ein Privatsender mit seinen vielen Mitarbeitern und Produktionsteams finanziert sich ja vor allem durch Werbung. An jedem Tag werden gegen 8:20 Uhr die Quoten des Vortages veröffentlicht: Wir hatten direkt zum Start 1,8 Millionen Zuschauer, was 8,4 Prozent in der umworbenen Zielgruppe der 14 bis 49-Jährigen entsprach – und das war ein Bombenerfolg! In der ersten Staffel steigerten wir uns noch auf über 20 Prozent und sind inzwischen die erfolgreichste VOX-Produktion aller Zeiten – aber das konnte zu diesem Zeitpunkt noch keiner ahnen. Gegen alle Unkenrufe, gegen alle Warnungen: Die Höhle der Löwen ist zu einem der erfolgreichsten Formate im deutschen Fernsehen geworden. Ich bin froh und dankbar, dass ich ein Teil dieser unglaublichen Erfolgsgeschichte sein darf.

PLÖTZLICH EIN STAR

Am Tag nach der ersten Ausstrahlung lief ich durch den Flughafen in München – und plötzlich stürmte eine Horde junger Mädchen auf mich zu. Es ging schon so Richtung Oktoberfestzeit, und sie waren, ich nenne es mal so, »gut gelaunt«. Großes Gekreische, ob ich nicht ein Foto mit ihnen machen könne. Ich fühlte mich wie im falschen Film. Menschen wollten ein Selfie mit mir! Die Mädchen waren nett, es war lustig, aber ein Selfie hatte bis dato noch keiner von mir gewollt. Ich fühlte mich ein wenig deplatziert.

Heute weiß ich: Manchmal hat dieser »Prominenten«-Status auch Nachteile. Ich war einmal mit Nathalie auf einem größeren Empfang, musste kurz auf die Toilette und ließ meine Frau an der Bar zurück. Sowohl auf dem Weg zur als auch auf dem Weg zurück von der Toilette musste ich sehr viele Selfies machen, Autogramme geben oder wurde in Gespräche verwickelt, sodass ich erst über eine Stunde später wieder zurück zu Nathalie fand. Sie war – zu Recht – stinksauer. Es ist manchmal gar nicht so leicht, die Balance zu finden: Einerseits wollte ich Nathalie natürlich nicht so lange alleine lassen, andererseits kann man ja auch nicht durch den Raum gehen und so tun, als würde man die Autogramm- und Selfiejäger nicht wahrnehmen. Als ich einmal zu einer Podiumsdiskussion über Startups mit Angela Merkel und dem SAP-Gründer Hasso Plattner eingeladen war, traf ich drei langjährige Weggefährten. Im Anschluss an die Diskussion stand ich mit ihnen noch auf ein Bier zusammen, wurde aber so oft angesprochen und abgelenkt, dass einer der drei sagte: »Frank, mach du mal deine Selfies, wir sind weg.« Aus dem Dilemma kommt man manchmal nicht raus. Aber hey, das ist jetzt Jammern auf hohem Niveau. Mittlerweile habe ich mich an die Selfies gewöhnt – 99 Prozent der Menschen, die nach einem Foto fragen, machen das auch sehr freundlich, und ich erfülle diese Wünsche gerne, obwohl ich mich immer noch nicht als »Prominenter« fühle. Bevor ich vor die Kamera gegangen bin, hat mir die Sony-Fernsehchefin gesagt: »Frank, wenn ich dich groß rausbringe, musst du mir eines versprechen – dass du niemals zum arroganten Arsch wirst.« Sie ist eine der Großen und sehr Erfahrenen im Showbusiness, sie hat viele kommen, aber auch wieder gehen sehen. Ich habe mir daher ihren Hinweis sehr zu Herzen genommen und hoffe, dass andere auch sehen, dass ich mich zumindest bemühe.

>CONFCALL

Der ConfCall (das steht für »Conference Call«) bringt virtuell Leute an einen Tisch, die sich an ganz verschiedenen Orten auf der Welt befinden. Früher passierte das mit einer Einwahlnummer übers Telefon. Heutzutage sind es Video-Calls per Zoom, Skype oder anderer Software.

Als ich zum ersten Mal zu einer Preisverleihung eingeladen war, war ich wie erschlagen von diesem roten Teppich. Ich wollte daran vorbeigehen, weil ich entdeckt hatte, dass es auch einen ganz normalen Eingang an der Seite gibt. »Komm, Vural, wir schleichen uns rein!«, sagte ich zu Vural Öger – aber unsere DHDL-Berater sagten: »Nix da, ihr geht schön über den roten Teppich!« Und kaum waren wir da, fingen wirklich über 100 Fotografen an zu schreien: »Fraank, Vuural, Juudith, Fraank!«, so als wären wir Matt Damon, Kate Winslet und Leonardo DiCaprio. Aber so bin ich einfach nicht. Blitzlichtgewitter passt nicht zu mir. Ich weiß, das gehört dazu. Und heute weiß ich auch, dass sich einige Frauen tagelang auf diese drei Minuten vorbereiten: Ist das Kleid so abgeklebt, dass man die Brustwarze gerade so eben nicht sieht, aber erahnt? Acht einstudierte Posen werden abgespielt, keine Sekunde ist natürlich oder wird dem Zufall überlassen. Und dann komme ich in meinen Turnschuhen, Jeans, schwarzem Hemd, noch einen letzten **CONFCALL** in meinen AirPods, und in dem Moment, in dem ich die Fotografen schreien höre, fällt mir ein: Mist, der letzte Friseurbesuch ist acht Wochen her! Ich fühle mich etwas verloren in dem Blitzlichtgewitter schreien-

> IMMER NOCH EIN KOMISCHES GEFÜHL: MEIN GESICHT IN DER PRESSE

der Fotografen und fange an durchzurechnen: 100 Fotografen, die müssen alle davon leben. Was kriegt man für ein Foto von Judith Williams und Frank Thelen? Und das durch 100. An wen verkauft man das? Wer druckt das ab? Und wer bezahlt Geld dafür, dass man das sehen kann? An solche Dinge denke ich auf dem roten Teppich – und nicht an Posen oder die perfekt sitzende Jeans. Vielleicht sehe ich deshalb auf Fotos nicht so hübsch aus wie Lena Gercke. Vielleicht bin ich aber auch einfach nicht so hübsch wie Lena, wer weiß …

Es gibt übrigens sogar Mädels, die zur Veranstaltung gar nicht eingeladen sind und nur über den roten Teppich laufen, hinten wieder ins Auto steigen und

>SKALIEREN

Wenn ein Startup funktioniert, ist das prima. Um richtig erfolgreich zu werden, muss es allerdings skalierbar sein, also sein Geschäft ausweiten können. Ein Restaurant kann ein großartiges Geschäft sein, aber wenn alle Tische belegt sind, ist der Abend ausverkauft. Skalierbare Lösungen in diesem Bereich liegen oft in der Systemgastronomie und dem Franchising. Hängt der Erfolg des Restaurants aber an Faktoren, die sich nicht einfach reproduzieren lassen, ist es um die Skalierbarkeit seines Geschäftsmodells schlecht bestellt. Bei Little Lunch ist es kein Problem, das Geschäft auszuweiten, denn es ist ein skalierbares Produkt. Mittlerweile verkaufen wir über eine Million Suppen pro Monat.

dann wieder nach Hause fahren. Und wenn es eine Frau ist, die mit einem Modedesigner einen Ausstattervertrag oder einen erfolgreichen Instagram-Account hat, verdient sie sogar Geld damit. Eine verrückte und spannende, aber wirklich nicht meine Welt.

Was mir sehr wichtig ist: DHDL ist für mich ein ernsthaftes Geschäft. Ich weiß, dass es auch um Entertainment geht. Auch für mich ist es eine große Ehre, den Deutschen Fernsehpreis zu gewinnen oder für die Goldene Kamera und den Grimme-Preis nominiert zu sein. Aber in erster Linie geht es mir um exzellente Gründer mit starken Produkten und einem überzeugenden Geschäftsmodell. Ich will die Rohdiamanten finden und groß machen. Das ist meine Berufung, das ist meine Leidenschaft – und so wird es auch immer bleiben.

WAS AM SET PASSIERT

Wie gesagt: Wir investieren unser eigenes Geld – und wir haben keine Ahnung, wer der nächste Gründer ist, in welchem Markt sein Produkt ist und ob er 10.000 Euro oder eine Million Euro will. Das hat Konsequenzen für mein Verhalten in der Höhle der Löwen: Ich bin hochkonzentriert, wenn ich im Studio sitze und die Gründer durch den goldenen Bogen kommen. Uns steht nur wenig Zeit zur Verfügung, den oder die Unternehmer kennenzulernen, und ich muss erkennen, ob da ein herausragender Gründer vor mir steht. In Echtzeit baue ich dann eine Matrix zu dem Startup auf – in etwa wie ein Schachspieler ohne Brett und Figuren: Ist der Gründer strukturiert, steht er wirklich hinter seinem Produkt? Wie kann ich das Produkt **SKALIEREN**? Kann ich durch eine kleine Ergänzung oder Änderung das Business deutlich größer machen? Und sage ich es dem Gründer, oder mache ich die anderen Löwen damit zu heiß auf den Deal? Oft muss man den Gründern wichtige Infos sogar aus der Nase ziehen, weil sie selbst bestimmte Dinge nicht bedacht haben oder den Wald vor lauter Bäumen nicht sehen. Das darf ich aber nicht so machen, dass die anderen Löwen merken, worauf ich hinauswill, denn so könnte ich meinen geheimen Plan verraten – zum Beispiel, dass man das Produkt in China verkaufen könnte oder dass es ganz effektiv mit einem anderen Produkt kombinierbar wäre und so weiter. Springe ich jetzt nach vorne, biete eine höhere Summe und zwinge den Gründer, sich sofort zu entscheiden? Andererseits will ich das bisher sehr faire Verhältnis zwischen uns Löwen auch nicht zerstören ... Das ist immer eine wirklich hoch angespannte Situation, ein schwieriger und komplexer Moment, der ein Bauchgefühl für den Menschen vor mir verlangt – und bei dem ganz viel eigenes Geld im Spiel ist.

Ganz, ganz selten – wenn ich nach wenigen Minuten merke, der Deal ist nichts für mich, weil die Frau da vorne zu Hause Marmelade einkocht und sie

> VERBOTENE FARBSCHLACHT IM DHDL-STUDIO

auf Jahrmärkten verkaufen will oder weil ich partout nicht ins Hufeisen-Business einsteigen will – schalte ich bewusst in den Entertainment-Modus. Dann nehme ich mir die Freiheit, ein bisschen Spaß zu machen. Das kann aber auch mal nach hinten losgehen: Es gab in einer Folge einen Unternehmer, der für zwei Euro Farbbeutel mit Pulver in verschiedenen Farben hergestellt hat. Mit denen kann man auf Festivals um sich werfen, sodass alle mit diesen Farben eingesaut sind. Das Ganze ist eine Tradition aus Indien, mit der ursprünglich das hinduistische Frühlingsfest Holi gefeiert wurde. Mittlerweile gibt es ganze »Festivals of Colour«, die unabhängig davon stattfinden und vornehmlich kommerzieller Natur sind. Insofern gar keine schlechte Geschäftsidee, aber nichts für mich, ich war raus. Ich dachte mir, jetzt packe ich auch mal den großen Entertainer aus. Einige Moderatoren haben ja so einen Regie-Knopf im Ohr, mit denen sie wichtige Informationen aus der Regie bekommen. Ich habe so ein Ding nie, also wusste ich in dem Moment nicht, dass es bei diesem Pitch mit dem Farbpulver eine einzige klare Ansage gab: Auf gar keinen Fall das Pulver im Studio testen – vor allem nicht in der Nähe der Sessel! Ich hatte das wie gesagt nicht mitbekommen und dachte mir, es wäre doch lustig, wenn ich das Pulver mal ausprobiere und der Produktion ein paar spektakuläre Bilder liefere. Also schnappte ich mir vier Packungen. Ich sah nur noch die entsetzten Augen von Carsten Maschmeyer und merkte, wie Judith Williams mir aus ihrem weißen Sessel etwas zuzischen wollte. Offenbar hatten alle von dem Verbot erfahren, nur ich nicht. Ich startete eine Farbschlacht und feuerte jedem Löwen eine andere Farbe über den Kopf. Schnell ignorierten die anderen die klare Ansage und griffen ihrerseits ebenfalls nach Farbbeuteln. Liebe Requisiteure, die ihr im Anschluss eine Nachtschicht damit verbracht habt, die Sessel bis zum nächsten Morgen sauber und wieder drehfertig zu machen mit Kleiderbürste, Fleckensalz und Möbelshampoo: Sorry – und der nächste Bierabend geht auf meinen Deckel… Sonst ist das ja auch eher nicht so meine Art. In der Regel sitze ich da und bin ganz angespannt und konzentriert.

Richtig sauer bin ich nur einmal geworden. Da trat eine Frau auf, die auf die Frage, warum sie sich selbstständig machen wolle, geantwortet hat, sie sei lange fest angestellt gewesen und habe da so viel arbeiten müssen. Ihr Traum sei jetzt die Selbstständigkeit, weil sie kürzertreten und endlich weniger arbeiten wolle. In solchen Momenten vergesse ich, dass ich in einem TV-Studio sitze. So eine unfassbare Dummheit trifft mich ins Mark. Zum einen war es in diesem Fall die Verkennung der Realität, dass der Aufbau eines Unternehmens und die Verantwortung für ein Team und ein Produkt sowohl zeitlich als auch mental jeden festen Job als extrem entspannt erscheinen lassen. Zum anderen war diese Aussage eine Beleidigung für alle echten Gründer, die sich für ihre Vision, ihr Produkt und ihre Leidenschaft das Herz rausreißen. »Weniger arbeiten« hatte ich als Motivation fürs Gründen zuvor noch nie gehört – und es scheint mir aus meiner Erfahrung heraus auch kein Erfolgsfaktor zu sein. Außerdem hat diese Frau mit ihrem rücksichtslosen und ignoranten Auftritt einem anderen, motivierteren Gründer den Platz und damit die Chance genommen, sich und seine Idee zu präsentieren.

Denn die meisten Gründer sehen in ihrem Auftritt in der Höhle der Löwen die Chance ihres Lebens – oft durchaus zu Recht. Sie bereiten sich intensiv vor und versuchen, den besten Pitch abzuliefern und auf alle Fragen vorbereitet zu sein. Also ist es nur fair und angemessen, dass wir ihnen zuhören und ihre Idee wohlwollend, aber auch ernsthaft und streng prüfen. Das sind für uns »Löwen« im Allgemeinen und für mich im Besonderen ganz intensive Minuten, in denen ich für das gesamte Team meiner Beteiligungsfirma Freigeist Capital mitdenken muss. Ich kann mich nicht mit meinen Partnern abstimmen, aber sie müssen im Nachhinein meine Entscheidung mittragen. Also darf ich mir keine Fehler erlauben. Deshalb habe ich – der eine oder andere wird ihn vielleicht schon mal gesehen haben – immer einen Spickzettel vor mir, auf dem ich mir die wichtigsten Parameter aufgeschrieben habe. Sie entspringen 20 Jahren Erfahrung aus vielen bitteren Niederlagen, aber auch großartigen Erfolgen. Der Zettel enthält Fragen nach dem Produkt, nach dem Team, nach dem vorhandenen Markt und den Wettbewerbern, Fragen nach dem Vertrieb, nach der rechtlichen Schützbarkeit des Produkts, nach der Planung für die nächsten zwölf Monate, nach den Finanzen und schließlich auch Fragen nach den Erwartungen der Gründer an uns »Löwen«.

Der Spickzettel hilft mir, damit ich nichts vergesse. Aber er kann auch potenziellen Gründern helfen, deshalb veröffentliche ich ihn hier in meinem Buch zum ersten Mal. Diese Geheimwaffe habe ich bisher auch keinem der anderen »Löwen« gezeigt:

#SPICKZETTEL

UNTERNEHMEN & PRODUKT

> Was ist das Produkt / der Service?

- Was ist die Mission? Kann das Unternehmen herausragenden Erfolg haben? Wie?
- Welches Problem löst das Unternehmen für welche Kunden?
- Geschäftsmodell? Pricing: Abo, Fixed Price, Freemium?
  - Registrierte Kunden/ Umsatz/ Wachstum/ Churn
  - CAC – Welche Kanäle, Wie skalieren?
  - CLV – Customer Lifetime Value
  - Retention – Wie häufig wird es heute eingesetzt/wiederkäufe
- Welche Rechtsform hat die Gesellschaft?
- Finanzierung: Wie ist die Cap-Table? Gibt es andere Investoren? Wurden Kredite aufgenommen?
- Sonstige Verpflichtungen? Lizenzen, Revenue-Share, Schulden
- Kann mas Produkt international skalieren?

TEAM

Private Konflikte ?

> Gründer - Persönliche Vita: Ausbildung/Studium, Erfahrungen

- Zu 100% auf das Unternehmen fokussiert? 8
- Persönliche Story bis jetzt, was bewegt Dich? Motivation
- Bist Du bereit durch die Hölle zu gehen? Urlaub, WE, Familie
- Warum bist Du der/die Beste dafür?
- Wie hoch ist Dein Gehalt? Es geht um Deine Anteile!

> Team? Deal Breaker

- Profil der Mitgründer?
- Alle notwendigen Player fest an Board?
- Wie ist die Beziehung zwischen den Mitgründern?
- Hat das Team schon zusammen etwas aufgebaut?
- Andere Gesellschafter und Dein Verhältnis zu Ihnen

MARKT & WETTBEWERBSVORTEIL & OPERATIONS

> Zielmarkt? (DE, EU, US, International)?

- Marktgröße und -wachstum
- Zielkunde?
- Use-Case? (Konsument, Business)
- Beschreibe Idealkunden!
- Switching Costs?

> Konsument, Zustand des Markts?

- Marktphase? Existent oder muss noch „gemacht" werden? Reife?
- Regulierungen durch Gesetze, Verbände, etc.?
- Eintrittsbarrieren (Technologie, Gesetze etc.)
- Seasonalitäten? (Winter / Sommer)

> Vermarktung Real, Edeka, Rewe Online ?

- Direkt vs. Vertriebspartner
- Abhängigkeit von Partnern

Rossmann, DM

> **Wettbewerber?**
- Welche Player dominieren den Markt? Wie viel Marktanteil haben diese?
- Starke Wettbewerber mit Cash, Kundenbasis?

> **Wettbewerbsvorteil? „Unfair advantage"?** 20%
- USP – Unique Sales Proposition? 300K
- Wettbewerbsvorteil in Operations? Herstellung? Prozesse? Know-How?
- Trägheit, manuelle Verfahren? Nur Hype oder Substanz?
- Wie geschützt?

> **Skalierbarkeit?** Was wird gebraucht: Kapital, HR, Organisation/Prozesse, Internat.?
> **Abhängigkeit von anderen Partnern:** Lieferanten, Technik-Provider, Lizenzgeber

INTELLECTUAL PROPERTY

- Gibt es IP? Patente? Marken?
- Kontrollierst Du 100% der Technologie? Ist es geschützt? Wie?
- Kannst Du zeitlich und räumlich uneingeschränkt agieren?

FINANZEN

- Umsatz / mtl. Kosten / mtl. Rohertrags Marge
- Gehälter der Gründer
- Burn-Rate / mtl.? Darlehen wie Tilgung?
- Wie viel Geld noch auf der Bank? „Runway"?
- Kann das Fresh-Cash zu 100% operativ genutzt werden?

LEGAL

- Gegründete Gesellschaft? Welche Gesellschaftsform?
- Rahmenverträge mit Kunden oder Lieferanten?
- Arbeitsverträge?
- Sonstige Rechtsansprüche?

SONSTIGES

- Passt das Investment zu Freigeist?
- Synergien mit anderen Investments von Freigeist? Team-Fit

PLANUNG NÄCHSTE 12 MONATE 3 Jahre

- Größte Herausforderungen?
- Wachstum / Vertrieb / Marketing / Produkt
- Wozu Kapital? Günstiger mit Guerilla Taktiken?

LÖWEN

- Was erwartest Du von uns? Geld? Rat? Kontakte?
- Hat der Gründer sich informiert? Weiss er was Ralf vs Frank gut kann?

Und du siehst, welche Checkliste ich innerlich bei jedem Pitch abarbeite. Nach zehn heftigen Stunden und sieben bis acht solchen Pitches im Studio bin ich immer im roten Energiebereich. Ich werde mittlerweile netterweise nach Hause gefahren, schicke noch auf der Fahrt im Taxi meinem Freigeist-Team ein paar Voice Messages, mit denen ich die getätigten Deals kurz umreiße, und setze mich zu Hause dann mit Nathalie noch auf ein Glas Castell Miquel zusammen. Nach 15 solcher Drehtage ist dann eine weitere Staffel im Kasten – doch für mich und mein Freigeist-Team fängt die Arbeit jetzt erst richtig an!

»NICHT STÖREN, LÖWE SCHLÄFT.«

Auf jeden Fall ist es aber ein Glücksfall, mit Menschen wie Vural Öger, Jochen Schweizer, Lencke Steiner, Carsten Maschmeyer, Dagmar Wöhrl, Ralf Dümmel, Georg Kofler und Judith Williams zusammenzuarbeiten! Ich habe von jedem und jeder Einzelnen viel gelernt, und es ist spannend zu beobachten, wie erfolgreiche Unternehmer ihren Alltag, aber auch ihre Unternehmen organisieren.

Judith ist mein Sonnenschein des »Löwenrudels«. Von ihr habe ich gelernt, Produkte mit Begeisterung zu verkaufen. Was sie in die Hand nimmt, betrachtet sie mit einer liebevollen Euphorie, die man bei uns Deutschen nicht so häufig findet. Sie strahlt und leuchtet – und sie ist wirklich so. Sie ist eine herzensgute Person, sicher nicht die knallharte Analystin, aber Judith geht an die Produkte emotional ran und findet immer eindrucksvolle Verkaufswege. Judith gibt immer Vollgas. Manchmal will ich sie zwingen, Dinge in Ruhe mit mir zu besprechen, aber das gelingt mir selten. Sie hat einfach zu viel Energie und immer neue Ideen. Ich bin glücklich, dass Judith und ihr Mann Alexander inzwischen Freunde von Nathalie und mir geworden sind.

Von Ralf Dümmel habe ich viel gelernt. Er hat mir gezeigt, wie der Handel funktioniert und wie viel Umsatz man hier machen kann! Vorher lebte ich in meiner Web-, App- und Online-Blase, und ich hatte völlig vergessen, dass es Supermärkte gibt, in denen die Menschen einkaufen, weil sie etwas zum Essen brauchen. Ich hatte nie bedacht, dass die Menschen so unfassbar viel essen. Und das sogar täglich! Versteht mich nicht falsch, natürlich ging ich auch vorher schon in Supermärkte, und ich weiß auch, dass Menschen täglich essen – aber ich habe nie hinterfragt, wie Supermärkte funktionieren, warum und wie welche Ware wo zu finden ist und wie sie dahin kommt. Die Art und Weise, wie effektiv und einfach Ralf seine Ware in den Handel bringt, hat mich wirklich begeistert. Das hat mich mitgerissen – und sehr vieles, was ich heute über den Handel weiß, habe ich von Ralf Dümmel gelernt. Ralf macht aber zwei Dinge anders als ich: Er geht mehr über das Produkt, ich gehe über den Gründer. Ich suche Unternehmer, die unabhängig von mir ihren Weg gehen. Ralf sucht das Produkt, das er mit seiner eindrucksvollen Maschinerie groß machen kann. Der zweite Unterschied ist: Ralf geht auch in den Discount. Er hat kein Problem, auch mal 80 Prozent Rabatt auf ein Produkt zu geben, ich hingegen lehne Discount kategorisch ab. Ich kann mir unsere Produkte bei Aldi, Lidl, Penny & Co. einfach nicht vorstellen. Aus diesen beiden Gründen werden Ralf und ich vermutlich im Foodbereich nie zusammenarbeiten. Er vermarktet Produkte anders und baut Unternehmen anders auf. Aber Ralf ist ein zu 100 Prozent korrekter Kerl, wir verstehen uns persönlich hervorragend, und die Power von seinem Unternehmen DS beeindruckt mich immer wieder – Respekt! Und Ralf spielt es nicht nur, er freut sich wirklich wie ein Kind, wenn er nach einem intensiven Löwenkampf den Deal gewinnt. Er macht es mit Herzblut und Begeisterung. Okay – über die Anzüge und die Glitzerschuhe mit den roten Sohlen müssen wir noch mal reden, Ralf!

Carsten Maschmeyer, man mag es gar nicht glauben, ist hinter den Kulissen ein sehr lustiger Löwe. Er hat ein verstecktes Talent und haut wirklich einen Spruch nach dem anderen raus. Carsten, so solltest du auch sein, wenn die Kameras an sind! Ich weiß, dass er eine viel diskutierte Vergangenheit hat, hierzu soll und kann sich jeder sein eigenes Urteil bilden. Mir gegenüber hat er sich bisher immer fair und korrekt verhalten, und ich schätze ihn als Co-Löwen. Auch meine Gründer sind mit ihm und seinem Seed+Speed-Team sehr zufrieden.

Dagmar Wöhrl kam als bisher neueste Kollegin zu uns. Wir haben zu wenig Frauen-Power in unserer Branche, daher freue ich mich, wieder zwei Kolleginnen zu haben. Dagmar hat viele Jahre in der Politik verbracht, ein sehr starkes Familienunternehmen hinter sich und ein eindrucksvolles Netzwerk. Bisher hatte sie aber wenig Erfahrungen mit Startups, hat sich jedoch schnell eingefunden und bereits erste erfolgreiche DHDL-Deals. Ich bin sehr gespannt, wie sich ihre Rolle als Löwin und Investorin entwickeln wird. Der Kampf um gute Deals wird härter, und jeder Löwe braucht, wie die Startups ja auch, ein klares Profil und unfaire Vorteile.

Vor Jochen Schweizer und seiner Lebensleistung habe ich großen Respekt, ich bewundere, was er aufgebaut hat. Schade, dass ihm nach meiner Einschätzung sein Ego manchmal ein Stück weit im Weg stand. Er ist ja seit dem Ende der dritten Staffel nicht mehr dabei – und es ist eine objektive Beobachtung von Judith und mir, dass der Stress am Set weg ist, seitdem Jochen Schweizer weg ist. Mag auch ein Zufall sein, ist aber einfach so. Die Höhle der Löwen ist ja keine One-Man-Show, sondern eine Ensemble-Leistung, es gibt keinen »König der Löwen«. Deshalb war es schwierig, wenn ich ein Hemd anhatte, das mir die Garderobe ausgesucht hatte, und es einem Löwen angeblich nicht gefiel, weil es mich in seinen Augen zu sehr in den Vordergrund drängt. Oder, noch abgefahrener: Er hat sogar, so zumindest mein Eindruck, seinen Sessel heimlich höher als die der anderen »Löwen« bauen lassen. Wollte er damit größer wirken? Auch beim Trailer-Dreh hat er sich ein wenig eigenwillig verhalten: Da hat er sich so in den Vordergrund gedrängt, dass mich die Kamera nicht mehr sah. Viele aus unserem Team hat er schließlich gegen sich aufgebracht, als er sich in seiner Mittagspause in seiner Garderobe einschloss und ein Schild an die Tür hängte: »Nicht stören, Löwe schläft!« Das ist ja für die Mittagspause auch völlig okay, aber wenn die Pause vorbei ist und alle Gewerke schon am Set stehen, um weiterzumachen, ist es natürlich schwierig, wenn ein »Löwe« immer noch schläft und von innen abgeschlossen hat. Seinen Ausstieg aus der Sendung hat er, meiner Einschätzung nach, auch nicht optimal kommuniziert – und ich will ehrlich sein: Wenn er nicht gegangen wäre, wäre ich wahrscheinlich gegangen, da es mir einfach zu anstrengend mit ihm war. Wir haben auch kein gemeinsames Unternehmen mehr: Ich bin bei »Meine Spielzeugkiste« noch engagiert, während er bereits ausgestiegen ist. Ich glaube, Jochen ist an sich ein Supertyp, und ich hoffe, er hat mittlerweile gelernt, dass er es gar nicht nötig hat, sich so in den Vordergrund zu drängeln. Wer so viel erreicht hat im Leben wie er, kann sich doch eigentlich entspannt zurücklehnen.

Auch wenn jeder Produktionstag stressig ist und mir alles abverlangt: Es macht mir immer noch große Freude, mit diesen Kollegen zusammenzuarbeiten, und ich freue mich auf jeden Arbeitstag in der »Höhle der Löwen«. Noch glücklicher als meine Kollegen machen mich nur neue, herausragende Gründer. Ihre Leidenschaft zu spüren und mit ihnen über die Produkte zu diskutieren und ihre Pläne zu durchleuchten – genau deswegen liebe ich die Show so sehr. Ich bin zum Beispiel wirklich stolz, dass alleine meine Food-Unternehmen aus DHDL für 2018 über 100

Millionen Euro Umsatz planen. Ich will nicht nur zeigen, dass DHDL gutes, ja sogar sehr gutes Entertainment ist. Mir geht es um wesentlich mehr: Ich will erfolgreiche Unternehmen und herausragende Unternehmerpersönlichkeiten aufbauen. Inzwischen sind wir mit DHDL im Hinblick auf die Marktanteile sogar noch erfolgreicher als unsere Kollegen in den USA. Absolut haben sie natürlich mehr Zuschauer, aber die USA haben ja auch viermal so viele Einwohner. Noch mehr freut mich aber: Man kann in Deutschland auch mit Wirtschaftsthemen herausragende TV-Quoten erzielen. So vermitteln wir »nebenbei« wichtige Grundlagen zum Aufbau, zur Finanzierung und zur Vermarktung von Unternehmen. Und wir sind deutlich erfolgreicher als die Nachahmer-Formate, die mehr Show als echtes Gründen und Investieren zeigen.

Selbst die VC- und Startup-Szene, die anfänglich kritisch reagiert hat, ist mittlerweile größtenteils Befürworter unseres Formats. Auch in den USA sind führende Köpfe der Szene von anfänglichen Kritikern selbst zu Sharks geworden. Chris Sacca ist zum Beispiel einer der erfolgreichsten US-Startup-Investoren. Er investierte als einer der Ersten in Twitter, Uber, Instagram und Kickstarter. Auch er äußerte sich anfänglich kritisch über Shark Tank, ließ sich aber überzeugen und ist heute Teil der Sendung. Auch weltberühmte Unternehmer wie Multitalent und -milliardär Richard Branson, Hollywoodstar Ashton Kutcher und der vom Obdachlosen zum mehrfachen Milliardär aufgestiegene Hersteller von Haarpflegeprodukten John Paul DeJoria sind heute Teil der DHDL/Shark-Tank-Familie.

Sage noch mal jemand, das Fernsehen sei tot.

> DHDL GEHT MIT NEUEM STUDIO IN DIE FÜNFTE STAFFEL

11

FOOD-FAMILY

EINE WEITERE NEUE WELT

Noch bis zur zweiten Staffel von DHDL hätte ich es für unmöglich gehalten: Frank Thelen gründet eine Food-Family. Aber es ist passiert! Ich investiere allerdings nur in sehr hochwertige Produkte und Marken, an die ich zu 100 Prozent selbst glaube. Und deshalb werde ich mich in diesem Kapitel sicher auch hier und da lobend zu dem einen oder anderen Food-Startup äußern. Sollte das wie Werbung klingen, verzeiht es mir bitte: Es soll keine Werbung sein. Wirklich nicht. Es ist Begeisterung. Von mir aus kauft anderes Eis, andere Suppen, andere Pizzas (auch wenn das ein großer Fehler wäre!). Ich bin mir außerdem sicher: Kein Mensch wird in den nächsten Supermarkt rennen und das komplette Ankerkraut-Gewürzregal leer kaufen, nur weil ich mich hier in ein paar Zeilen positiv darüber geäußert habe. Aber ich möchte dich an der Geschichte, wie es zur Food-Family kam, an meinem Enthusiasmus und auch an meiner Lernkurve teilhaben lassen. Denn es war ein Abenteuer, auf das ich mich eingelassen habe – und ich kann jedem nur raten, sich ab und zu auf etwas Neues einzulassen, etwas, das außerhalb seiner Komfortzone liegt, was ihm vielleicht sogar zu Beginn ein wenig Angst macht. Für mich war dieser neue Bereich der LEH (Lebensmitteleinzelhandel), eine geheimnisvolle Welt, die in ihrer Rätselhaftigkeit irgendwo zwischen Auenland und Mordor liegt. Und der Aufbau skalierbarer Produktionen für hochwertige Lebensmittel war mir gänzlich unbekannt. Ich war ein Newbie, und hätte ich vorher gewusst, welche Herausforderungen auf mich warten, wäre ich vielleicht nie losgelaufen.

LITTLE LUNCH

Angefangen hat alles mit meinem Abenteuer in der Höhle der Löwen. Ich hatte mir in der zweiten Staffel vorgenommen, meine gewohnte Welt zu verlassen und mich auch in mir bislang unbekannten Geschäftsbereichen zu engagieren. Schließlich wollte ich durch DHDL auch neue Produkte und Branchen kennenlernen. Bisher hatte ich ausschließlich in Software und Apps investiert, also Industrien, die ich seit Jahrzehnten sehr gut kannte. Irgendetwas Neues sollte es also sein. Konkreter wusste ich es damals wirklich nicht.

> MIT JUDITH UND UNSEREN SUPPEN-CHAMPIONS

Und dann traten Denis und Daniel von Little Lunch auf und reichten uns Schälchen mit ihren Bio-Suppen. Judith probierte und war sofort begeistert: »Wow, ist die lecker!« »Die Suppen sind ja auch von einem Sternekoch konzipiert«, erwiderte Daniel. Und da Judith sofort so überzeugt war, dachte ich mir: Wenn Judith die Suppen im Teleshopping verkauft, kann ich einen Webshop dazu entwickeln und die Suppen im Abo-Modell anbieten. Sie schmeckten mir ja auch, und so war ich mir sicher, dass ich damit auch meine Anwälte, Steuerberater, Startups und viele weitere überzeugen könnte. Die hatten ja auch alle Büros und brauchten ein leckeres Mittagessen. So würde ich mein investiertes Geld zumindest nicht komplett verlieren. Das war das Kalkül. Ich saß ja selbst oft genug nachts vor meinem Computer, hatte Hunger und nichts zu essen im Büro. Die Lieferdienste hatten längst geschlossen, und kochen konnte ich auch nicht. In diesen Situationen könnte ich ein Produkt wie Little Lunch, also eine schnelle und leckere Bio-Suppe, echt gut gebrauchen – und in meiner Lage waren doch sicher noch viele andere Menschen.

Aber ich hatte noch eine entscheidende Frage an die Gründer: War das Produkt skalierbar? Das heißt, wenn es funktionieren würde, könnte man die rasant wachsende Nachfrage auch bedienen? Wir hatten in der Höhle der Löwen einmal einen Restaurantbesitzer, dessen Küche nur abends betrieben wurde und der den Tag nutzen wollte, um in der Küche Gerichte zu produzieren, die er dann online verkaufen und gekühlt via Express versenden wollte. Aber was, wenn plötzlich 100.000 Bestellungen innerhalb kürzester Zeit eingegangen wären? Das hätte bei ihm nicht funktioniert, die Kapazitäten in der Küche waren einfach begrenzt, er konnte auch keine weiteren Küchen kostendeckend dazunehmen. Dieses Modell war sehr deutlich nicht skalierbar. Daher fragte ich Denis und Daniel ein bisschen provokant, was sie machen würden, wenn ich jetzt fünf Millionen Suppen bestellen würde? Die Antwort war überzeugend: Die Suppe wird von einem großen Partner produziert, wir können zwei Millionen Bio-Suppen pro Monat produzieren. Das wären 24 Millionen Suppen im Jahr und über 50 Millionen Euro Umsatz. Deal! Judith und ich investierten in die leckeren Bio-Suppen von Little Lunch.

Jetzt hatte ich also eine Suppe – und wenn ich ein neues Gebiet betrete, versuche ich auch den ganzen Weg zu verstehen. Und wo werden die meisten Lebensmittel verkauft? Im Supermarkt. Ich rief bei der REWE-Zentrale an und ließ nicht locker, bis ich einen Termin beim Einkauf hatte. Ein paar Tage später, noch lange vor Ausstrahlung der Show, saßen Daniel und ich da wie beim Arzt im Wartezimmer, neben vielen anderen Vertretern. Alle im Anzug mit Krawatte und mit Aktenkoffern, mit Popcorn, mit Müsli oder Tubenmayonnaise auf dem Schoß. Und ich dazwischen in meinem Hoodie und mit meiner Bio-Suppe im Rucksack. Als wir dann endlich an der Reihe waren, erklärten Daniel und ich dem Einkäufer das Konzept hinter unserer Bio-Suppe. Und da DHDL damals noch nicht jedem ein Begriff war, pitchte ich auch noch unsere Sendung und erklärte, warum nach der Ausstrahlung bald jeder Little Lunch kaufen wollen würde. Unsere Bio-Suppe und mein Pitch überzeugten: Der REWE-Einkäufer meinte: »Okay, das können wir uns vorstellen!« Vielleicht war ich etwas naiv, aber in diesem Moment dachte ich, bald würde in jedem REWE in ganz Deutschland ein Little-Lunch-Regal stehen.

Ganz so einfach ist es dann aber doch nicht. Der Weg vom Einkäufer bis ins Regal ist deutlich weiter und härter, als ich damals dachte. Zunächst werden die

>WKZ

Der »WKZ«, das heißt »Werbekostenzuschuss«, ist der Betrag, den der Hersteller einer Ware an den Einzelhandel zahlt, damit dieser das Produkt auch bewirbt, sei es durch tatsächliche Werbemaßnahmen oder dadurch, dass damit Sonderangebote finanziert werden.

>LISTING

Das »Listing« bezeichnet die Aufnahme eines Produkts in das Sortiment eines Unternehmens. Es ist »gelistet« und kann quasi ab diesem Moment gekauft werden.

Preise rauf und runter verhandelt. Dann – wenn man endlich eine Balance zwischen Einkaufspreis und Verkaufspreis gefunden hat – ruft ein neuer Ansprechpartner an, der Geld für den **WKZ** haben will. Anschließend meldet sich jemand, der Geld für das **LISTING** in den internen Katalogen haben will. Danach gibt es wieder einen Anruf – diesmal geht es um Kosten zur Regalpflege. Dann steht einer auf der Matte, der Geld für eine merkwürdige Zulage haben will, die er selbst nicht erklären kann, ohne die das Produkt aber nicht ins Regal käme, basta. Ob das jetzt ein Fehler der Branche ist oder nicht, will ich an dieser Stelle offenlassen. Aber es war auf jeden Fall mein Fehler, dass ich so ahnungslos in den Lebensmitteleinzelhandel gestolpert bin und einfach noch nicht wusste, wie es dort läuft. Egal – ich will mich nicht beklagen, der Weg war steinig, aber wir haben es geschafft.

Als die Sendung dann endlich ausgestrahlt wurde, lief unsere Suppe richtig gut an. Und zwar so gut, dass wir schnell ausverkauft waren. Unsere Tomatensuppe war so begehrt, dass sie auf Ebay für 25 Euro gehandelt wurde – da sind wir schon nahe an Trüffel- oder Kaviarpreisen! Vor der Höhle der Löwen hatten Denis und Daniel 500 Suppen im Monat verkauft. Im ersten gemeinsamen Jahr nach der Ausstrahlung waren es dann schon 500.000 Suppen monatlich. Im Jahr 2018 sind wir bei über 1.000.000 Suppen angekommen – im Monat. Das hat Spaß gemacht, macht es immer noch – und ich wollte meine neu gewonnenen Kenntnisse weiter anwenden und begangene Fehler nicht wiederholen.

ANKERKRAUT

Nach dem Erfolg von Little Lunch in der Höhle der Löwen habe ich mich immer gefreut, wenn neue Food-Startups durch unseren goldenen Bogen kamen. So war es auch bei den Ankerkraut-Gründern Anne und Stefan. Als sie ihre Gewürzmischungen präsentierten, gab es die Geschmacksmanufaktur bereits seit Februar 2013. Sie hatten ein Geschäft im Hamburger Hafen und boten Basisprodukte wie Oregano, Paprika oder Curry an, aber auch spezielle Salze aus Australien oder Hawaii und einzigartige Pfefferkombinationen. Alles natürlich, ohne Konservierungsstoffe oder Geschmacksverstärker. Die BBQ-Rubs, mit denen man Grillgut einreibt, hatten sogar schon mehrere Preise gewonnen. Und alle Gewürze kamen in wiederverwendbaren, hochwertigen Gläsern mit tollem Design. Keine Ahnung, warum alle anderen Gewürze immer aussehen, als lägen sie seit Jahrzehnten in diesen muffigen Plastikdosen mit dem Design aus den 1950er Jahren. Aber damit war jetzt Schluss, Stichwort »Disruption«. Ich komme darauf zurück.

Anne und Stefan waren zum Zeitpunkt ihres Auftritts bereits deutlich weiter als die Little-Lunch-Brüder. Ankerkraut machte schon nennenswerte Umsätze, war fast profitabel und Stefan sehr erfahren auf seinem Gebiet. Schon als Kind hatte er die afrikanische Küche und ihre fantastischen Gewürze direkt vor Ort kennengelernt. Seit seiner Jugend war er um die ganze Welt gereist und hatte sich mit den lokalen Gewürzen befasst. In der Höhle der Löwen suchte er zunächst mehr einen Finanzinvestor als einen engen Partner zum gemeinsamen Aufbau. Er wollte daher für 300.000 Euro auch maximal zehn Prozent an seinem Baby abgeben. Warum sollte er mehr Anteile seines Unternehmens abgeben, so seine Rechnung, wenn es doch ohnehin schon ganz gut lief? Ich wusste aber, Ankerkraut steht am Anfang und benötigt sehr viel Know-how und Zeit von mir und meinem Freigeist-Team. Wir mussten die hochwertigen Gewürze in den Einzelhandel bringen, einen neuen Webshop entwickeln, die Logistik und Produktion ausbauen und vieles mehr. Ich wusste, dass wir Anne und Stefan effektiv unterstützen könnten, wollte daher aber auch 20 Prozent des Unternehmens. Stefan kannte mich damals noch nicht und lehnte mein Angebot erst einmal ab. Doch glücklicherweise spürte seine Frau Anne, dass wir gute Geschäftspartner wären. Die beiden zogen sich zur Beratung zurück, Anne überzeugte Stefan, und ich durfte Teil von Ankerkraut werden. Ohne Anne wäre der Deal gescheitert. Wir zwei Männer wären von unseren Positionen nicht abgerückt. Heute sind wir beide Anne sehr dankbar. Wir haben Ankerkraut in den letzten zwei Jahren gemeinsam zu einem großen und stabilen Unternehmen aufgebaut.

Während ich bei Little Lunch auf einer Food-Kompetenz-Skala von null bis zehn auf einer schlappen Zwei war, hatte ich mich bei Ankerkraut schon zu einer soliden Vier hochgearbeitet. Mit dem Entschluss, bei erfolgversprechenden Food-Startups wie Ankerkraut voll einzusteigen, haben wir dann unser Team ausgebaut, sodass wir mehr Zeit mit dem Handel verbringen konnten. Wir haben jeden einzelnen Schritt von der Produktion über die Qualitätssicherung und den Versand bis hin zur Supermarktkasse gelernt. Auch in unserer ursprünglichen Kernkompetenz »Software« haben wir unser Know-how im Bereich Webshops, Marketing und Produktionssteuerung ausgebaut. Heute ist Ankerkraut in über 10.000 Geschäften in Deutschland, Österreich und der Schweiz vertreten. Sowohl der eigene Webshop als auch unsere Verkäufe über Amazon machen uns große Freude.

Aber das Wichtigste ist: Unsere Kunden lieben und leben unsere Produkte. Ein Fan hat sich sogar unser Logo auf seinen Unterarm tätowieren lassen. Anne und Stefan sind Stars in der BBQ-Szene, haben ihr eigenes Kochbuch veröffentlicht und alleine auf Facebook über 150.000 Fans. Und trotz des Erfolgs: Verrückterweise fühlt es sich immer noch so an, als hätten wir gerade erst begonnen. Wir haben noch so viele Ideen und Möglichkeiten!

LIZZA

Ich liebe Pizza. Das ist leider nicht ganz unproblematisch: Zu meinen Skateboard-Zeiten konnte ich so viel essen, wie ich wollte, seitdem ich aber die meiste Zeit in meinem Büro verbringe, muss ich darauf achten, was ich zu mir nehme. Oftmals habe ich dabei so eine Art intellektuellen Sekundenschlaf. Wenn ich zum Beispiel zu McDonald's gehe, denke ich mir vorher: Ein großer Salat und ein Cheeseburger sind genug. Doch während der Bestellung setzt mein Hirn einfach aus, und ich verlasse den Counter mit einem großen McMenü, Extra-Pommes und immerhin einem kleinen Garten-Salat. Na ja, und dann habe ich es ja auf dem Tablett, und es muss auch gegessen werden. Eigentlich bin ich ziemlich organisiert und habe meinen inneren Schweinehund gut unter Kontrolle, aber wenn es ums Essen geht, habe ich manchmal den oben beschriebenen Sekundenschlaf. Deshalb hat mich Lizza sehr interessiert. Denn Lizza enthält über 80 Prozent weniger Kohlenhydratanteil als herkömmliche Vergleichsprodukte aus Weizen – ideal, wenn man sich bewusst ernähren möchte. Und es ist gar nicht so einfach, eine vegane Low-Carb-Pizza so wie eine herkömmliche Pizza hinzubekommen, damit sie auch wirklich den Pizza-Hunger stillt.

Und es ist gar nicht so einfach, eine vegane Low-Carb-Pizza so wie eine herkömmliche Pizza hinzubekommen, damit sie auch wirklich den Pizza-Hunger stillt. Aber die beiden Gründer Marc und Matthias haben verdammt lange an ihrer einzigartigen Mischung in der privaten Küche gearbeitet, bis das Ziel erreicht und Lizza reif für den Verkauf war. Inzwischen haben sie sogar Ökotrophologen und Lebensmitteltechniker angestellt, die aus Goldleinsamen, Chia und Kokosmehl weitere Produkte entwickeln: mit einem Vielfachen an guten Ballaststoffen und Eiweiß, aber nur einem Bruchteil an Kohlenhydraten und der Hälfte an Kalorien. Kein von der Industrie hochgejazztes Weißmehl, das spottbillig im Einkauf und leicht verarbeitbar ist. Mittlerweile gibt es neben dem Teig auch Tomatensauce, Low-Carb-Wraps und Pasta. Sogar ein Foodtruck fährt durch die Gegend, um ganz Deutschland mit mehr Lizza-Produkten zu versorgen. Lizza ist bereits in Tausenden Märkten im Kühlregal zu finden und hat zudem schon über 100.000 Kunden über den Onlineshop gewonnen.

LUICELLA'S

Viele gute Geschichten beginnen ja mit einer Liebesgeschichte. Und diese Geschichte beginnt mit Luisas Liebe zu Eis. Diese Liebe war so groß, dass sie als Studentin sogar ein Auslandssemester in Italien einlegte und einen Eiskurs an der berühmten Gelato University in Bologna absolvierte. Ihre Familie gab ihr daraufhin den Spitznamen »Luicella«, daher auch der Name des Startups. Bei DHDL trat sie zusammen mit ihrem langjährigen Freund und Geschäftspartner Markus an. Der war beim Pitch noch nicht ganz sattelfest, was die Zahlen und das Geschäftsmodell betraf. Aber er war Weltmeister im Schwimmen über 100 Meter Lagen in Weltrekordzeit, dazu noch vierfacher Europameister. Und da dachte ich mir: Wer auf Weltklasseniveau zu solchen sportlichen Leistungen in der Lage ist, der bringt auch den Ehrgeiz und die Ausdauer mit, sich in anderen Geschäftsfeldern zu behaupten. In Kombination mit Luisas Leidenschaft und Vorhaben, das perfekte Eis zu kreieren, könnte ein erfolgreiches Unternehmen entstehen.

Zunächst musste aber noch die Kuh sterben. Ja wirklich. Denn mir gefiel das Logo nicht, mit dem die beiden angetreten waren: eine gezeichnete Kuh, die ein Kleeblatt im Maul hielt. Wenn ich Eis esse, ist doch nicht meine erste Assoziation eine Kuh! Außerdem gibt es ja auch veganes Eis, also ohne Kuhmilch. Also fragte ich: »Darf ich eure Kuh töten?« Etwas zögerlich willigten die beiden ein, und der Weg war frei für einen Deal. Ich sollte recht mit meiner optimistischen Einschätzung behalten, auch wenn unser Weg zum Erfolg natürlich nicht geradlinig war. Aber das ist er ja fast nie. Die erste Herausforderung bestand aus nur zwei Buchstaben: TK. Das steht für »Tiefkühlung« und ist – das wusste ich damals noch nicht – im Lebensmitteleinzelhandel die ganz Hohe Schule. Die Kühlkette darf nicht unterbrochen werden, die Tiefkühlflächen sind die kleinsten und teuersten Plätze im Supermarkt, und die großen Player kontrollieren diese Flächen mit viel Geld, Personal und harten Bandagen. Monate später kam ich mal mit einer Managerin von Langnese ins Gespräch, die damals den Pitch in der Höhle der Löwen gesehen hatte. Sie erzählte mir, dass sie ihre Hände über dem Kopf zusammengeschlagen habe, als ich den Deal machte – sie wusste ja schon, welche Herkulesaufgabe vor mir stand. Jetzt bin ich auch schlauer. Wenn ich geahnt hätte, wie steil der Berg ist, wäre ich vielleicht gar nicht erst losgelaufen, folglich aber auch nie angekommen …

Heute steht unser zu 100 Prozent natürliches Eis in kreativen Sorten wie Karamell-Salz, Heidelbeer-Lavendel, Franzbrötchen oder Pistazie-Schokostücke in vielen Supermärkten in ganz Deutschland – allen Widerständen und Schwierigkeiten zum Trotz! Und nicht nur das, man kann es sich sogar nach Hause liefern lassen. Auch hier haben wir uns etwas einfallen lassen: Tiefkühlkost ist im Versand oft eine Umweltkatastrophe. Die übliche Styroporbox zur Isolation und der Kunststoffbecher selbst stehen in keinem Verhältnis zum Preis der verschickten Ware, die Ökobilanz ist sowieso verheerend. Also haben wir eine Versandart entwickelt, bei der mit Trockeneis und einer Strohbox derselbe Effekt erzielt wird wie beim herkömmlichen Versand. Zusätzlich sind unsere Luicella's-Eisbecher biologisch abbaubar. Das ist alles viel umweltfreundlicher als die herkömmliche Tiefkühlware. Das Luicella's-Team liebt sein besonderes Eis und ist wirklich stolz auf die Kreativität, die Qualität und den umwerfenden Geschmack. Eis macht glücklich, das ist der Antrieb!

Hierzu eine kleine Geschichte: Eines Tages rief mich Markus an und klang sehr verzweifelt: »Frank, die Vanille ist so teuer geworden, wir verdienen mit dem Vanilleeis kein Geld mehr!« Auch so ein Learning: Der Marktpreis von vielen Rohstoffen und besonders von Vanille schwankt stark. Vanille wird in Madagaskar und La Réunion angebaut – und Tropenstürme, Kartellabsprachen und andere Unwägbarkeiten machen den Vanillepreis ähnlich **VOLATIL** wie den von Bitcoins. Dennoch sind wir uns einig, dass wir niemals auf künstliche Vanille umsteigen werden. In den schlechten Erntejahren verdienen wir mit der Geschmacksrichtung Vanille zwar so gut wie kein Geld, aber es ist und bleibt echte Vanille drin!

>VOLATILITÄT

»Volatilität« kommt vom lateinischen »volatilis« und heißt »fliegend, flüchtig«. Damit sind Schwankungen im Preis gemeint. Stetig steigende Preise sind genauso wenig volatil wie stetig fallende Preise, aber mal hoch, mal runter und wieder hoch: Das ist Volatilität.

3BEARS

Caroline und Tim sind die Gründer hinter 3Bears. Die beiden haben in London gelebt und sich dort Hals über Kopf ineinander verliebt. Sie sind sportbegeistert und haben in England wie dort üblich meistens Porridge gefrühstückt. Wer davon noch nichts gehört hat: Porridge ist eine Hafermahlzeit, für die man eigentlich nur zwei Zutaten braucht: Haferflocken und Milch oder Wasser. Die Mischung wird dann in der Mikrowelle oder im Topf erhitzt, schnell und einfach. Porridge, diesen britischen Frühstücksklassiker, kennt in Deutschland so mancher unter dem Begriff Haferschleim oder Haferbrei – und gerade deshalb kämpft die vollwertige Mahlzeit hierzulande oft noch gegen das Vorurteil, langweilig und nicht besonders lecker zu sein. Doch dabei kann Porridge köstlich sein! Die Haferflocke steckt voller Ballaststoffe, Proteine und macht lange satt – ist schnell gemacht und kann abwechslungsreich zubereitet werden. Genau richtig für jedermann, von Schleckermäulern über High-Protein-Fans bis hin zu Veganern. Daher hat sich Porridge ja auch in vielen Ländern der Welt zu einem Trend-Frühstück entwickelt. Eine tolle Karriere für das alte Bauernfrühstück aus den schottischen Highlands! Caroline und Tim lag aber mehr als nur ein Trend-Frühstück am Herzen. Sie wollten ein ehrliches Produkt für den täglichen Genuss kreieren. Da das Porridge aus dem Supermarkt viel Zucker und Zusätze enthielt, fingen die beiden an, ihre eigenen Mischungen herzustellen: mit Vollkornflocken, Trockenfrüchten und anderen hochwertigen und guten Zutaten.

Tim ist Engländer und Caroline Deutsche, also die beste Kombination, Porridge in Deutschland zu etablieren. Erste Erfahrungen gaben ihnen recht: Wenn

Caroline mit ihrer selbst gemachten Porridge-Mischung in der bayerischen Heimat aufschlug, stieß sie jedes Mal auf große Begeisterung. Die Idee war geboren! Dazu stimmte der Qualitätsanspruch: Caroline und Tim wollten das beste Porridge herstellen, das man für Geld bekommen kann: mit vielen Ballaststoffen, komplexen Kohlenhydraten und dabei ganz viel Geschmack.

Beide machten auf mich einen sehr cleveren Eindruck – Tim hatte bereits eine Karriere als Investmentbanker hinter sich, Caroline hatte auf jede unserer Fragen eine gute Antwort. In beiden spürte ich das Feuer für ihr Produkt. Ich hatte nur ein Problem: Kümmert sich in Deutschland irgendjemand um Porridge? Es würde ja einen Grund geben, warum das bisher noch keiner der bedeutenden Nahrungsmittel-Player im großen Stil angegangen war. Könnten wir das »Haferschleim«-Image loswerden und Porridge im deutschen Markt neu platzieren? Judith begeisterte mich schließlich für die Idee – wieder einmal. Sie als Amerikanerin kannte das Produkt als »Oatmeal« und sah kein Problem, aus dem unbeliebten Haferschleim cooles Porridge zu machen. So investierten wir gemeinsam. Wir wussten allerdings, wenn unser Marketingplan aufgehen würde, dürften wir nicht in der »Produktionshölle« landen, also mit der Anfertigung nicht mehr schnell genug sein. Deshalb mussten wir schnell den richtigen Partner finden – jemanden mit fußballfeldgroßen Produktionsstätten, der sekündlich mehrere fertige 3Bears-Packungen in perfekter Qualität produzieren konnte. Durch unsere inzwischen vorhandenen Erfahrungen und Kontakte in der Lebensmittelbranche haben wir so einen Partner gefunden und konnten ihn davon überzeugen, für unser kleines Startup zu produzieren.

Was wir aber nicht ahnen konnten: Unser Porridge verkaufte sich so gut wie kein DHDL-Produkt zuvor. Innerhalb von zehn Stunden nach der Ausstrahlung der Show wurde Porridge im Wert von einer Million Euro bestellt. Das ist Traum und Albtraum zugleich: ausverkauft sein. Zum Glück konnten wir schnell nachliefern – und das Märchen von den 3Bears – bei uns heißt es »Goldlöckchen und die drei Bären« – ist wahr geworden. Im Übrigen gibt es auch ein privates Happy End: Caroline und Tim haben kürzlich geheiratet. Und wo andere Reis werfen, fallen bei den beiden sicher Haferflocken vom Himmel.

PUMPERLGSUND

Als Jan und Fabian durch unseren goldenen Käfig kamen und ihr Produkt und ihre Marke präsentierten, war mein erster Gedanke »Pumperl… was?!?« Aber das Design, das Produkt und die Gründer waren so stark, dass ich einfach investieren musste. Heute, ein bisschen wie bei den 6Wunderkindern, mag ich den Namen Pumperlgsund sehr gerne und kann ihn sogar laut Jan endlich einigermaßen richtig bayerisch betont aussprechen.

Bei Pumperlgsund dreht sich alles um Eier, genauer: ums Eiweiß. GoodEggwhites von Pumperlgsund ist reines Bio-Eiweiß mit weiteren besonderen Vorteilen: Den ersten werde ich nie kennenlernen, denn ich gehe nicht ins Fitnessstudio und mache kein Krafttraining. Da Eiweiß zum Wachstum der Muskelmasse beiträgt, essen die meisten Pumper eimerweise künstliches Eiweißpulver mit Zusatzstoffen. Pumperlgsund hingegen ist natürliches Eiweiß, es besteht zu 100 Prozent aus Bio-Eiklar. Das Besondere: Durch ein patentiertes Verfahren ist es ungekühlt vier Monate haltbar. Kühlung, das hatte ich bei Lizza und Luicella's gelernt, ist eine große Herausforderung für den Versand, die Lagerung und die Platzierung im Supermarkt. Und auch zu Hause nimmt GoodEggwhites keinen Platz im Kühlschrank weg – ein ganz klarer weiterer Vorteil. Der dritte tolle Aspekt ist die Verwendung in der Küche: Mit Pumperlgsund lassen sich viele leckere kalorienarme Eiweißmahlzeiten zubereiten. Bei Pumperlgsund haben wir auch gelernt, wie toll hochwertige Bücher ein Produkt ergänzen und zusätzlichen Umsatz bringen können! So eine Flasche Eiweiß alleine scheint ein auf den ersten Blick ein wenig attraktives Produkt zu sein. Aber in Begleitung mit einem Pumperlgsund-Kochbuch wird aus der einfachen Eiweiß-Flasche plötzlich ein Wunderwerk, mit dem man die leckersten Mahlzeiten kochen kann, die dazu noch für eine bewusste Ernährung geeignet sind. Aufgrund dieser Erfahrungen hat übrigens der Großteil der Startups aus unserer Food-Family ein eigenes Buch auf den Markt gebracht. Noch bevor Jan und Fabian ihr Produkt bei uns präsentiert haben, konnten sie den ehemaligen Fußball-Nationaltorhüter Jens Lehmann für ihr Produkt gewinnen. Er unterstützt die Gründer noch heute, testet gerne unsere neuen Rezepte und ist natürlich großartig für Testimonials.

FITTASTE

Wie muss zeitgemäßes Essen heute sein? Ausgewogen, lecker und schnell zubereitet. Das hatte mich ja schon bei den Suppen von Little Lunch überzeugt, wodurch ich zum Foodie wurde. Benjamin und Konstantin gehen mit ihrem Startup FITTASTE diesen Weg konsequent weiter und bieten Menüs an, die frisch gekocht und dann sofort gekühlt versendet werden. Zu Hause oder im Büro sind sie eine Woche im Kühlschrank haltbar und müssen nur noch erwärmt werden. Es hört sich unglaublich an. Aber moderne Verpackungstechnik in Kombination mit einer funktionierenden Kühlkette ermöglicht es jedem, wirklich frisches, leckeres und ausgewogenes Essen zu jeder Zeit verfügbar zu haben.

Die Produkte von FITTASTE waren um Längen besser als alles, was ich bisher an Fertiggerichten und sogar von Online-Lieferdiensten kannte. Und es ist für jeden etwas dabei: veganes Auberginencurry, Low-Carb Hähnchenbrustfilets mit Gemüse, Asia-Shrimps oder Menüs speziell für Sportler und bewusste Genießer. Alles lecker und wie frisch gekocht, aber eben ohne den ganzen Aufwand. Kein Wunder, dass viele Sportler sich FITTASTE bestellen und dass Olympiasieger Fabian Hambüchen leicht dafür zu gewinnen war, ein Testimonial zu geben. Über eine Million FITTASTE-Essen haben Benjamin und Konstantin inzwischen bereits unter die Leute gebracht, um das Leben vieler Menschen einfacher zu machen. Jeden Tag stecken alle – inzwischen schon über 25 – Mitarbeiter bei FITTASTE die gesamte Energie in ihr geliebtes Projekt. Ihr Hauptziel ist dabei immer die Weiterentwicklung der Mahlzeiten und neuer Rezepte, damit die Kunden bestmöglich und abwechslungsreich versorgt werden. Die Köche kochen und entwickeln, was das Zeug hält, im Marketingteam werden die Köpfe zusammengesteckt, der Einkauf läuft auf Hochtouren, der Kundenservice ist immer für die Kunden da. Was dabei rauskommt: leckeres, ausgewogenes Essen in Sekunden zubereitet!

TEN-ACE (vorläufiger Produktname)

Für gewöhnlich investieren wir nur in **CONSUMER PRODUCTS**, die aus DHDL stammen, und konzentrieren uns bei Freigeist ansonsten auf Deep-Tech. Das hat den einfachen Grund, dass der »unfaire« Vorteil einer Primetime-Show mit rund drei

Millionen Zuschauern die Erfolgswahrscheinlichkeit erhöht. Durch den hohen Mediendruck gewinnen unsere DHDL-Startups schnell an Flughöhe, was im hart umkämpften Lebensmittelmarkt mit teilweise riesigen Konzern-Dinosauriern als Wettbewerbern anders kaum möglich wäre. Nach fast vier Jahren in der Lebensmittelbranche haben wir uns aber mittlerweile ein effektives Netzwerk aufgebaut. Inzwischen kennen wir die Vertriebswege und Partner so gut, dass wir es uns zutrauen, auch ohne den Push der Show ein außergewöhnlich gutes Produkt erfolgreich aufzubauen. Bei ten-ace mussten wir einfach investieren, weil es unsere beiden Welten auch ein wenig verbindet.

Das Gründerteam ist eine Konstellation wie aus dem Lehrbuch, schöner könnte ich es mir nicht vorstellen: ein BWLer für den Vertrieb und alle kaufmännischen Themen, zwei Produktdesigner für die Produkt- und Markenentwicklung und einen Koch mit absolviertem Lebensmitteltechnologie-Studium für das Qualitätsmanagement und die Entwicklung neuer, einzigartiger Geschmackssorten – letzterer ist unser CFLO, »Chief FLavor Officer«.

Aber: Geschmackssorten wofür denn eigentlich? Genau das ist der Clou: für ganz normales pures Wasser. Ohne Zusätze, ohne Zucker, ohne künstliche Aromen. Wir konnten es zunächst auch nicht glauben, als unser Juniorpartner Niklas uns erzählte, dass er auf einer Konferenz in München ein Startup getroffen hatte, das aus purem Wasser allein durch einen aromatisierten Aufsatz ein Getränk mit Geschmack zauberte. Hierbei wird dem Wasser nicht direkt Geschmack zugefügt, sondern mithilfe des Geruchssinns ein bestimmter Geschmack simuliert. Das Ergebnis: Man trinkt ganz normales Sprudel- oder Leitungswasser und schmeckt dabei aromatisiertes Wasser in verschiedenen Geschmacksrichtungen, zum Beispiel Orange, Zitrone oder Lavendel. Man muss es tatsächlich mal probiert haben, um es zu verstehen. Aber der Effekt ist verblüffend. Das sage ich nicht als Investor, sondern meine es wirklich so – denn keiner von uns konnte Niklas' Begeisterung so richtig nachvollziehen, bis wir die Gründer und ihr Produkt zu uns einluden. Es ist zunächst ein komisches Gefühl, wenn man stinknormales Sprudelwasser in eine Flasche füllt, sich einen der farbigen aromatisierten Aufsätze aussucht und

> CONSUMER PRODUCTS

Eigentlich ganz einfach: Consumer sind Verbraucher und Consumer Products also Verbraucherprodukte, auch Konsumgüter genannt. Das kann eine Packung Lizza-Nudeln sein, eine Glühbirne, aber auch ein Smartphone.

dann merkt, wie das eigene Gehirn einen austrickst – durch den Aufsatz nimmt man nicht nur Wasser, sondern gleichzeitig aromatisierte Luft auf, die dann retronasal (also über den Gaumen und Rachenbereich) im Geruchszentrum wahrgenommen und vom Gehirn in Geschmack umgewandelt wird.

Die Idee und den ersten Prototyp entwickelten die Gründer Lena und Tim übrigens noch während ihres Studiums. Im Zuge ihrer Bachelorarbeit im Bereich Produktdesign stießen sie auf ein wissenschaftliches Papier über die Wahrnehmung von Geschmack und Gerüchen und machten sich dieses Phänomen zunutze. Jeder kennt es: Wenn man eine Erkältung hat, schmeckt man nichts – und Kindern, denen ihre Medizin nicht schmeckt, sagt man, sie sollen sich die Nase zuhalten. Geruch und Geschmack sind unweigerlich miteinander verbunden, und dennoch hat von dieser Eigenschaft bislang noch kaum jemand in der Lebensmittelindustrie bewusst Gebrauch gemacht. Umso mehr freut es mich, ten-ace in unserer Food-Familie zu haben, und ich freue mich sehr darauf, das Produkt und das Team gemeinsam mit den Gründern aufzubauen.

XENTRAL

Bis ich zu DHDL kam, entwickelte ich hauptsächlich Konsumenten-Software und investierte in diesem Bereich. Somit wurde ich erst durch meine Food-Invests auf ein Thema aufmerksam, was mir in dem Ausmaß bei Apps wie Wunderlist und Scanbot nie größere Probleme gemacht hatte: Logistik. Doch ich merkte schnell, dass die Steuerung von Produktion, Lager, Versand und Retouren bei fast allen Food-Startups für Komplikationen sorgte. Weder die eigens angelegten Excel-Tabellen noch das Angebot der vielen SAP-Systemhäuser war für unsere Startups eine dauerhaft tragbare Lösung. Eine kostengünstige und zeitsparende Alternative musste her. Und so schließt sich der Kreis: Durch DHDL wurde ich zunächst von Software-Startups abgelenkt und dann letztendlich geradewegs dorthin zurückgeführt. Xentral ist die Softwaretechnologie, die die Logistikprobleme all unserer Food-Startups löst. Ein Startup für all meine Food-Startups – und somit Teil unserer Food-Familie.

Die beste Voraussetzung für ein Startup ist es, wenn die Gründer eine Lösung für ein persönliches Problem entwickeln, das ist das Geheimnis der besten Produkte. So wie Benjamin und Konstantin FITTASTE aus eigenem Interesse an einer gesunden Ernährung gründeten, entwickelten Benedikt und Claudia von Xentral eine Software, die anfangs nur ihre eigenen Logistikprobleme ihres Webshops für Elektronikteile lösen sollte. Die **ERP-LÖSUNG** entstand zunächst nur nebenbei, doch nach und nach kamen so viele Module und Schnittstellen hinzu, dass Kunden und Lieferanten aufgrund von automatisierten Benachrichtigungen auf die Software aufmerksam wurden. Mit der Zeit stellten Benedikt und Claudia fest, dass der Bedarf an ihrer Backend-Software viel größer war als der an Elektronikteilen, und konzentrierten sich von dort an auf Xentral.

> ERP-LÖSUNG

ERP steht für »Enterprise Resource Planning« – und das bezeichnet die Aufgabe, alle Ressourcen, die ein Unternehmen benötigt, bedarfsgerecht zu planen, sodass alle Produktionsmittel zur richtigen Zeit in der richtigen Menge an der richtigen Stelle sind. Diese komplexen Anforderungen sind heute nur noch mit dem Computer zu bewerkstelligen.

Ich werde meinem CTO Alex ewig dankbar sein, dass er diese versteckte Perle im Meer der ERP-Lösungen gefunden hat. Neben unflexiblen Großkonzernen wie SAP oder Sage und schlecht organisierten Vertriebsagenturen mit unterschiedlichen Firmen für Software und Auslieferung ist Xentral die All-in-one-Lösung mit einfachem, modernem User Interface und zentraler Steuerung für die gesamten Prozesse in Firmen. In meinen Augen ein Muss für jedes Business, vor allem aber im E-Commerce-Bereich.

DER MASTERPLAN FÜR UNSERE FOOD-FAMILY

So, die Werbeunterbrechung ist vorbei. Aber zur Vollständigkeit gehört ja auch, dass ich jedes Mitglied meiner Food-Family kurz vorstelle – wenn ich es nicht täte, würden doch alle fragen: »Frank, warum schreibst du denn nichts zu Luicella's, und was ist mit 3Bears und Co.? Habt ihr euch verkracht, oder taugen die Produkte doch nichts?« Nein, haben wir nicht, nein, ist nicht so – im Gegenteil! Ich bin stolz auf jeden unserer Gründer und jedes Produkt. Wir sind eine Familie, die sich vertraut und gegenseitig unterstützt. Jeder kann sich sicher sein, dass wir niemals ein konkurrierendes Produkt aufnehmen. Also: Luicella's wird mein einziges Eis bleiben – und Ankerkraut die einzige Gewürzmanufaktur. Im Gegenzug teilen wir unser Wissen zu 100 Prozent. Jeder Gründer macht im Laufe der Zeit viele wertvolle Erfahrungen – dieses unschätzbare Wissen soll allen zur Verfügung stehen. Wie funktioniert Produktion? Wie funktioniert Online-Marketing?

Wie erstellt und vermarktet man Bücher zum Produkt? Wie kommt man in den Handel? Wer kann mir einen Kontakt zu dem Einkäufer herstellen?

Wir von Freigeist fühlen uns mehr als Co-Founder denn als reiner Kapitalgeber. Und unser Ansatz ist anders als der anderer Löwen-Investoren: Wir wollen unabhängige Unternehmer aufbauen! Klar, wir unterstützen, wir machen Türen auf, wir helfen. Aber am Ende des Tages agieren die Gründer autark, mit eigenen Entscheidungen, eigener Produktion und eigenem Vertrieb. Wir liefern mit unseren Erfahrungen, unserem Netzwerk und Wissen jedem Gründer einen »unfairen« Vorteil. Er wird schnell und effektiv zum echten Unternehmer. Zusätzlich wird er Teil unserer Food-Family, in der es klare Regeln gibt. Wenn zum Beispiel Jan von Pumperlgsund den Stefan von Ankerkraut anruft, dann ist Stefan für ihn erreichbar – und er hilft dann auch. Aber Jan weiß auch, dass er Stefan nur dann anruft, wenn er alleine wirklich nicht weiterkommt.

Wir wollen ein großes »Food-Cluster« aufbauen – bereits 2018 erreichen unsere Food-Firmen einen Umsatz von 100 Millionen Euro. 100 Millionen – das hört sich viel an, ringt allerdings den riesigen Wettbewerbern von Nestlé oder Kraft mit ihren Milliardenumsätzen sicher nur ein müdes Lächeln ab. Aber wir wollen noch weiterwachsen und den Markt um ehrliche und gesunde Food-Produkte bereichern. Und ich glaube, die Chancen stehen gut: Die großen Handelsketten haben die Freude an den übermächtigen Produzenten verloren. Deren Produkte muss jeder haben, klar. Aber damit machen sich die Händler austauschbar. Coca-Cola gibt es überall, du kannst dich von deinem Mitbewerber bei einem solchen Produkt nur noch über den Preis unterscheiden – und da ist der Verhandlungsspielraum sehr begrenzt. Edeka hat deswegen im Frühjahr 2018 Nestlé-Produkte für eine kurze Zeit sogar komplett aus den Regalen genommen.

Wir geben den hochwertigen Lebensmittelmärkten jetzt die Chance, sich vom Discounter abzuheben. Unsere Produkte wird es nie bei Aldi oder Lidl geben. Wir werden niemals nur wegen des Profits schlechtere Zutaten verwenden – siehe das Beispiel mit der Vanille bei Luciella's. Und wir werden keine großen Rabattschlachten starten. Klar, »keine Discounter« und »ausschließlich hochwertige Zutaten« kann in einigen Situationen zu Meinungsverschiedenheiten mit den Gründern führen. Daher klären wir vor jedem Investment mit den Gründern,

> UNSERE FOOD-FAMILY AUF MALLORCA

dass qualitativ hochwertige Inhaltsstoffe aus nachhaltiger Produktion für uns wichtiger sind als der Gewinn – und dass sie langfristig auch für die Gründer besser sind. Wenn wir uns hier nicht einig sind, investieren wir nicht. Wir liefern Qualität an Händler, die sich abheben wollen. Und der Kunde freut sich auch über Abwechslung, weniger Chemie und weniger Zucker. Was dabei nicht ganz so offensichtlich, aber mindestens genauso wichtig ist: Mit diesem Ansatz unterstützen wir auch die Produzenten hochwertiger Rohstoffe und Zutaten: den Bio-Bauern, der sein Gemüse ohne viel Chemie anbaut, den Viehzüchter, dem artgerechte Tierhaltung ein Anliegen ist, und den Gewürzhändler, für den Fair Trade kein Fremdwort ist.

Heute sind wir noch zu klein, um Märkte zu verändern, aber wir sind auf dem Weg – und der ist ja bekanntlich das Ziel!

12

FREIGEIST CAPITAL

MEIN NEUER BERUF: INVESTOR

Mein letztes Erlebnis als »echter« Gründer war unsere Dokumenten-App doo. Und nachdem das Startup im ersten Anlauf gescheitert war, wurde es in Form von Scanbot doch noch ein großer Erfolg. Nach all den Erfahrungen wollte ich meinen nächsten Schritt in Ruhe und langfristig planen. Ich wollte zu meinem beruflichen Fokus machen, was bisher nur ein verrücktes Hobby war: die Investition und der Aufbau von Startups mit herausragenden Gründern in einer sehr frühen Phase der Gründung.

Marcs, Alex' und meine »Hobby«-Investments liefen bisher unter dem Namen e42, den wir damals, wie im entsprechenden Kapitel beschrieben, ohne langfristigen Plan wählten, aus einer Laune heraus. Jetzt wollten wir unsere eigenen Gründer-Ambitionen hinter uns lassen und uns voll auf die Unterstützung anderer Gründer konzentrieren. Und wir versprachen uns, dass dies für mindestens zehn Jahre unsere einzige berufliche Herausforderung sein sollte. Dieser große und tiefgreifende Schritt verlangte einfach nach einem neuen Namen – und so war Freigeist Capital geboren. Ein Freigeist ist jemand, dessen Denken von den gesellschaftlichen Normen nicht beschränkt ist. Ein Freigeist denkt nicht in den klassischen Mustern und betrachtet die Dinge aus einem anderen Blickwinkel: »Das haben wir immer schon so gemacht« oder »Das haben wir noch nie so gemacht« sind Sätze, die ein Freigeist nie sagen würde. Nur weil alle in eine Richtung rennen, rennt der Freigeist nicht automatisch mit. In meinen Augen ist die Freiheit, die Dinge auch mal gegen den Strom zu denken, eine notwendige Voraussetzung für erfolgreiche Gründer.

Tesla-Gründer Elon Musk betont immer wieder: »Physics teaches you to reason from first principles rather than by analogy.« Das heißt sinngemäß: Orientiere dich daran, was die physikalischen Grundgesetze sind, und nicht daran, wie es andere bisher gemacht haben. Elon Musk hat das Konzept des »First Principles Thinking« nicht erfunden, aber er wendet es so konsequent an wie kein anderer.

Der Investor Peter Thiel beschreibt die Fähigkeit, wie ein Freigeist zu denken, in seinem Buch Zero to One als »unconventional truth«, also als eine Wahrheit, die nicht den Konventionen entspricht. Als Gründer musst du etwas sehen oder wissen, das sonst keiner zu sehen vermag. Hätte Daniel von Lilium mit seinen Mitgründern nicht diesen Ansatz verfolgt, so würde Lilium heute nicht existieren. Wir entschieden uns auch bewusst für einen deutschen Namen, da wir hauptsächlich Gründer aus Deutschland finanzieren und unterstützen wollen. Mittelfristig wollen wir den Aufbau eines starken europäischen Startup-Eco-Systems unterstützen.

UNSER GELD, UNSERE ENTSCHEIDUNG

Bei unserem neuen Vorhaben haben wir uns bewusst gegen eine Fonds-Struktur mit externen Investoren entschieden. Diese **LIMITED PARTNER** (LPs), die fast alle Venture Capital Funds haben, erlauben einem zwar, höhere Summen in Startups zu investieren, bringen aber auch ein Korsett an Rahmenparametern und Reporting-Pflichten mit sich. Das ist absolut nachvollziehbar: Kein Fonds-Investor (LP) wird in einen Venture Fonds ohne klaren Fokus investieren. Dieser Fokus kann eine Branche sein, zum Beispiel Medizin, Software as a Service (SaaS), Krypto oder Ähnliches, aber auch eine Unternehmensphase: früh, Wachstum oder kurz vor dem IPO. Das jeweils zuständige Management des Fonds muss einen soliden Track Record zu diesem Investment-Fokus aufweisen können, und manchmal wird die finale Investitionsentscheidung sogar von einem Gremium aus dem Management und den Investoren getroffen. All das macht für einen institutionellen Venture-Capital-Ansatz durchaus Sinn. Marc, Alex und ich wollen aber mit Freigeist in erster Linie nicht Geld verwalten, sondern großartige Unternehmer unterstützen. Insbesondere in der schwierigen Anfangsphase, in der fast alle Technologie-Startups hochriskant sind, wollen wir alle Freiheiten haben. Denn auch wir sind Freigeister. Ob Bio-Suppe, aromatisierender Trinkflaschen-Aufsatz, Elektrojet oder Unternehmensfinanzierung auf Basis der Ethereum-Blockchain: Es soll unsere Entscheidung bleiben, in welche Unternehmer wir investieren. Auch wenn hierdurch die Summe limitiert ist, die wir pro Startup investieren können – unsere Freiheit ist uns wichtiger.

>LIMITED PARTNERS

Ein LP vertraut einem VC viel Geld an. Hierfür verlangt er feste Regeln, umfangreiche Berichte und will unterhalten werden.

Vor Freigeist hatten Marc, Alex und ich bei den Investments alles alleine durchgezogen, es war ja auch nur ein »Hobby«. Mit dem Neustart wollten wir auch etwas mehr interne Struktur aufbauen. Wir mieteten ein traumhaftes Büro in Bonn direkt am Rhein und bauten ein kleines Team auf. Wir holten Marcel und Niklas als Juniorpartner an Bord. Alex brachte mit Daniel Rauber einen seiner langjährigen vertrauten Entwickler zu uns. Lena verantwortet unsere Kommunikation und Pressearbeit. Agnes und Maike ordnen das Freigeist-Chaos und ermöglichen schnelle Prozesse in unserem Backoffice. Und mit Daniel Arnold holten wir noch einen langjährigen Partner und sehr erfahrenen Unternehmer in unseren inoffiziellen Beirat. Er ist Gründer und CEO der Deutsche Reihenhaus AG, ein wahrlich grundsolides Geschäft. Er engagiert sich darüber hinaus als Investor und Sparringspartner bei einigen Startups. Marc lernte Daniel im EO (Entrepreneurs Organization) Netzwerk kennen, und die Chemie stimmte einfach. Mit dem ersten Die Höhle der Löwen-Investment Little Lunch begann unsere Zusammenarbeit und dauert bis heute an. Ich habe selten einen so ruhigen, effektiven und bescheidenen Unternehmer getroffen. Ich würde ihn als unseren »Fels in der Brandung« bezeichnen. Wir müssen oftmals schnell reagieren, wir haben eine Startup- und Disruptions-DNA, hier bringt Daniel zum Ausgleich Ruhe, Erfahrung und Struktur rein. Eventuell müssen wir das Team noch ausbauen, aber derzeit funktioniert unsere kleine, effektive Einheit richtig gut.

PIZZA & FLUGZEUG?

Mit dem Neustart – und damit ja eigentlich mit dem ersten professionellen Start als Vollzeitinvestoren – haben wir uns gefragt: In welche Startups wollen wir investieren, und was wollen wir erreichen? Mit den Startups aus Die Höhle der Löwen haben wir eine sehr erfolgreiche und schnell wachsende Food-Family aufgebaut, die für 2018 bereits 100 Millionen Euro Umsatz plant. Wir haben dabei sehr viel über eine für uns neue Branche und deren Herausforderungen gelernt. Diesen erfolgreichen Zweig wollen wir weiter ausbauen. Das könnte man im wahrsten Sinne des Wortes als unser »Brot und Butter«-Geschäft betrachten: Wir wissen, was zu tun ist, und können neue Startups sehr schnell zu profitablen Unternehmen machen – und mit jedem neuen Startup gibt es weniger Risiken. Es ist ein Geschäft, das uns große Freude macht und planbarer Gewinne erwirtschaftet als ein Venture-Capital-Investment in risikoreichere technologiegetriebene Startups.

Dann wäre es natürlich naheliegend, weiter in unserem bisherigen Bereich, also Software, Apps und Consumer Products, zu investieren. Mit Freigeist erlauben wir uns aber, ausschließlich in unsere eigentliche Herzensangelegenheit zu investieren: in herausragende Gründer und Technologien aus Deutschland oder Europa, die das Potenzial haben, relevante Weltmarktführer zu werden. Das hört sich erst mal verrückt oder vielleicht sogar überheblich an, ist es aber nicht. Uns ist bewusst, wie schwer diese Ausnahmetalente und -momente zu finden sind, und wir wissen auch, dass ein frühes Investment in solche Technologien hochriskant ist. Aber es ist einfach unsere Passion, mit Gründern zu arbeiten, die vollkommen unkonventionelle Ansätze für die großen Herausforderungen unserer Gesellschaft haben und die damit verbundenen Risiken und Herausforderungen nicht scheuen. Ein weiterer wichtiger Antrieb für uns ist: Deutschland geht es heute großartig. Unsere Unternehmen sind so erfolgreich wie nie, wir haben mehr Steuereinnahmen als jemals zuvor, und Deutschland ist international begehrt und beliebt. Dies alles beruht aber auf den großen Leistungen vorheriger Unternehmergenerationen. Deutschland hat fast alle großen neuen Technologien verpasst. Das zeigt die folgende Liste:

- Office-Software: Microsoft
- E-Commerce: Amazon, Alibaba
- Cloud-Computing: Amazon, Google, Microsoft
- Mobile: Apple, Google, Huawei, Samsung
- Search: Google, Baidu
- Social Media: Facebook, Twitter, Pinterest, WhatsApp, Snapchat – wer kann sich noch an StudiVZ oder Wer Kennt Wen erinnern?
- Video: YouTube, Netflix, Amazon Video, Apple iTunes
- Music: Spotify, Apple, Amazon
- E-Mobilität: Tesla, BYD

Mit Spotify aus Schweden ist wenigstens ein europäisches Unternehmen vorne mit dabei. Es wurde von Daniel Ek gegründet und hat mit Klaus Hommels immerhin einen deutschen Investor. Aber in Deutschland leben wir aktuell vom Guthaben der Vergangenheit. Das ist schwer zu begreifen, da es uns doch so gut geht. Aber die Industrien, die Deutschland heute so stark machen, werden in den nächsten Jahren alle durch disruptive Technologien revolutioniert. Und wenn wir an den Punkt kommen, an dem wir zu viele Industrien verloren haben, wird Deutschland schwächeln, dann geht es ganz schnell und steil bergab. Da wird Deutschland »plötzlich« zum Nokia unter den Staaten. Das müssen wir mit allen Mitteln verhindern, sonst gibt es ein ganz böses Erwachen.

> DIE FREIGEIST-GRÜNDER: MARC, ALEX UND ICH

Für unsere Zukunft ist aus meiner Sicht überlebenswichtig, dass wir dringend wieder relevante Weltmarktführer aus Deutschland heraus aufbauen. Die oben aufgeführten Märkte und Technologiewellen haben wir endgültig verloren. Aber neue Industrien wie Krypto, Mobilität 2.0, künstliche Intelligenz, neue Energien, Quantencomputing und viele weitere sind noch nicht vergeben. Hier müssen wir die Chance ergreifen und nach SAP – dem letzten großen deutschen Unternehmen, das es geschafft hat – endlich wieder einen Weltmarktführer aufbauen.

WIE WIR INVESTIEREN UND ARBEITEN

Freigeist sieht sich mehr als Co-Founder denn als Finanzinvestor. Wir investieren in einer frühen Phase des Unternehmens, typischerweise, wenn das Gründerteam einen ersten Prototyp hat oder ein ausgereiftes Konzept. Die Gründer arbeiten noch ohne großes Team und Strukturen mit 100 Prozent Fokus auf ihr Produkt. Das ist für uns der ideale Zeitpunkt, zu investieren – natürlich Kapital, vor allem aber unsere Zeit, Erfahrung und Passion. Durch unsere eigenen Gründererfahrungen wissen wir, was die wirklich entscheidenden nächsten Schritte sind. Welche Schlüsselpositionen

> DIE FREIGEIST-PARTNER IN UNSEREM BÜRO IN BONN

müssen als Erstes besetzt werden, wie entwickeln wir das Produkt, wann und wie gehen wir an den Markt? Mit unserem Freigeist-Team können wir das Gründungsteam 360 Grad unterstützen und effektiv voranbringen. Unsere Erfahrung und unser Netzwerk sind der Vorteil, den wir mitbringen. Und sobald wir die ersten Schritte gemeinsam gegangen sind und das Unternehmen auf der Überholspur fährt, fühlen wir uns in der Verantwortung, die nächste große Finanzierungsrunde zu begleiten.

Wir wissen, dass abseits von Food-Startups unser Cash-Investment oftmals nur begrenzte Zeit trägt. Hierbei ist uns bewusst, dass unsere zukünftigen Startups oftmals auch 100 Millionen Euro und mehr Kapital benötigen, um echte, tiefgreifende Innovation in Deutschland zu erschaffen. Durch unsere Erfahrung in der Finanzierung von Startups haben wir uns ein weltweites Investorennetzwerk aufgebaut, um unseren Startups Zugang zu dem nötigen Kapitel zu ermöglichen. Unser erstes »poster child« war hier Lilium Aviation, dem folgte Neufund, und es sollen jedes Jahr weitere dazukommen. Lilium und Neufund sind potenzielle Disruptoren für herkömmliche Technologien: den Individualverkehr oder den Handel von Unternehmensanteilen.

FAZIT

Zwischen Bio-Suppe und dem Elektrojet klafft auf den ersten Blick eine riesige Lücke. Was für ein Spagat, mögen manche sagen. Ja, das stimmt. Aber die Bio-Suppe und der Elektrojet haben auch einen gemeinsamen Nenner: unsere Leidenschaft. Und warum sollten sich beide nicht vertragen? Wir betreten Felder, auf denen vorher noch keiner gewesen ist. Dafür gibt es kein Lehrbuch, nach dem man vorgehen kann. Und wie sagte schon der Pionier der Management-Theorie, Peter Drucker: »Wir können die Zukunft nicht voraussagen, aber wir können Sie gestalten.« Und wir leben ebendiese beiden Felder, Food und Deep-Tech – das ist vielleicht aus der Biografie der Freigeist-Gründer zu verstehen. Gutes Venture Capital, das ist meine Überzeugung, ist immer personality driven und folgt keinen ausgetretenen Pfaden.

Wahrscheinlich werden wir erst in zehn Jahren wissen, ob unser Freigeist-Konzept aufgeht, aber bis dahin werden wir mit Passion und großer Freude außergewöhnliche Gründer unterstützen!

13

LILIUM AVIATION

DER ALLTAG EINES STARTUP-INVESTORS

Bei Freigeist erhalten wir jede Woche Hunderte Investment-Anfragen von Startups: manche sympathisch, aber ein wenig naiv. Andere visionär, aber schon nach kurzer Prüfung unrealistisch. Und andere wiederum sind auf den ersten Blick in die Kategorie »sinnfrei« einzusortieren. Da gibt es zum Beispiel immer wieder den Traum, ein Nagelstudio, eine Yogaschule oder einen Hundesalon zu gründen. Das mag großartig sein, aber sende das doch bitte nicht an mich! Nichts gegen Nagelstudios und ihre Gründer; es ist ehrenwert, eines zu eröffnen, und es kann für einige Personen der große und erfüllende Schritt sein. Aber ich bin dafür nicht der richtige Ansprechpartner. Und es ist natürlich ein Unterschied, ob man einfach nur ein weiteres Nagelstudio aufmacht oder ob man einen neuartigen Nagellack erfunden hat, der im Dunkeln leuchtet, ein Vierteljahr lang ohne Absplittern hält und Nagelbruch verhindert. Und dazu dann das passende Geschäftsmodell entwickelt hat, um das Produkt weltweit in allen Nagelstudios zu platzieren.

Weitaus origineller als die Eröffnung eines Nagelstudios hingegen war die Idee, das führende Portal für Strand-Bewertungen zu starten: Die Körnung des Sandes, der Geschmack der Kokosnuss-Drinks und die Qualität des Wassers sollten dokumentiert werden. Gar keine schlechte Idee, aber der Finanzierungsbedarf des Gründers sah vor, 80 Prozent meines investierten Kapitals erst einmal in eine intensive Vor-Ort-Recherche auf Hawaii, den Malediven und in der Südsee zu stecken, die der eifrige Gründer natürlich höchstpersönlich vorzunehmen gedachte. Ich habe kurz überlegt. Aber nur sehr kurz. Gute Reise, lieber Gründer, mit wessen Geld auch immer du dir heute deinen Strandurlaub finanzieren magst, mit meinem nicht.

Und dann war da noch der WhatsApp-Killer, der behauptete, ein todsicheres Konkurrenzprodukt entwickelt zu haben. Warum sein Messenger besser sein sollte als das monatlich von etwa 1,5 Milliarden Usern verwendete WhatsApp? Den Beweis blieb er schuldig. Sein **USP** bestand lediglich darin, dass er eine Handvoll Emoticons mehr anzubieten hatte als die Konkurrenz. Mark Zuckerberg liegt sicher jetzt noch zitternd vor Angst in der Ecke…

> USP

Selbst im angloamerikanischen Sprachraum ist man sich nicht einig, ob USP für »Unique Selling Proposition« oder für »Unique Selling Point« steht – auf Deutsch ist es das Alleinstellungsmerkmal.

Mein Lieblings-Pitch aber war die Idee, eine Toilette in Form einer angewinkelten Hand zu bauen. Man verrichtet also sein Geschäft nicht mehr auf einem schnöde funktionalen und kalten Keramikklo, sondern geborgen und intim, quasi in eine Handinnenfläche. Da wartet sicher ein Millionenmarkt, denn verdaut wird ja immer. Viel Glück damit, aber für dieses »Geschäft« konnte der Gründer mich nicht gewinnen.

Natürlich besteht immer die Gefahr, ein Millionengeschäft zu verpassen und in die Geschichte einzugehen als der Verlagslektor, der Harry Potter ablehnte. Oder als der frühere IBM-Vorsitzende Thomas Watson, der den Bedarf an Computern weltweit auf höchstens fünf Stück einschätzte. Aber ich habe mich dennoch getraut, der Hände-Toilette keine allzu günstige Erfolgsprognose zu attestieren. Zu viele Pitches kommen von Träumern, die sehr augenscheinlich nicht einmal meinen Blog oder auch die Blogs anderer erfolgreicher Gründer lesen. Sie haben eine abstrakte Idee, werfen sie in den Raum und glauben, so könne man schnell reich werden. Aber ich habe eine schlechte Nachricht: So funktioniert das nicht. Prinzipiell finde ich ja jeden Pitch ehrenwert. Ich schätze das Engagement, den Ideenreichtum und den Gründergeist. Leider führen nur 0,001 Prozent dieser Ideen zu einem erfolgreichen Geschäft. Und blöderweise paaren sich oft Ahnungslosigkeit, Größenwahn und die Gier, schnell reich zu werden. Hinter vielen Startup-Ideen steht kein durchdachtes Gesamtkonzept. Exakt das unterscheidet aber einen Erfinder vom echten Gründer mit dem Potenzial, Unternehmer zu werden. Hat sie, er oder noch besser ein ganzes Gründungsteam die ersten ernsthaften Schritte bereits gemacht? Haben sie sich ernsthaft mit der Technologie, dem Markt und den potenziellen Kunden befasst? Auch ein mangelhaft strukturiertes **PITCHDECK** ist ein klares Zeichen, das Startup schnell zu vergessen. Die Gründer werden nicht in der Lage sein, die notwendige Disziplin und Struktur für den Aufbau eines Startups zu liefern. Solche Pitchdecks ärgern mich, besonders weil es Hunderte hochwertiger Vorlagen gibt. Wer sich nicht einmal damit befasst, hat als Gründer keine Chance.

> PITCHDECK

Ein Pitchdeck ist die physische Manifestierung des Pitches, meist eine PowerPoint-Präsentation oder ein kleines Booklet. Folgende Fragen muss das Pitchdeck beantworten: Wer bist du? Warum bist du hier? Welches Problem versuchst du zu lösen? Wie willst du das Problem lösen? Was unterscheidet dich von anderen? Welche Zahlen kannst du bereits vorweisen? Wie sieht der Markt aus? Wie entsteht dein Umsatz? Wie willst du wachsen? Wie sieht dein Team aus? Wie viel Investment brauchst du wozu? Warum ist gerade jetzt der richtige Zeitpunkt für dein Produkt? Fasse dich kurz, halte es einfach.

Aber dann gibt es eben auch diese Once-in-a-Lifetime-Momente. Diese eine märchenhafte Sekunde, in der sich einem die Tür in eine neue Welt öffnet. Die magischen Momente nach all den vielen Enttäuschungen.

MEIN ERSTER KONTAKT MIT LILIUM

Am 11.09.2015 musste ich nachmittags von Köln nach Berlin fliegen – und der Tag war bisher großer Mist. Ich steckte am frühen Nachmittag in einer langwierigen Videokonferenz fest und kam zu spät los. Und dann fuhr ich auf der A 59, die rechtsrheinisch von Bonn zum Flughafen führt, in einen Stau rein. Das ist dort um diese Uhrzeit nichts Ungewöhnliches, aber ich war eh schon zu spät, und mein Paniklevel stieg an. Ich durfte meinen Flug nicht verpassen. An der Sicherheitskontrolle ließen mich andere Passagiere aus Mitleid vor, sodass ich mit hohem Puls – ja, ich sollte wieder mehr laufen gehen – gerade noch rechtzeitig zum Boarding an Gate C10 ankam. Okay, geschafft, ich saß im Flieger. Für Flüge und längere Fahrten stellt mir mein Team immer zehn bis zwölf Pitch Decks zur Ansicht zusammen. Diese laufen bei Freigeist durch folgende Kaskade: Unser Team filtert die Nagelstudios, die offensichtlich mangelhaften und die offensichtlich irren Pitches raus. Es bleiben dann ca. fünf Prozent, die auf den ersten Blick sinnvoll erscheinen und sauber strukturiert sind. Diese Pitchdecks werden von unseren Partnern tiefer geprüft, teilweise finden dann bereits erste Gespräche mit den Gründern statt. Wenn das Team entscheidet, dass wir uns das Startup mal ansehen sollten, landet es in der oben beschriebenen Liste, zum Beispiel für meine Flüge nach Berlin. An diesem Nachmittag war eine interessante B2B-Plattform dabei, ich kannte den Markt aber durch einen befreundeten Unternehmer: Nein, das ist zu viel Risiko und zu wenig Chance. Ein wenig lustlos strich ich auf meinem iPad eine Seite nach der anderen von rechts nach links: eine Lernsoftware, ein fliegendes Auto, eine Bitcoin-App ... Moment mal: EIN FLIEGENDES AUTO?

Eigentlich wollte ich das Pitchdeck direkt wieder löschen. Zu bekloppt die Idee, zu größenwahnsinnig der Ansatz. Doch dann las ich mich fest. Vorangestellt war ein Zitat von Antoine de Saint-Exupéry, der nicht nur Autor von Der kleine Prinz, sondern auch Pilot war: »Die Zukunft soll man nicht voraussehen, sondern möglich machen.« Das gefiel mir. Und mit jeder Zeile rutschte ich nervöser auf meinem Sitz hin und her. Sollten das doch keine Spinner sein? Und boten sie nicht genau die Lösung für das Problem an, mit dem ich heute zu kämpfen hatte? Gäbe es dieses Produkt, dann hätte ich nicht im Stau gestanden, um in letzter Sekunde an C10 das Boarding zu erwischen. Ich bekam Gänsehaut, und ich malte mir insgeheim die fantastischen Möglichkeiten aus, die ein fliegendes Auto bieten konnte. Und da das Pitchdeck wirklich hervorragend gemacht war, kam ich nicht umhin, mir die Frage zu stellen, warum ich diesen Job denn eigentlich mache: weil ich großartigen Gründern mit großen Ideen eine Chance geben will. Trotzdem hielten sich »Das-würde-Reisen-weltweit-revolutionieren« und »Das-ist-unrealistischer-Blödsinn« die Waage. Aber die Jungs aus München brachten alles mit, was man für den perfekten Pitch braucht: hochwertiges Design, konkrete Informationen und vier Gründer, die alle Jugend-forscht- und andere Preise gewonnen hatten. Keiner von ihnen war über dreißig, aber alle hatten schon einen beeindruckenden Lebenslauf. Direkt nach meiner Landung in Tegel leitete ich das Dokument per Mail an meinen CTO Alex Koch weiter, mit nur zwei Zeilen Text: »Alex, ich glaube, das gehört in die Kategorie ›Größenwahn‹, aber irgendwie sehen der Pitch und die Gründer sehr gut aus. Kannst du bitte mal eine Stunde mit denen zoomen?«

> CLOUD-COMPUTING

Auf Deutsch etwas blumig als »Datenwolke« bezeichnet, ist das Cloud-Computing die Bereitstellung von IT-Strukturen nicht über einen lokalen Rechner, sondern über das Internet. Daten oder Software werden in der Cloud gespeichert und nicht mehr auf dem lokalen Computer oder Smartphone. So hat man überall, wo man einen Internetzugang hat, Zugriff auf sein Material.

Alex und ich arbeiten seit über 20 Jahren zusammen. Er hat meinen geheimen Traumjob. Als CTO darf er sich ganz auf Technologie und die Technikteams unserer Startups konzentrieren. Kein Vertrieb, kein Partnermanagement, keine Vorträge, keine Vertragsverhandlungen. Aber noch ein kleines Geheimnis: Er ist auch der bessere Techniker von uns beiden. In den Achtzigern hat er eigene Platinen entwickelt. Er hat fünf Rechenzentren auf vier Kontinenten aufgebaut und war für deren 24/7-Betrieb verantwortlich, damals gab es noch kein **CLOUD-COMPUTING**. Alex hat viele große Entwicklerteams aufgebaut und die Software-Architektur unserer meisten Startups verantwortet. Ich habe selber viel programmiert und verstehe die meisten aktuellen Technologien. Aber wenn es um tiefe Technikdetails geht: Don't mess with Alex. Er begreift schnell, setzt mittelmäßige Techniker umgehend schachmatt und legt den Finger treffsicher in jede Wunde. Wenn ihn allerdings ein Techniker überzeugt, entstehen langjährige, respektvolle Partnerschaften. Bei

Lilium Aviation war Alex unser **UNFAIRER VORTEIL**. Er konnte durch sein Wissen und seine Erfahrung einschätzen, ob die Gründer dieses fliegende Auto – einen Jet mit Elektroantrieb – tatsächlich würden bauen können oder Blender sind.

Dass ich in meiner Mail die Idee als »Größenwahn« bezeichnet hatte, rührte daher, dass ich meinem Gefühl nicht trauen wollte. Die Idee war zu großartig, zu schlüssig und hochwertig präsentiert, und die Geschichte der Gründer klang zu eindrucksvoll – ich konnte keinen Haken finden. Außer eben den Haken, dass es einfach etwas verrückt ist, ein fliegendes Auto bauen zu wollen. Denn die Geschichte lehrt uns: Schon viele wollten ein eigenes Flugzeug bauen, und das ging nicht immer gut. Milliardäre, Tycoons, Forscher und Visionäre, die in einer ganz anderen Liga spielten als wir: Die Spruce Goose, das Flugzeug von Howard Hughes, flog nur ein einziges Mal. Otto Lilienthal bezahlte seinen Forscherdrang mit dem Leben. Alberto Santos-Dumont entwickelte ein eigenes Luftschiff, mit dem er in Paris häufiger ausflog und das er wie ein Cowboy sein Pferd auf den Champs-Elysées an einen Baum band, um Freunde zu besuchen. Daraufhin erfand er das Konzept des »Flughafens«. Auch er hatte mehrere teils lebensgefährliche Flugunfälle. Die Geschichte der Flugpioniere ist vor allem eine Geschichte des Scheiterns. Deshalb hoffte ich insgeheim, Alex würde mir antworten, dass das Ding ein technischer Rohrkrepierer und die größte Schnapsidee seit dem Zastava Yugo wäre. Der Zastava Yugo war ein Kleinwagen aus dem früheren Jugoslawien, der zu den schlechtesten Autos aller Zeiten zählt. Immerhin hatte er eine beheizbare Heckscheibe – so blieben beim Anschieben wenigstens die Hände warm. Aber Lilium, so stellte sich heraus, ist kein Zastava Yugo. Lilium ist ein wirklich brillantes Konzept, hinter dem vier herausragende Köpfe stehen.

>UNFAIRER VORTEIL

Der »unfaire Vorteil« ist etwas, das dich vor deiner Konkurrenz schützt. Er kann nicht einfach kopiert oder gekauft werden. Das kann deine Persönlichkeit sein oder etwas, das nur du kannst. Vielleicht bist du zweisprachig aufgewachsen, oder du bist mit Katy Perry befreundet, vielleicht besitzt du ein Patent oder hast eine Monopolstellung auf irgendeinem Gebiet. Nutze diesen unfairen Vorteil!

PS: Damit ist nicht gemeint, wirklich unfair zu handeln, du sollst nur deine besonderen Vorteile nutzen, aber immer mit Fairplay!

Alex' Antwort am nächsten Tag lautete:»Frank, habe mit ihnen gesprochen: sehr, sehr starke Gründer. Habe gestern Nacht noch mal gerechnet, der Jet wird fliegen. Wir sollten investieren.« Wer Alex kennt, weiß, dass aus dieser Mail wahre

Begeisterung spricht. Und die höre ich selten von ihm. Das war der Startschuss. Wir wollten die vier und ihr Projekt kennenlernen. Zwei Tage später saßen wir bei Lilium in München.

LILIUM – EINE GROSSE VISION

Seitdem es den Menschen gibt, träumt er vom Fliegen. Bereits Leonardo da Vinci hat Hubschrauber skizziert, Amelia Earhart ihr Leben dafür gegeben, und Howard Hughes hat sein Vermögen darin investiert. Die Menschheit hat mittlerweile längst das Fliegen gelernt – aber immer noch ist es teuer, mit großem Aufwand verbunden und wenig flexibel. Der Individualverkehr ist längst zum Problem geworden: Es gibt immer mehr Staus in den Städten und auf den Autobahnen, die Umweltverschmutzung durch den CO_2-Ausstoß nimmt immer mehr zu. Die Abhängigkeit von fossilen Brennstoffen ist groß, die Anschaffung eines Autos ist teuer, und es hat seinen Wert als Statussymbol in der jungen Generation bereits nahezu vollständig verloren. Es ist nur ein logischer Schritt, und die Frage ist nicht, ob, sondern nur noch, wann der Individualverkehr abhebt und die Luft erobert.

Lilium wird gerne als »fliegendes Auto« bezeichnet, weil dieses Bild durch unzählige Science-Fiction-Romane und Filme bekannt ist. Der Begriff Flugtaxi trifft es schon besser, und ganz korrekt ist der Begriff VTOL-Jet. Das steht für »vertical take-off and landing«. Lilium startet und landet vertikal wie ein Hubschrauber, es braucht keinen Flughafen und keine Start- und Landebahn. Der Jet kann zum Beispiel vom Dach eines Bürogebäudes oder Hotels starten. Durch die selbst entwickelte und zu 100 Prozent elektrische Antriebstechnologie ist Lilium sehr leise – kein Vergleich zu einem Helikopter – und zu 100 Prozent emissionsfrei, wenn er über Solar, Wind oder andere nachhaltige Energiequellen geladen wird. Eine weitere Besonderheit besteht darin, dass der Jet sanft in den Horizontalflug übergeht, sobald er einmal in der Luft ist. Hierdurch spart er extrem viel Energie. Das Ergebnis in der Praxis: Lilium hat eine Reichweite von 300 bis 400 Kilometern, während es Mitbewerber auf diesem Gebiet gerade mal auf 30 Kilometer Reichweite bringen. Der CEO und Gründer, Daniel Wiegand, hat die bestehenden Flugzeugkonzepte nicht einfach optimiert, sondern radikal neu gedacht. Sein Lilium-Jet kombiniert die Flexibilität eines Hubschraubers mit der Effizienz eines Businessjets. Er verursacht null CO_2-Emission – und die geringe Lärmemission erlaubt es einem Lilium-Jet, auch in Städten zu starten und zu landen. Er ist nicht lauter als ein moderner Sportwagen, mit 300 km/h schneller als dieser und im Einsatz dennoch günstiger als ein Linienflug. Mit seiner Reichweite kann er entfernte Wohngebiete endlich effizient an Ballungsräume wie London, München, New York und viele mehr anbinden. Elektroantriebe sind deutlich einfacher konstruiert und damit weniger fehleranfällig als Verbrennungsmotoren. Weiterhin können in jedem Jet viele redundante Antriebe eingesetzt werden, da sie auch bei kleiner Größe hocheffizient bleiben. Dies macht den Lilium-Jet zu einem der sichersten Flugzeuge der Welt. In fünf Jahren kann jeder seinen Lilium-Jet per App bestellen und in einem Umkreis von 300 Kilometern hinfliegen, wohin er will. Auf dem Land leben und in der Stadt arbeiten? Übers Wochenende innerhalb kürzester Zeit spontan in die Berge oder ans Meer? Lilium macht's möglich.

DIE GRÜNDER

Daniel Wiegand, Patrick Nathen, Sebastian Born und Matthias Meiner – das sind die Jungs rund um Lilium. Und es ist das herausragendste Gründerteam, mit dem ich bisher arbeiten durfte. Alle vier haben an der Technischen Universität München studiert. Einer ist Antriebstechniker, die anderen haben beim Fraunhofer-Institut oder am Deutschen Zentrum für Luft- und Raumfahrt gearbeitet. Jeder der vier ist Experte auf seinem Gebiet: Daniel zum Beispiel ist gleichzeitig Geschäftsführer und leitender Ingenieur. Patrick ist zuständig für Aerodynamik, Sebastian für die Mechanik und Matthias für Flugkontrolle. Der entscheidende Vorteil gegenüber Großkonzernen liegt auf der Hand: Es sind die kurzen Entscheidungswege, ohne ein Dutzend Vice-Presidents und andere Bedenkenträger. Nicht nur, dass ihre Qualifikationen beeindruckend sind – nein, sie haben auch dieses Leuchten in den Augen, wenn es um ihr Projekt geht. Außerdem sind es vier bescheidene und sympathische Jungs, mit denen man einfach gerne an einem Tisch sitzt. Wir haben sie wirklich auf Herz und Nieren geprüft, und sie hatten auf jede Frage eine überzeugende und fachlich korrekte Antwort. Auch sie haben – wie viele Gründer mit einer wirklich revolutionären Idee – zunächst Absagen von Investoren erhalten. Die meisten von ihnen reagierten genau wie ich, als ich das erste Mal einen Blick auf die Idee warf: Ein fliegendes Auto? Tolle Idee, aber mach das doch besser mit jemand anderem. Die vier waren schon vor Lilium Freunde, aber diese verrückte Mission hat sie noch enger zusammengebracht.

> LILIUM-GRÜNDER UND CEO DANIEL WIEGAND

Aber zurück zu unserem spontanen Besuch in München: Marc, Alex und ich verließen die vier voller Begeisterung und Enthusiasmus: Wir hatten noch nie so starke und einander ideal ergänzende Gründer getroffen. Jetzt mussten wir uns entscheiden: Würden wir uns auf dieses verrückte Projekt einlassen? Mit dem Wissen, dass es ein Marathonlauf mit herausfordernden Hindernissen werden würde? War das nicht alles eine Nummer zu groß, auch für uns? Gegen Boeing, gegen Airbus? Andererseits fühlten wir uns wie Kolumbus, bevor er aufbrach, um den Seeweg nach Indien zu finden, wie Amundsen vor dem Aufbruch zum Südpol. Wir fühlten: Lilium kann mit uns fliegen. Ich rief Daniel noch vom Flughafen aus an und sagte: »Das Herz sagt JA, der Verstand sagt NEIN. Wir sind dabei!«

Lilium war unser bis dahin größtes und gleichzeitig riskantestes Investment. Die Wahrscheinlichkeit, unser Geld in wenigen Monaten zu verlieren, war sehr hoch. Hätten wir, wie andere Fonds, das Geld anderer Leute verwaltet, hätten wir in dieser Phase nicht investieren können. Investoren erwarten Erfahrung und »Track-Record«. Aber das ist bei einem Projekt wie Lilium überhaupt nicht möglich. Auf unbekanntem Terrain kann keiner Erfahrung vorweisen. Bei Freigeist investieren wir aber unser eigenes Geld und können daher unseren Herzen folgen, ein großer Luxus.

Als ich dem jüngeren Bruder meiner Frau, Ben, der selber Hobbypilot ist, von unserem neuen Projekt berichtete, sagte er: »Frank, das ist Wahnsinn! Aber ich finde es cool! Und übrigens: Meine Praxis läuft stabil. Wenn's schiefgeht: Ihr habt immer ein Zimmer bei uns.«

NETZWERK UND ERFAHRUNG HELFEN

Nachdem wir uns als erster Investor an Lilium beteiligt hatten, wussten wir, dass wir sehr schnell sehr viel mehr Geld benötigen würden. Da wir bereits einige Unternehmen erfolgreich gegründet und finanziert hatten, kennen wir viele der führenden Technologie-Investoren in Europa. Wir machten uns also auf den Weg und stellten Lilium vor. Im Grunde unterschied sich das nicht sehr von einem Startup-Pitch in der Höhle der Löwen – bloß dass ich dieses Mal auf der anderen Seite stand: Ich musste in kürzester Zeit dem Investor erklären, warum dieses Investment ein interessantes Risiko-Gewinn-Verhältnis hat. Warum er also mit großer Wahrscheinlichkeit sehr viel Geld verdienen wird und warum die Wahrscheinlichkeit, es zu verlieren, gar nicht so groß ist, wie es zunächst erscheinen mag. Mein Vorteil: Ich bekomme fast immer einen Termin und werde erst einmal mit einer positiven Grundstimmung empfangen. Ab hier hört der »Frank-Bonus« dann auch auf. Und so sagten mir zunächst alle: Wirklich großartige Idee, wir sollten uns mehr trauen in Europa – aber für uns passt das leider nicht. Sie führten genau die Gegenargumente auf, die ich schon kannte und selbst nächtelang durchdacht hatte. Ich wusste: Lilium braucht sehr schnell sehr viel Kapital. Und Marc, Alex und ich fühlten uns dafür verantwortlich, es zu besorgen.

SNOWBOARDING

Als ich 2010 gemeinsam mit Christian Reber an Wunderlist arbeitete, hatte uns ein befreundeter Bonner Kapitalgeber den Start ermöglicht. Nachdem wir die ersten internationalen Erfolge vorweisen konnten, durften wir bei den großen Investmentfirmen präsentieren und unser Produkt »pitchen«. Darunter war auch der Venture-Capital-Fund Atomico in London. Gegründet wurde Atomico von Niklas Zennström, einem der wenigen europäischen Helden unserer Branche. Er hat mit Skype die weltweite Kommunikation revolutioniert, und ich kannte ihn, seit er in Wunderlist investiert hatte. Niklas ist – ebenso wie ich – überzeugt, dass wir uns in einem neuen Zeitalter des Gründens befinden. Niemals in der Geschichte der Menschheit waren so viel Wissen und so viel Technologie für jeden so leicht verfügbar wie heute. Leider kommen heutzutage die wirklich großen Erfolge aus den USA oder China. Uns eint der Glaube, dass Europa hervorragende Köpfe und das Potenzial hat, in den nächsten Jahren auch digitale globale Champions zu erschaffen.

Aufgrund unserer gemeinsamen Passion für europäische Technologie lud Niklas eine kleine Gruppe erfolgreicher Gründer zu einem Ski- und Snowboarding-Wochenende ein. Zwischen Liftfahrten und herausfordernden Tiefschnee-Abfahrten ergab sich die Gelegenheit, ihm von der spektakulären Lilium-Idee und der Tragweite des Projekts für die Zukunft Europas zu erzählen. Liftfahrt hoch, den Berg runterbrettern, dann wieder diskutieren während der Liftfahrt, dann wieder den Berg runter und so weiter. Beim Abendessen im Chalet spürte ich Niklas' wachsende Begeisterung für Lilium.

> DIE LILIUM-GRÜNDER: DANIEL, MATTHIAS, SEBASTIAN, PATRICK

Wir entspannten in unserer Hütte und genossen den Blick auf die Walliser Alpen. Niklas und ich blickten in den Sternenhimmel und diskutierten die Bedeutung dieses Projekts für Europa. Und wir waren uns beide einig, dass wir so eine tiefgreifende und visionäre Technologie nicht allein den Amerikanern und Chinesen überlassen sollten. Europa hat sehr viele der letzten Innovationen verpasst. Was uns fehlt, sind die internationalen Champions – und wir waren beide davon überzeugt, dass Lilium das Zeug dazu hat, ein relevanter internationaler Champion zu werden. Am Ende des Wochenendes war Niklas so begeistert von Lilium wie ich. Er sagte mir zu, dass sein Team die Due Diligence starten würde. Das war zwar noch keine Finanzierungszusage, aber ein entscheidender Schritt dorthin.

LILIUM ERHÄLT DIE ENTSCHEIDENDE FINANZIERUNG

Niklas und sein Atomico-Team wollten die Gründer schnell kennenlernen und über die Technologie und Herausforderungen bis zum ersten Flug sprechen. Ich konnte nur die Tür öffnen, aber die vier Gründer mussten die beinharte Prüfung des Atomico-Expertenteams bestehen. Bei den ersten Aufeinandertreffen in Berlin und London waren wir mit unserem Freigeist-Team noch dabei, ab da flogen die Jungs alleine. Neben seinen eigenen Technikern holte sich Niklas Experten von Tesla und SpaceX an den Tisch, um die Jungs von Lilium auseinanderzunehmen. Das unterscheidet Atomico von vielen anderen Venture Funds. Sie haben viel technische Kompetenz im Team und ein starkes Netzwerk, über das sie bei Bedarf hochkarätige Experten hinzuziehen können, die so tief in der Materie drin sind wie die Gründer selbst. Wer dieses Stahlbad besteht, hat sich sein Atomico-Geld dann redlich verdient. Die Lilium-Gründer müssen geglänzt haben. Als Niklas mich etwa zwei Monate später anrief, um mich über Atomicos Einstieg zu informieren, habe ich mich vermutlich genauso gefreut wie die Gründer selbst. Atomico investierte zehn Millionen Euro und legte damit einen entscheidenden Baustein für den Erfolg. Der Lilium-Jet konnte gebaut werden. Ohne den Mut und das Vertrauen von Atomico wäre Lilium in eine sehr schwierige finanzielle Situation geraten. Und es wäre tragisch gewesen, wenn eine Innovation dieser Tragweite aufgrund fehlender Finanzierung gescheitert wäre.

DER JET HEBT AB

> München, April 2017

Die Geschichte von Lilium zeigt, wie schwer es ist, aus Gewohntem auszubrechen. Und doch ist es möglich: Vier sehr intelligente Gründer nutzen neue Technologien und arbeiten Tag und Nacht an ihrer Vision. Vier Ausnahmetalente zu finden, die bereit sind, über Jahre hinweg 70 Stunden und mehr pro Woche zu arbeiten – allein das ist in der Geschichte der Menschheit sicher selten gewesen. Aber die notwendigen Technologien, die den Gründern wahrlich Flügel verliehen, gab es vor wenigen Jahren noch gar nicht. Es sind »disruptive« Technologien, die es intelligenten und hochmotivierten Gründern ermöglichen, die großen Unternehmen das Fürchten zu lehren. Zum Beispiel die quasi unbegrenzte Rechenkapazität durch Cloud-Computing, die es ermöglicht, detailgetreue Simulationen von neuen Designs,

Antriebssystemen und vielem mehr in nur wenigen Stunden zu berechnen. Schneller, hochwertiger und günstiger 3D-Druck ermöglicht eine zügige Iteration in der Prototypen-Phase, und durch Virtual Reality können Kunden den Jet schon vorher erleben und wertvolles Feedback geben. Und das ist das fundamental Neue: Die Macht lag bisher bei den milliardenschweren Konzernen. Nur die konnten sich das notwendige Material, die Berechnungen und Testflüge leisten. Lilium ist der erste Flugzeugbauer, der zu 100 Prozent auf diesen neuen Technologien basiert. Es gibt keine »Legacy«, keine Altlasten in Form von Investitionen in alte Technologie, die noch abgeschrieben werden muss. Lilium kann alles radikal neu denken.

Im April 2017 war es dann so weit. Ich glaube, es ist vielleicht nur ein bisschen übertrieben, wenn ich diesen Tag als einen Meilenstein in der Geschichte der Menschheit bezeichne – bitte entschuldige, wenn mein Herz und meine Begeisterung so aus mir sprechen. In der Nähe von München absolvierte der Prototyp von Lilium erfolgreich und ohne Probleme seinen Erstflug. Der Lilium-Jet fliegt zu 100 Prozent elektrisch. Die Herausforderung bestand darin, nach dem Senkrechtstart vom Schwebeflug in den Vorwärtsflug zu wechseln. Und es war wunderschön zu sehen, wie der Jet erst abhebt und dann vom Senkrechtflug in den Horizontalflug übergeht, um schließlich elegant seine Runden zu drehen, Kurven zu fliegen und am Ende wieder sanft zu landen. Sicher bist du unter den zehn Millionen, die unser Jungfernflug-Video online gesehen haben. Der Flug von Lilium regt die Fantasie an und zeigt, wie wir schon in wenigen Jahren reisen werden.

LILIUM WIRD ZUM UNTERNEHMEN

Der erfolgreiche Jungfernflug ermöglichte es uns, noch größer zu denken. Jetzt mussten wir das notwendige Kapital für den Aufbau eines Unternehmens gewinnen, das eine solch große Vision auch kommerziell umsetzen kann. Wir wussten, dass selbst die zehn Millionen Euro von Atomico nicht allzu lange reichen würden, und wollten den erfolgreichen Jungfernflug bestmöglich nutzen. Die Herausforderung: Wir hatten vier brillante Ingenieure, aber der dringend benötigte Finanzchef war noch nicht gefunden. Marc fühlte sich hierfür verantwortlich und wollte die CFO-Position selbst übernehmen, bis der neue Finanzchef gefunden war. Natürlich würde er uns bei Freigeist in diesen Monaten fehlen, aber Lilium war eine zu wichtige Mission. Zusammen mit den Gründern und Gesellschaftern entschieden wir, dass Marc

Interims-CFO bei Lilium werden sollte, und so machte er sich kurze Zeit später mit Daniel und einem Mitgesellschafter, dem Jawbone-Gründer Alex Asseily, auf den Weg in die USA, um die Finanzierungsgespräche in San Francisco und der »Bay Area« zu starten. In zehn Tagen trafen sie über 30 Top-Investoren. Das war gleichermaßen eine Indikation für das exzellente Netzwerk der bestehenden Gesellschafter wie auch für die Begeisterung für unsere Vision – das Video vom Jungfernflug hatte seine Wirkung nicht verfehlt. Die Gespräche mit Daniel taten ihr Übriges, um die Investoren davon zu überzeugen, dass Lilium die führende Technologie und ein herausragendes Gründerteam hatte. Gleich mehrere Investoren zeigten Interesse, bei der **SERIES-B-FINANZIERUNG** dabei zu sein, sodass wir binnen vier Monaten nach Beginn der Gespräche weitere 90 Millionen Dollar Finanzierung von starken Partnern wie Tencent, LGT und Obvious Ventures sichern konnten.

> SERIES-B-FINANZIERUNG

Ist ein Unternehmen gegründet und hat die ersten Finanzierungsrunden hinter sich, benötigt es oft weiteres Kapital, um ein schnelleres Wachstum zu ermöglichen. Man spricht bei diesen Finanzierungsrunden auch von Series-B-Finanzierung.

Ironie der Geschichte: Bei einem der Meetings trafen die drei zufällig den Twitter-Gründer Evan Williams, der am Nebentisch frühstückte. Nach kurzem Elevator-Pitch stellte dieser umgehend den Kontakt zu seinem Obvious-Ventures-Team her, die dann ja auch investierten. Warum Ironie? Der PayPal-Gründer und Investor Peter Thiel mahnte einmal mit den Worten: »Wir haben von fliegenden Autos geträumt – und bekommen haben wir 140 Zeichen« zu mehr Innovation. Und nun packt der Twitter-Gründer also auch beim »fliegenden Auto« mit an.

LILIUM IST HEUTE WELTWEIT FÜHREND

Auch Uber hat das Potenzial von VTOL-Jets für die Zukunft der Mobilität erkannt. Auf einer Uber-Konferenz zu diesem Thema stellte Lilium als einziges Unternehmen einen fliegenden Prototyp vor. Von den inzwischen 150 Lilium-Mitarbeitern sind über 70 Ingenieure. Denen ist es zu verdanken, dass der Lilium-Jet um so vieles effizienter ist als rein drohnenbasierte Konzepte. Deswegen fliegt Lilium über 300 Kilometer weit, während die Wettbewerber nur 30 Kilometer schaffen. Lilium konnte bereits führende Köpfe aus der Luftfahrt-, Automobil- und Software-Industrie gewinnen, um in München an der Zukunft der Mobilität zu arbeiten: an einem Jet, der uns extrem sicher, schnell, emissionsfrei und unfassbar günstig von A nach B bringt.

> UNSERE VISION VON EINEM LILIUM-START- UND LANDEPLATZ IN DER ZUKUNFT

14

DISRUPTION: WAS IST DAS?

EINSTIEG

Im letzten Kapitel war viel von Disruption die Rede. Das Wort klingt erst mal ziemlich bedrohlich und gefährlich. Nicht ohne Grund werden im Star Trek-Universum die Strahlenwaffen Disruptoren genannt. »Disruption« heißt soviel wie »Störung«, »Unterbrechung« oder »Erschütterung«, wobei »Erschütterung« es in unserem Zusammenhang wahrscheinlich am besten trifft – allerdings keine kleine Erschütterung, sondern eine, die keinen Stein auf dem anderen lässt. Der Begriff geistert seit einigen Jahren durch die Startup-Szene, durch Wirtschaftszeitungen und ist auch längst in Talkshows angekommen. Für meinen Geschmack wird er von Marketing-Managern und selbst ernannten Consulting-Gurus übrigens zu inflationär verwendet.

Dabei ist »Disruption« die schlagwortartige Umschreibung eines ganz außergewöhnlichen Phänomens: Ein brillanter Kopf nutzt neue Technologien, um ein revolutionäres Produkt mit sehr geringen Investitionen in sehr kurzer Zeit auf den Markt zu bringen: Kopf schlägt Kapital. Innovative Produkte verändern einen Markt so tiefgreifend und schnell, dass dieser in wenigen Jahren neu geschrieben wird: Alte Player werden zu Fall gebracht, neue erfolgreiche Unternehmen entstehen. Startpunkt ist immer eine radikale Innovation, die ein zehnmal so schnelles, ein zehnmal günstigeres oder ein zehnmal besseres Produkt ermöglicht. Das ist für den Erschütterten natürlich zunächst einmal eine existenzielle Bedrohung, für den Erschütternden aber eine riesige Chance.

Disruption ist auch nichts wirklich Neues, sie hieß früher nur anders. So sprach 1942 der österreichische Nationalökonom Joseph Schumpeter von »schöpferischer Zerstörung« – auch eine ziemlich gute Umschreibung. Unser Freigeist-Büro ist übrigens in der Joseph-Schumpeter-Allee 25. Das Gebäude wurde von dem Unternehmer Jörg Haas geplant, der sich visionär bei der Stadt Bonn für diesen Straßennamen eingesetzt hat.

DISRUPTION HAT EINE LANGE GESCHICHTE

Gehen wir zunächst auf eine kleine Zeitreise durch die Geschichte der Disruption. Starten will ich mit der wahrscheinlich disruptivsten Erfindung der letzten Jahrhunderte, dem Buchdruck. Früher wurden Bücher in Klöstern handschriftlich vervielfältigt – ziemlich langwierig, und nur wenige beherrschten die Kunst des Lesens und Schreibens. Das Ergebnis: Nur ein sehr kleiner, elitärer Kreis hatte Zugriff auf das Wissen aus den Büchern. Mit der Entwicklung des Drucks mit beweglichen Lettern durch Johannes Gensfleisch, den wir heute alle als Johannes Gutenberg kennen, änderte sich das: Bücher, aber auch andere Druckschriften konnten kostengünstig und schnell produziert und verbreitet werden. Eine der ersten deutlichen Folgen war die Reformation der Kirche: Martin Luthers 95 Thesen, seine Predigttexte, neue Kirchenlieder und besonders seine Übersetzung der Bibel ins Deutsche sorgten dafür, dass sich Luthers theologische Überzeugungen in jedem Winkel Deutschlands ausbreiteten. Luther selber war das klar: »Die hohen Wohltaten der Buchdruckerei sind mit Worten nicht auszusprechen. Durch sie wird die Heilige Schrift in allen Zungen und Sprachen eröffnet und ausgebreitet, durch sie werden alle Künste und Wissenschaften erhalten, gemehrt und auf unsere Nachkommen fortgepflanzt.«

Genau: Es war nicht nur die Vormachtstellung der katholischen Kirche, die gebrochen wurde – wodurch in der Folge auch die Aufklärung und modernes Denken erst ermöglicht wurden. Nein, auch Schulen und Universitäten und damit effiziente Wissensvermittlung und -weitergabe wären ohne den Buchdruck gar nicht denkbar. An dieser Stelle ein »Danke« an Johannes Gutenberg: Ohne ihn könntest du dieses Buch wahrscheinlich nicht lesen und hättest auch kein Internet, Smartphone oder Kopfschmerztabletten. Dies war eine sehr tiefgreifende Disruption – sie hat aber auch von der Erfindung des Buchdrucks bis zur Aufklärung 250 Jahre gebraucht, um sich zu entfalten.

Oder ein ganz profanes und einfaches Beispiel: Nur ein paar Autominuten von meiner Heimatstadt Bonn entfernt liegt Mendig, ein kleiner Ort in der Eifel. Der war früher einmal ziemlich wichtig für alle Bierfreunde. Denn noch im 19. Jahrhundert gab es hier rund 30 Brauereien. Warum gerade hier? Tiefe Höhlensysteme im Lavagestein sicherten ganzjährig ideale Temperaturen fürs Brauen und Lagern von Bier. Als dann die moderne Kühltechnik erfunden wurde, war der Standortvorteil weg: Von den 30 Brauereien ist nur eine einzige übrig geblieben. Überhaupt hat die Erfindung der modernen Kühltechnik vieles revolutioniert: Hygienisch einwandfreie gekühlte Lebensmittel sind heute für uns selbstverständlich: Ob es zum Beispiel das leckere Luicella's-Eis oder die gesunde Lizza-Pizza ist – Entschuldigung, den letzten Satz kennzeichne ich hiermit als #Werbung. :-) Weitere Beispiele in Kurzform: die Verdrängung des Berufs des Webers durch Maschinen, was zu den Weberaufständen führte. Die Ablösung des Pferdes und der Kutsche durch das Auto. Die Verdrängung von Videotheken und CDs durch Streamingdienste und die Erfindung des Containers für große Frachtschiffe und Eisenbahnen, die den weltweiten Warenhandel revolutionierte. Natürlich gibt es auch heute noch Schallplatten, Schreibmaschinen, Faxgeräte – und aus nostalgischen Gründen sogar auch noch einige Pferdekutschen. Aber während sie in früherer Zeit eine Vormachtstellung in ihrem jeweiligen System besaßen, fristen sie heute – ganz ohne Wertung – ein Schattendasein und wurden von besseren Technologien oder moderneren Denkweisen abgelöst.

Wenn es aber bereits immer Disruption gab – warum hat der Begriff »Disruption« dann ausgerechnet in den letzten Jahren Konjunktur? Die Antwort ist ganz einfach. Es liegt zum einen an der unfassbaren Geschwindigkeit, mit der sich Disruptionen heutzutage vollziehen. Zum anderen liegt es daran, dass keine Branche von Disruptionen verschont bleibt. Alle Auswirkungen des Buchdrucks, der Kühltechnik oder zum Beispiel des Autos brauchten Jahrhunderte oder zumindest Jahrzehnte, bis sie für alle im Alltag angekommen waren. Man hatte Zeit, sich an sie zu gewöhnen. Heute aber müssen wir unser Leben innerhalb kürzester Zeit ständig anpassen und vieles neu denken. Und die Geschwindigkeit nimmt seit Ende des 20. Jahrhunderts **EXPONENTIELL** zu.

> EXPONENTIELL

Unser Gehirn ist auf lineares Wachstum trainiert. Exponentielles Wachstum ist für uns schwer begreifbar. Daher hat der indische König aus der berühmten Geschichte auch sofort »Ja« gesagt, als sein weiser Berater und Erfinder des Schachspiels als Dank für seine Dienste auf jedem Feld eines Schachbretts doppelt so viel Reiskörner haben wollte – 1, 2, 4, 8, 16, 32 … Ein Schachbrett hat 64 Felder. Du weißt jetzt, das war keine gute Idee. Ein wohlgemeinter Rat: Trainiere dein Denken auf exponentielles Wachstum, damit es dir nicht wie dem König geht und du am Ende jemandem 18,45 Trillionen Reiskörner geben musst.

Alles immer wieder neu – auch Endverbraucher nehmen das nicht immer nur als Chance, sondern oft auch als Bedrohung wahr. Die Disruptionen der Zukunft machen uns vielleicht heute noch Angst. Aber ein Blick auf die Disruptionen der Gegenwart und der jüngeren Vergangenheit ringen uns schon jetzt zum Teil nur noch ein nostalgisches Lächeln ab – man vergisst ja so schnell, was früher war. Es folgen einige konkrete Beispiele für Disruptionen, in denen neue Firmen und Technologien etablierte Firmen und Branchen ins Trudeln oder gar zum Scheitern gebracht haben. Und das ist nur ein Vorgeschmack dessen, was in den nächsten Jahren auf uns zukommt – noch ist die Disruption mit gefühlten 30 km/h unterwegs.

DISRUPTIONEN, DIE DU VIELLEICHT NOCH SELBST ERLEBT HAST

Telefonieren – ein teures Abenteuer: Weißt du noch? War man früher unterwegs und wollte zum Beispiel zu Hause Bescheid sagen, dass man später kommt, musste man sich eine Telefonzelle suchen und passendes Kleingeld (oder später eine Telefonkarte) dabeihaben, um anrufen zu können. An den Telefonzellen gab es oft lange Schlangen, besonders an denen beim Bonner Loch, wo ich meist skaten war. Schilder wie »Fasse dich kurz«, die an manchen älteren »öffentlichen Fernsprechern« noch hingen, erinnerten uns deswegen daran, nicht zu lange zu sprechen, damit die Schlangen davor nicht zu lang wurden.

Und auch sonst war Telefonieren ein Abenteuer. Meine Eltern hatten ein grünes Wählscheibentelefon von der Bundespost. Funktionen wie den Nummernspeicher oder die Wahlwiederholung gab es nicht. Als das dann gegen ein ebenfalls grünes Modell mit Tasten ausgetauscht wurde, war das für uns schon spektakulär. Gut erinnern kann ich mich auch daran, dass unsere Telefonleitung zu Hause immer belegt war, wenn ich mit dem 14,4-K-Modem online war – und wie besonders meine Mutter und meine Schwester erbost in mein Zimmer kamen und mir den Stecker ziehen wollten, weil sie für ihre Freundinnen nicht erreichbar waren.

Dann habe ich später selbst als angehender Software-Architekt in Bonn am ersten Bildschirmtelefon der Welt mitarbeiten dürfen. Im Kapitel »Kindheit und Jugend« erzähle ich, wie ein kleines Team mit viel Herzblut und 70-Stunden-Wochen dieses Wunder vollbrachte. Ein Wunder, das mit einer gebündelten ISDN-Leitung aus unserer heutigen Sicht nur ein kleines, ruckeliges Bild übertrug. Damals war es dennoch eine Sensation.

Ein Erlebnis der besonderen Art hatte übrigens Severin, mit dem ich die twisd AG gegründet habe: Irgendwann in den frühen 1980er Jahren, er war damals knapp zehn Jahre alt, las er in der Tageszeitung, dass man den Funkverkehr des Space-Shuttles Columbia live mithören könne – über eine Telefonnummer der NASA in den USA. Begeistert rief er an und hörte zu. Anscheinend ziemlich lange. Denn die Telefonrechnung seiner Eltern im Monat darauf war deutlich vierstellig...

All das ist heute für uns kaum mehr vorstellbar. Statt Telefonzellen suchen zu müssen, haben wir unsere Smartphones immer dabei. Tasten haben die schon lange nicht mehr. In jeder einzelnen Wohnung liegen heute Internetbandbreiten, die die Bandbreite des gesamten Kernnetzes der Telekom in den 1990er Jahren um ein Vielfaches übertreffen. In die USA telefonieren wir dank Skype, Facetime oder WhatsApp praktisch umsonst. Und das alles in einer Qualität und Auflösung, die höher ist als die des Fernsehens noch vor wenigen Jahren.

Tasten-Handys: Erinnerst du dich noch an das Nokia 8110, das legendäre Bananen-Handy? Es wurde 1999 im Film »Matrix« gezeigt und erlangte dadurch sofort Kultstatus. Ich bin damals sechs Stunden zu einem Händler gefahren, damit ich es als einer der Ersten in Deutschland in Händen halten konnte. Das 8110 war die Zukunft und konnte zum ersten Mal »Over-the-Air« ein Software-Update erhalten. Und es gab das Spiel Snake! Das musste ich damals einfach haben. Heute weiß ich, dass es nicht etwa auf dem Handy installiert war, um den Kunden Freude zu bereiten, sondern vor allem, um die Menschheit an die kleine Tastatur zu gewöhnen und ihre Fingerfertigkeit zu trainieren.

Der finnische Hersteller Nokia hatte bei Handys seinerzeit einen Marktanteil von über 35 Prozent und war der unumstrittene Mobilfunkriese. Nokia Handys waren ein Muss. Keine acht Jahre später, am 9. Januar 2007, stellte Steve Jobs das erste iPhone vor. Nokias Chefstratege Anssi Vanjoki belächelte es als »Nischenprodukt« für »Nischenkunden«. Der damalige Microsoft-Chef Steve Ballmer verachtete ein Handy für 500 Dollar, das nicht einmal eine Tastatur besaß – auf YouTube kann man sich das immer noch ansehen. Ironie der Geschichte: Nicht einmal sieben Jahre später wurde die Mobilfunksparte von Nokia dann durch Microsoft übernommen, da der finnische Riese taumelte. Aber wie Googles Vic Gundotra zu dieser Konstellation schon früher twitterte: »Two turkeys do not make an eagle« – Aus zwei Truthähnen wird kein Adler. Microsoft machte Nokia dann nach kurzer Zeit ganz dicht. Man hatte die Zeichen der Veränderung einfach nicht früh genug erkannt. Microsoft hat sich derzeit ganz aus dem Mobilfunkmarkt zurückgezogen, und die verbliebene finnische Nokia-Gesellschaft lizenziert den Markennamen für Mainstream-Android-Smartphones, die in Asien hergestellt werden.

39 Pfennig für ein Foto: Und noch so eine Geschichte aus der gefühlten Steinzeit: Früher brauchte man zu einer Kamera den dazugehörigen Film. Den knipste man voll – sehr behutsam im Umgang mit seinem Volumen von 24 oder 36 Bildern –, gab ihn nach dem Urlaub im Fotostudio oder in einem Drogeriemarkt ab und konnte nach einigen Tagen die entwickelten Fotos abholen. Im Regelfall stellte sich dann heraus, dass einige der geschossenen Bilder schlicht nicht brauchbar waren – und Nachbearbeiten ging ja nicht. Jeder Abzug kostete 39 Pfennig, also umgerechnet etwa 20 Cent. Mindestens. Von der Belastung der Umwelt durch die gesamte Fotochemie ganz zu schweigen – es gab sogar Wegwerfkameras.

Heute hat jeder ein Smartphone oder vielleicht noch eine Digitalkamera oder schon Spectacles, eine Brille, mit der man fotografieren kann. Die Bilder postet man auf Instagram oder Facebook, teilt sie auf Pinterest, leitet sie über WhatsApp oder andere Messenger weiter und archiviert sie bei seinem Cloud-Anbieter. Nur ganz besondere Erinnerungen werden noch ausgedruckt.

Die damals weltweit führende Firma für die Herstellung von Fotofilmen, Kodak, verschlief das Geschäft mit Fotohandys und Digitalkameras und musste 2012 Insolvenz anmelden. Heute lizenziert die Firma den Namen für Smartphones – ähnlich wie bei Nokia. Aber diese Veränderung von »analog« zu »digital« bot auch mir damals eine riesige Chance: Es gelang mir, mit einem neuen Produkt ein Weltmarktführer in einer gar nicht so kleinen Nische des digitalen Fotomarkts zu werden. Und das war der Startpunkt, um in Unternehmen wie Wunderlist, mytaxi und Little Lunch zu investieren. Dieser Disruption habe ich also einiges zu verdanken …

Musik: Neben privaten Fotos ist Musik für die meisten von uns ein wichtiger Teil des Lebens. Als ich klein war, hatten Hi-Fi-Fans Schallplatten aus Vinyl – die waren ziemlich groß und empfindlich. Ein Grund dafür, dass man in Autos und Kinderzimmern auf Kassetten setzte. Wenn es bei denen mal Bandsalat gab, versuchte man, den mit einem Bleistift in Ordnung zu bringen. Du kennst

> ICH NUTZE DIE MINUTEN, BEVOR ICH AUF DIE BÜHNE GEHE

das, wenn du in meinem Alter bist. In den 1980ern kam dann die CD. Kompakt, vergleichsweise unempfindlich, guter Klang, digital. Aber die CD war mehr eine Innovation als eine Disruption, denn es wurden immer noch physische Tonträger verkauft. Und für die Musikindustrie war sie ein Glücksfall, haben doch viele ihre Schallplattensammlungen aufgegeben und sind auf CDs umgestiegen. Die Disruption sollte aus Deutschland kommen: MP3. Ein digitales Komprimierungsverfahren aus Karlsruhe. Musik wurde damit richtig digital, losgelöst vom Datenträger. Auf einmal konnten diese Musikdateien ohne große Probleme übers Internet übertragen werden. Plattformen wie Napster und

Kazaa boten seit der Jahrtausendwende plötzlich Songs von Endverbraucher zu Endverbraucher an – umsonst. Dass das damals leider illegal war, hat anfangs nur wenige interessiert. Aber Steve Jobs erkannte wie so oft die Zeichen der Zeit: Am 23. Oktober 2001 stellte Apple den iPod vor. Über den iTunes-Store konnte man komfortabel und legal Musik kaufen und überallhin mitnehmen. Klar, dass viele andere Wettbewerber mit eigenen Stores und MP3-Playern nachzogen. Aber Apple setzte eben den Standard mit einer Kombination aus Hard- und Software, die perfekt funktionierte. Deutschland brachte zwar den Stein ins Rollen, konnte aber kein weltweit führendes Produkt daraus machen.

Doch der digitale Kauf war nicht der letzte Schritt. Spotify, 2006 in Schweden von Daniel Ek gegründet, bot unlimitierte Musik im Abo an. Jetzt musste man Musik nicht mehr kaufen, sondern konnte – gegen Einblendung von Werbung oder eine günstige Flatrate – hören, was man gerade wollte, in Echtzeit gestreamt übers Internet. Auch hier folgten viele: Napster wurde zum legalen Streamingdienst, Jay-Z beteiligte sich an Tidal und Amazon, Google mit YouTube Music sowie jetzt auch Apple mit Apple Music – alle streamen sie, und kaum ein Mensch kauft oder besitzt seine Musik noch physisch. An der Musikindustrie ging all das natürlich nicht spurlos vorbei. Auf Partys der Plattenfirmen und Messen wie der Popkomm gab es früher Champagner und Hummerkrabben. Irgendwann dann nur noch Currywurst und Bier. Und 2009 fiel die Popkomm dann ganz aus. Die internationale Musikhandelskette Tower Records ging 2004 in die Insolvenz, viele weitere sollten folgen. Und überhaupt: Junge Musiker können auch ganz ohne Manager und Plattenfirmen im Hintergrund erfolgreich werden. Spotify und YouTube sei Dank. Wer kreativ ist und viral geht, kann der nächste Superstar sein. Andere wiederum beklagen, dass mit dem Verkauf von Musik gar kein Geld mehr zu verdienen sei – sie setzen aufs Livegeschäft. Der Preis für Konzertkarten von Topacts hat sich in nur wenigen Jahren verdreifacht. Gerade in der Musikindustrie haben wir echte Disruption gesehen, die einen Markt in wenigen Jahren komplett verändert hat. Übrigens, auch die Digitalisierung dieser Industrie hat mir später geholfen. Der Gründer von Kazaa, Niklas Zennström, erfand und gründete danach Skype. Er ist heute ein wichtiger Partner für mich.

Video: Eine ähnliche Entwicklung wie im Musikmarkt erleben wir auch beim Bewegtbild. Wollte man sich früher einen Film ansehen, war man auf das laufende

TV- und Kinoprogramm angewiesen. In den 1980er Jahren wurden Videorekorder erschwinglich: Man konnte das Fernsehprogramm aufnehmen und sich VHS-Kassetten kaufen oder in einer der zahlreichen Videotheken ausleihen, die es an jeder Ecke gab. Hatte man vergessen, sie rechtzeitig zurückzugeben, wurde die Leihe manchmal teurer als der Kauf. Die Videokassette wurde dann von der DVD und später der Blu-Ray abgelöst – geändert hat sich dabei wie beim Wechsel von der Schallplatte zur CD nur der Datenträger.

Immerhin: Den Gang in die Videothek konnte man sich jetzt sparen, denn die DVDs sind so leicht, dass man sie kostengünstig versenden konnte: Man bestellte einen Film, der Briefträger brachte ihn nach Hause, und nach dem Anschauen wurde er in einer vorbereiteten Versandtasche wieder zurückgeschickt – das Problem mit der pünktlichen Rückgabe blieb also. 1997 wurde in den USA Netflix als solch eine Online-Videothek gegründet, und in Europa sollte Lovefilm zum führenden Anbieter werden. Doch dabei blieb die Entwicklung nicht stehen: Zehn Jahre nach seiner Gründung erweiterte Netflix dann sein Geschäftsmodell: Statt physische Datenträger durch die Gegend schicken zu müssen, konnten Filme jetzt gestreamt werden, steigende Internetbandbreiten machten es möglich. Streaming ist inzwischen Alltag: Will man sich Filme oder Serien anschauen, sind diese bei zahlreichen Anbietern sofort verfügbar. In Deutschland ist neben Netflix Amazon führend, das vor einiger Zeit Lovefilm übernommen und ganz in sein Streamingangebot überführt hat – DVDs verschicken braucht keiner mehr. Dazu kommt, dass die großen Streaminganbieter – in den USA zum Beispiel noch HBO – mittlerweile viel mehr sind als nur moderne Echtzeit-Videotheken, da sie auch selbst Inhalte produzieren: House of Cards, Game of Thrones, Stranger Things und viele andere mehr haben wir den neuen Playern zu verdanken. Netflix ist mittlerweile auch in Deutschland so groß, dass es mit Dark in eine erste deutsche Produktion investierte. Durch Streaming hat sich unser »Fernsehverhalten« stark geändert, das lineare TV-Programm mit seinen festen Zeiten hat für viele Menschen keine Bedeutung mehr. Netflix ist schon jetzt der größte »Fernsehsender« in den USA. Und es ist nur noch eine Frage der Zeit, bis Amazon, Netflix und Co. auch breit in Live-Events wie Bundesliga, Fußball-WM, Formel 1 oder Konzerte einsteigen und damit einen weiteren Markt endgültig disruptiv verändern werden.

Tesla: Heute fährst du vermutlich noch mit einem Auto mit Verbrennungsmotor durch die Gegend, musst alle paar hundert Kilometer volltanken und alle 12 bis 18 Monate Öl wechseln. Du kaufst literweise fossile Brennstoffe, gewonnen aus den Abbauprodukten urzeitlicher Tiere und Pflanzen. Das ist eine endliche Energiequelle, umweltschädlich und teuer. Bereits jetzt gibt es aber Elektroautos, mit denen du emissions- und kostenfrei rund um die Welt fahren kannst, wenn der Strom aus erneuerbaren Quellen kommt. Du zahlst an manchen Ladestationen nicht einen Cent fürs Aufladen der Akkumulatoren, die Motoren sind quasi wartungsfrei, du hast acht Jahre Garantie – und eigentlich müsstest du es nicht einmal mehr selbst fahren. Das Auto und die Technologie stehen heute bereit, sie müssen lediglich noch zertifiziert und von unseren Behörden freigegeben werden. Und das Verrückteste: Die Antriebe haben viel mehr Kraft – und so lässt ein riesiger Tesla Model X mit seinen sieben Sitzen und zwei Kofferräumen den kleinen und leichten Karbon-Porsche Turbo einfach stehen. Natürlich geräuschlos.

Das war ein kleiner Abriss über die Geschichte der Disruption bis heute – die nächsten Jahre werden aber noch deutlich schneller und intensiver. Wie du im nächsten Kapitel lesen kannst, sind die technologischen Grundlagen für die nächste Welle bereits da – und Ausnahmeunternehmer wie Elon Musk, Jeff Bezos und Jack Ma zeigen, wie man mit neuen Technologien Weltkonzerne aufbaut. Natürlich ist nicht jede Innovation auch gleich eine Disruption: Nicht alle Innovationen revolutionieren ihre Branche. Manche sind nicht mehr als eine erfolgreiche Alternative zum Mitbewerber und nehmen den Etablierten lediglich Marktanteile weg. Die echte Disruption aber schickt den bisherigen Marktführer in die Bedeutungslosigkeit. Weil »Innovation« sich nach Ideen, »Disruption« aber nach knallharter Action anhört und den ungleich größeren Erfolg verspricht, ist der Begriff vielleicht in letzter Zeit etwas vorschnell und inflationär verwendet worden. Bis heute sind noch recht wenige Branchen von echter Disruption betroffen – und nur einige Firmen wie Kodak oder Nokia sind bislang komplett gescheitert. Aber es steht fest, dass es bei den bisher beschriebenen disruptiven Technologien nicht bleiben wird. Ich möchte dir drei Geschichten erzählen. Drei Geschichten, die für sich selbst gesehen noch gar nicht viel bedeuten mögen, die uns aber jeweils ein kleines Fenster in die Zukunft öffnen.

SPIELZUG 37

Die erste Geschichte handelt von künstlicher Intelligenz, auf Englisch Artificial Intelligence oder kurz »AI« genannt. Als 1996 zum ersten Mal ein Schachcomputer ein Match gegen den amtierenden Weltmeister gewann, ging ein Raunen nicht nur durch die Schachwelt. Noch wenige Jahre zuvor hatte eben dieser Weltmeister, Garri Kasparow, behauptet, er werde nie im Leben von einem Schachprogramm besiegt werden. Der Sieg von IBMs Deep Blue gegen Kasparow basierte auf schierer Rechenleistung und war – aus heutiger Sicht – gar nicht so überraschend.

Ungleich komplexer als Schach ist das asiatische Spiel Go, für das Google das Computerprogramm AlphaGo entwickeln ließ. Während Schach nur 64 Felder hat, verfügt Go über 361 Felder, auf denen alle Steine theoretisch über den gleichen Wert verfügen. Es gibt mehr Züge als Atome im Universum. Das macht das Bewerten von Spielständen ungleich schwerer als beim Schach – und selbst die besten Spieler der Welt beschreiben ihr eigenes Spiel in Grenzsituationen als »intuitiv« oder »aus dem Bauch heraus«. Deep Blue hätte mit seiner reinen Rechenleistung keine Chance, aber AlphaGo funktioniert anders: Es wurde mit den Daten aus unzähligen vorherigen Go-Partien gefüttert, spielte diese Partien anschließend gegen sich selbst und lernte aus diesen Spielen, um dann neue, eigene Strategien zu entwickeln. Also ein wichtiger Paradigmenwechsel: von brutaler Rechenpower, die »dumm« alle möglichen Züge durchgeht, hin zu künstlicher Intelligenz – einer viel effektiveren Verwendung der verfügbaren Rechenkapazität.

2016 trat AlphaGo gegen den besten Go-Spieler der Welt an, den Koreaner Lee Sedol. Der war vor dem Turnier voller Selbstvertrauen. Er prognostizierte, dass er haushoch gewinnen werde. Denn noch 2014 hatten die Entwickler des bis dahin stärksten Go-Programms erklärt, es werde noch mindestens zehn Jahre dauern, bis ein Computer einen menschlichen Weltklassespieler besiegen könne. Doch am Ende wurde es eine vernichtende 1:4-Niederlage für den Menschen. »Wir sind vollkommen im Schockzustand«, erklärte Lee Sedol nach dem Turnier. Noch überraschender als die Niederlage selbst aber war die Art und Weise, in der AlphaGo spielte: Nachdem AlphaGo den 37. Zug im zweiten Spiel gesetzt hatte, glaubten die Experten an einen Fehler des Programms. AlphaGo war mit menschlichen Partien gefüttert worden und hatte aus menschlichen Partien gelernt. Aber dieser Zug des Computers war so ungewöhnlich, dass ein Mensch ihn so nie gemacht hätte. Woher hatte AlphaGo also diesen Zug? Auch Sedol glaubte an einen Fehler und verließ das Brett. Kurze Zeit später kam er zurück und hatte Tränen in den Augen. »Das war kein menschlicher Zug«, kommentierte er später. »Dieser Zug war unfassbar schön und elegant!«

»Schön« – das ist eine Kategorie, in der man das Agieren von Maschinen bisher nicht zu beurteilen pflegte. Man muss sich die Frage stellen, ob Computer über ihre blanke Rechenkraft hinaus so etwas wie Intuition oder Kreativität lernen können. AlphaGo gewann anschließend 60 Partien in Folge gegen andere Weltklassespieler – es war einfach zu gut. Jetzt widmet sich das Programm hinter AlphaGo anderen Problemen: Ein lernender Algorithmus kann vielleicht schon bald überall da helfen, wo der Mensch angesichts von komplexen Problemen überfordert ist: Das kann die Voraussage und Diagnose von Krebs sein, das kann die Simulation des Klimawandels oder die Berechnung der Entwicklung einer gesamten Volkswirtschaft sein. Und die Möglichkeiten der KI werden sich weiter verbessern: Die Entwickler von AlphaGo veröffentlichten inzwischen den Nachfolger AlphaGo Zero. Bei dieser Version lernt der Computer erst gar nicht mehr von den besten menschlichen Go-Spielern. Er bekommt nur die Spielregeln und bringt sich alles selber from scratch bei. Der selbstlernende Algorithmus spielt einfach gegen sich selber und lernt selber eigene Taktiken, also kurzfristige Züge, und komplexe Spielstrategien. Das Ergebnis: AlphaGo Zero gewann 100 von 100 Spielen gegen AlphaGo. Der Computer lernt also effektiver mit sich selber als von unseren in Jahrhunderten gesammelten Erfahrungen. Das ist der nächste Durchbruch der künstlichen Intelligenz: AI trainiert AI.

Daraus folgt natürlich sofort die Frage, ob es eine Bedrohung für den Menschen sein könnte, wenn er seine Entscheidungen von einer künstlichen Intelligenz abhängig machen würde – oder, um im Bild unseres Kapitels »Disruption« zu bleiben: ob der Computer den Menschen disruptieren kann. »Die erfolgreiche Schaffung einer künstlichen Intelligenz wäre das größte Ereignis in der menschlichen Geschichte«, schwärmte der britische Astrophysiker Stephen Hawking, um uns im nächsten Satz jede Euphorie zu nehmen: »Leider könnte es auch das letzte sein.« Die künstliche Intelligenz steht noch ganz am Anfang – und es ist nicht klar, ob sie je menschliche Eigenschaften wie Zufall, Irrationalität, Widersprüchlichkeit, Glück oder Liebe erlernen kann – und ob das überhaupt wünschenswert ist. Aber Zug 37 hat uns gezeigt: Künstliche Intelligenz kann mehr als nur rechnen.

AUTONOMES UND VERNETZTES FAHREN

Die zweite Geschichte handelt ebenfalls von der Unzulänglichkeit des Menschen. Dass wir uns nicht missverstehen – ich mag Zufall, Widersprüchlichkeit, Irrationalität, Glück und Liebe. Aber es gibt Bereiche, in denen wir diese Eigenschaften wirklich nicht gebrauchen können. Maschinen kennen keine Erschöpfung, keine Unaufmerksamkeit, keine Selbstüberschätzung oder Freude am Risiko – Faktoren, die verantwortlich sind für 94 Prozent aller Unfälle im Straßenverkehr. Wenn es um Unfallstatistiken ginge, käme der Faktor Mensch niemals durch den TÜV, und man müsste ihn dringend stilllegen.

Autos könnten schon jetzt annähernd jede Fahrt autonom bewältigen – und sowohl Hardware als auch Software selbstfahrender Autos sind bereits jetzt viermal sicherer als jeder menschliche Fahrer. Der Mensch will sich aber nicht das Steuer aus der Hand nehmen lassen, weil viele immer noch felsenfest davon überzeugt sind, sicherer als die Maschine und schlauer als das Navi fahren zu können. So auch ein Fahrer, der mich regelmäßig von zu Hause abholte, um mich ins Höhle der Löwen-Studio zu fahren. Eines Tages aber war dieser Fahrer krank und kam nicht. Also setzte ich mich selbst in meinen Tesla. Der hat Livedaten von jedem Auto, das gerade auf der Straße ist – sowie historische Daten von jeder Strecke. Die Daten gleicht er miteinander ab. In meinem Fall fuhr er eine alternative Strecke, die fast 40 Minuten schneller war als die schnellste Fahrt, die mein Fahrer bisher je auf seinem Weg fuhr. Ich wiederholte das Experiment am nächsten Tag, um wirklich sicher zu sein – mit demselben Ergebnis. Und ich fühlte mich von einem Menschen betrogen: 20 Jahre Erfahrung und seine Intuition, wie man morgens – vermeintlich – am besten fährt, hatten mir Lebens- und Arbeitszeit geraubt.

EIN COMPUTER VERSTEHT UNS BESSER ALS DER MENSCH

Okay – Entwarnung hinsichtlich der Überschrift: Es geht hier zunächst nur um akustisches »Verstehen«. Aber auch das hat lange genug gedauert. Inhaltlich gehe ich davon aus, dass dein Partner dich immer noch besser versteht als Microsoft Labs. Aber meine dritte Geschichte handelt von dem Wettlauf zwischen Mensch und Maschine: Wir haben Ohren und Gehirne, die über Millionen von Jahren entwickelt sind und deshalb eine recht hohe Fehlertoleranz aufweisen: Wenn dir einer von Boot zu Boot im Gegenwind etwas zuruft, kannst du meist recht gut erschließen, was der andere von dir will. Das hat auch ganz viel mit dem Kontext zu tun. Vermutlich wird der Typ auf dem anderen Boot dir gerade nicht ein Kochrezept oder ein Gedicht zurufen. Dein Gehirn arbeitet da schon recht gut mit – dagegen muss so ein Rechner erst einmal anrechnen, denn der nimmt diese Kontextualisierung zunächst einmal nicht vor.

Nach 20 Jahren Forschung aber ist es endlich gelungen, dass ein Spracherkennungssystem einen sprechenden Menschen besser versteht als ein anderer Mensch. Mithilfe von drei Mikrofonen war der Rechner in der Lage, selbst eine etwas undeutliche Aussprache ungefähr mit der Fehlerquote von 5,9 Prozent wiederzugeben – ähnlich der eines menschlichen Zuhörers. Das ist ein zunächst recht mechanischer Vorgang, der aber ziemlich schwierig herzustellen war. Jetzt aber geht der ganze Spaß erst richtig los: Ist die Technik erst einmal da, kann man sie zum nächsten game changer weiterentwickeln.

Das kann ein zuverlässiges Diktiersystem sein, das die gesprochene Sprache verschriftlicht oder direkt in eine andere Sprache übersetzt. Man kann aber auch viel größer denken: Alexa und Siri kennst du vermutlich bereits, aber schon bald wird es vielleicht digitale Lebenspartner geben, die deine Stimme und damit auch dich selbst besser verstehen als ein echter Mensch: In Blade Runner 2049 hat Ryan Gosling so eine virtuelle Freundin, die er an- und ausschalten kann. Im oscarprämierten Film »Her« verliebt sich Joaquin Phoenix in ein Computerprogramm, im Original gesprochen von Scarlett Johansson, das ihn besser zu verstehen scheint als jede wirklich lebende Frau. Das ist natürlich noch ein Riesenschritt von »Worte verstehen« hin zu »Emotionen

> ICH LIEBE MODERNE HARD- UND SOFTWARE

verstehen«, aber der erste Schritt ist getan. Noch tiefgreifendere Veränderungen in den kommenden Jahren.

Warum habe ich dir diese drei Geschichten erzählt? Sie sollen uns zeigen: Wir reden nicht von einer sanften Evolution über ein paar Jahrzehnte hinweg, in der ein Organismus oder eine Organisation sich durch permanente kleine Störungen weiterentwickelt. Auch die gibt es natürlich, denn – wie gesagt – nicht jede Innovation ist gleich eine Disruption: Netflix und YouTube werden das traditionelle Fernsehen noch nicht so schnell abschaffen, Airbnb wird Hotels nicht ersetzen, und die E-Zigarette wird die herkömmliche Zigarette nicht gänzlich vom Markt verdrängen – hier verschieben sich nur Marktanteile.

Nein, wir reden von den großen Umwälzungen, schneller und tiefgreifender als alles bisher Dagewesene. Das sind keine linearen Steigerungen, die sich in Größenordnungen von 1,7 bis 2 Prozent pro Jahr bewegen, sondern das sind exponentielle Steigerungen mit dem Faktor 10 und mehr. Und wie wir bereits gesehen haben: Diese Meteoriteneinschläge haben schon die ersten Dinosaurier vom Markt gefegt. Wobei das Bild nicht ganz stimmt: Das Bild vom Meteoriten und den Dinosauriern spiegelt eine Art chancenlose Passivität vor, als ob »einem das gerade passiert«. Aber es waren im Gegenteil immer aktive Prozesse, neue Technologien und Firmen, die diese Schockwellen verursacht haben.

Diese – relativ – jungen Player wie Tesla, Spotify oder Lilium haben etwas gemeinsam. Sie kombinieren zwar recht neue, aber bereits verfügbare Technologien zu einer neuen Idee und erzeugen so bei den bisher Großen ordentlich Druck im Kessel. Steve Jobs hat es vorgemacht: Apple kombinierte gewachsene Speicher- und Prozessorkapazitäten mit neuer Displaytechnik und einem Touchscreen zum iPhone. Das Kombinieren neuer Basistechnologien zu einem neuen Endprodukt ist der entscheidende Faktor, warum die Geschwindigkeit der Innovationen so gnadenlos zunimmt. Durch die Digitalisierung wird es möglich, viel mehr Dinge miteinander zu kombinieren. Damit erschaffen junge Gründer eine neue Welt, die einiges einfacher und vieles sogar besser macht.

WAS BEDEUTET DISRUPTION FÜR DEINEN ALLTAG?

Vieles wird billiger: Wenn man heute eines der Satellitenortungssysteme wie GPS oder Galileo kommerziell nutzen will, kostet das nur ein Tausendstel des Preises von vor zehn Jahren und sehr bald sogar nur noch ein Zehntausendstel. Fahrten mit autonomen Autos und wartungsfreien Elektroantrieben werden nur noch einen Bruchteil eines heutigen Taxitransfers kosten. Selbst der momentan noch für kaum jemanden bezahlbare Privatjet oder Helikopterflug wird durch Startups wie Lilium Aviation oder Volocopter für die breite Masse bezahlbar. Und am wichtigsten: unsere Gesundheit. Durch hundertfach günstigere Geräte und hohe Software-Automation zum Beispiel im **CT/MRT**-Bereich werden technisch aufwendige Behandlungen endlich, auch ohne mehr Budget, für fast jeden zugänglich.

>CT/MRT

CT steht für Computertomografie und MRT für Magnetresonanztomografie. Beides sind ähnlich wie Röntgen bildgebende Verfahren in der Medizin, bei denen sehr große Datenmengen anfallen.

Höherer Komfort: Schon heute kannst du per Smartphone deine Heizung zu Hause einschalten, sodass du es warm hast, wenn du ankommst. Dann hat die Kaffeemaschine bereits sekundengenau einen frischen Cappuccino gezaubert. Schon bald wird dein Kühlschrank wissen, was fehlt, und es automatisch liefern lassen. Warum? Weil die meisten Gegenstände und Gebäude in deinem Leben vernetzt sein werden. Das Internet of Things muss man nicht toll finden, aber eines Tages wird es für uns so selbstverständlich sein wie heute das Klingeln eines Weckers statt des unzuverlässigen Krähens eines Hahns auf dem Misthaufen.

Besserer Zugang: Wer früher abends auf der Straße ein Taxi rufen wollte, musste mit einem Festnetztelefon in der Taxizentrale anrufen. Irgendwann hast du das mit dem Handy gemacht. Dann kamen mytaxi und Uber dazu. Und morgen rufst du per App ein selbstfahrendes Auto. Wer früher eine Fremdsprache lernen wollte, musste entweder in das entsprechende Land fahren oder hier einen Kurs buchen, zu dem man einmal in der Woche zu festgelegten Zeiten aufkreuzen musste. Heute kannst du die Sprache per Videokurs im Internet lernen, wann immer du Zeit und Lust dazu hast. Und bald setzt du Kopfhörer auf – und eine App übersetzt die Fremdsprache des Gegenübers für dich.

Neue Produkte und Möglichkeiten: Hast du schon einmal versucht, Geld via SWIFT in die USA zu überweisen? Bis zu vier Tagen dauert das und kostet hohe Gebühren. Tradeshift, PayPal und viele andere neue Produkte ermöglichen das in Sekunden zu sehr geringen Kosten. Wir werden schon bald mit elektrischen Jets von Stadt zu Stadt fliegen. Und das sicherer, günstiger und ohne Emissionen. Die nächste VR-Generation (Virtual Reality) wird uns erlauben, Städte virtuell zu besuchen, um zu entscheiden, ob sich die Reise dorthin wirklich lohnt.

Überall hört man die Meinung, die Digitalisierung und die Disruptionen der aktuellen technologischen Entwicklungen machten die Welt ungerechter, die Lücke zwischen Arm und Reich werde immer größer. Das genaue Gegenteil ist Fakt: Historisch betrachtet machen Disruptionen die Welt sogar gerechter: Früher hatte ein Reicher ein Auto und einen Fernseher, und er konnte sich eine Flugreise leisten. Der Arme hatte nichts davon. Heute haben beide ein Auto und einen Fernseher, und Fliegen ist für beide nichts Besonderes mehr. Der einzige Unterschied: Der Reiche hat einen Porsche, einen 100-Zoll-Bildschirm und fliegt Business Class, und der Arme hat einen Kleinwagen, einen 42-Zoll-Bildschirm und fliegt mit Ryanair. Aber der Unterschied zwischen Arm und Reich, wenn man ihn denn so plakativ aufzeigen will, ist, zumindest auf die Nutzung von neuen Technologien bezogen, deutlich kleiner geworden.

WIE WIRD UNSERE WELT IN ZUKUNFT KONKRET AUSSEHEN?

Autos: In ein paar Jahren werden wir uns diese Geschichte erzählen: Weißt du noch, damals, als man in der Taxizentrale anrief, ein Taxi bestellte und nicht wusste, ob und wann es kam? Und als es dann endlich kam, brummte der Dieselmotor, und man musste dem Fahrer sagen, wo man hinwollte. Und wenn man richtig Pech hatte, wusste der den Weg nicht. Am Ende musste man dann mit Bargeld bezahlen, weil das Kreditkarten-Lesegerät des Fahrers garantiert nicht funktionierte. Und dann hat der einem noch eine handschriftliche Quittung ausgestellt! Hihi! Eine verrückte Zeit damals ...

Es wird nicht mehr lange dauern, dann ist das Geschichte, genau wie die Ritsch-Ratsch-Klick-Kameras und der Telefon-Operator. Dann sitzt du in einem selbstfahrenden Elektroauto, per App gerufen. Schon heute macht Tesla mit ähnlichen Autos den etablierten Autokonzernen das Leben schwer.

Bankfilialen: Das heutige Bankengeschäft besteht aus einem aufwendigen Filialsystem mit teurer Verwaltung und hoch bezahltem Personal, das jahrelang für die komplexen und regulierten Prozesse ausgebildet wurde. Herkömmliche Verkaufsteams bieten mit hohen Gewinnspannen Produkte an, die früher nur von der Bank selbst vertrieben wurden. Vieles davon kann heute schon der Computer übernehmen: viel schneller, viel billiger und tatsächlich auch viel sicherer. Seit PayPal wissen wir, dass Online-Bezahlsysteme funktionieren – und das Thema »Blockchain« werde ich noch ausführlich behandeln.

Teure Flughäfen: Auch das ist noch eine Geschichte von morgen, aber bis dahin müssen wir ja gewissermaßen nur noch einmal schlafen. Du kennst das: Man fährt mit dem Auto oder einem teuren Shuttle zum Flughafen, parkt dort für den Preis eines guten Abendessens, um sich durch kilometerlange Einkaufspassagen und hochpreisige Gastronomie-Angebote bis zum Gate durchzuschlagen, wo man noch ewig bis zum Boarding warten muss, weil man ja rechtzeitig bei A14 sein musste. In Stoßzeiten verbringt man seine Zeit in den Schlangen vor der Sicherheitskontrolle, und die Flüge selbst sind ebenfalls kostspielig, nicht nur wegen der gigantischen Flugzeuge mit ihren kerosinbetriebenen Turbinen, sondern auch, weil die Fluglinien den Airports horrende Stand- und Nutzungsgebühren zahlen, die sie natürlich auf den Flugpreis umlegen. Morgen fliegst du zum Taxipreis von einem beliebigen Punkt A zu einem beliebigen Punkt B. Der Traum vom fliegenden Auto wird endlich wahr: Elektrojets wie die von Lilium Aviation kannst du dann ganz einfach per App rufen.

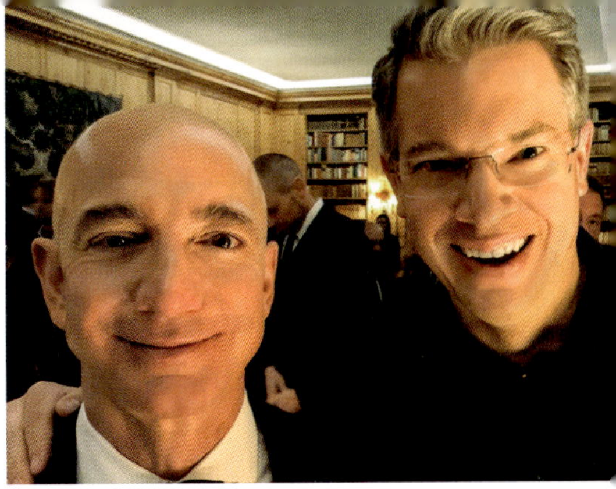

> ZU VIEL MACHT, ABER FÜR MICH EIN HELD: JEFF BEZOS

GEHT DAS AUCH WIEDER VORBEI?

Nein, Disruption ist kein vorübergehendes Phänomen: Rund 90 Prozent des weltweiten Datenbestands sind in den letzten beiden Jahren entstanden. Jedes Jahr verdoppelt sich diese Datenmenge. Das bleibt nicht ohne Folgen für die Informationsverarbeitung, denn durch künstliche Intelligenz und immer mehr Daten wird auch die Software immer schlauer: Sie nutzt die explodierenden Kapazitäten viel effizienter und produziert dabei mehrfachen Ertrag: Noch mehr Wissen wird noch effektiver genutzt.

Das ist im Übrigen auch eine Herausforderung für unser eigenes menschliches Wissensmanagement, vor allem aber für die Disruptoren selbst: Das Tempo steigert sich so schnell, dass selbst disruptive Technologien rasch durch andere disruptive Technologien erschüttert werden. Uber hat den Taximarkt auf den Kopf gestellt, wird aber seinerseits von selbstfahrenden Autos angegriffen. Ip.labs hat mit seinen Fotobüchern den Markt für digitale Fotos revolutioniert, wird aber von Instagram abgelöst, wo man seine Fotos unkompliziert online stellen kann. Wer sich nicht ständig selbst disruptiert, wird von anderen disruptiert.

Jede einzelne Industrie wird durchgeschüttelt oder disruptiert. Entweder die Branche und der Markt sind groß genug, damit es sich lohnt – oder es findet sich eine kleine Gruppe, manchmal genügt sogar eine einzelne Person, die genügend Leidenschaft hat, sich die Branche zur Brust zu nehmen.

UND JETZT?

Wenn man einmal eingesehen hat, dass die Welt nicht so bleibt, wie sie ist, und dass es keinen Sinn ergibt, sich dagegen zu wehren, wächst die Bereitschaft, das alles nicht passiv über sich ergehen zu lassen, sondern diesen Wandel aktiv zu gestalten. Das heißt nicht, dass man mit Hurra jede Innovation bejubelt und hochjazzt, sondern ganz genau hinschaut: Erfahrungsgemäß werden kurzfristige Veränderungen überschätzt und langfristige Veränderungen unterschätzt.

Aber: Es kommen einschneidende Veränderungen auf uns zu. Dieser Wandel bietet ungeahnte Risiken und Chancen sowohl für junge Gründer als auch für etablierte Giganten ihrer Branche. Für eine etablierte Firma ist das gar nicht so einfach: Sie treibt vor allem die Angst vor dem Machtverlust an. Es sind nicht mehr der jahrzehntelang erarbeitete Status, die größte Entwicklungsabteilung, das eindrucksvolle Firmengebäude, die über Erfolg oder Misserfolg entscheiden, sondern einzig und allein, wer in der Branche das nächste Produkt mit dem Faktor 10x entwickelt. Im Gegenteil kann ein großer Apparat sogar von Nachteil sein. Wie zu Beginn des Kapitels bereits erwähnt: Kopf schlägt Kapital! Selbst alteingesessene Firmen mit starken, innovativen und disruptiven Strukturen gegenüber aufgeschlossenen CEOs haben in der Regel eine Menge Senior-Vizepräsidenten, Vizepräsidenten und Abteilungsleiter. Und die sehen ihren Job oft vornehmlich darin, ihre Abteilung und damit womöglich auch ihren Arbeitsplatz zu verteidigen.

Das ist zunächst durchaus nachvollziehbar. Die Argumentation lautet immer ungefähr so: So viel könne man ja nicht falsch gemacht haben in den letzten Jahren, man habe ja Erfolg. Entsprechend besäße man eine gewisse Verantwortung: den Mitarbeitern gegenüber, den Kunden, dem Produkt. Diesen Erfolg ohne Not aufs Spiel zu setzen sei waghalsig bis verrückt. Ändere man sein Geschäftsmodell, verliere man treue Kunden, auf deren Basis ja der aktuelle Erfolg erwirtschaftet werde. Stattdessen sei es also klüger, auf langsames, aber kontinuierliches Wachstum zu setzen.

Das ist der Grund, warum disruptive Technologien selten in großen Konzernen entwickelt werden, sondern in Startups mit schlanken Strukturen. Sie werden entwickelt von denen, die nicht viel verlieren, aber alles gewinnen können. Die Etablierten nehmen das zunächst nicht wahr, dann werden die Newcomer belächelt, dann marginalisiert, dann bekämpft – und schließlich wird das Alte vom Neuen geschluckt, verdrängt oder gar abgeschafft. Das ist wie David gegen Goliath: Der Riese Goliath lacht den kleinen David so lange aus, bis er von David mit der Zwille einen Stein an den Kopf bekommt und tot umfällt.

Mein Ratschlag für große Firmen: Etabliert eine »Disruption«-DNA. Du musst bereit sein, dein eigenes Geschäft anzugreifen, sonst wird es jemand anderes machen!

DISRUPTION: EIN ÜBERBLICK

Ich bin ehrlich: Ich weiß auch nicht genau, wie unsere Zukunft aussehen wird. Aber ich weiß, dass sich unsere Welt schneller und tiefgreifender verändern wird, als die meisten Menschen sich das heute vorstellen können.

Es sind revolutionäre Technologien, die im Labor fertig entwickelt sind und darauf warten, von einem visionären Gründer oder einem mächtigen Global Player entfesselt zu werden. Und wenn man genau hinschaut, erkennt man, dass einige dieser Technologien bereits heute unseren Alltag verändern. Die Frage ist also nicht, ob, sondern nur, wann und wie diese Technologien revolutionäre Produkte hervorbringen. Wenn man sich anschaut, was seit der Einführung des PC passiert ist, sind die nächsten Schritte leichter nachvollziehbar.

9 0 E R

PC UND INTERNET

Die digitale Revolution startete mit dem massentauglichen Computer, der nicht umsonst Personal Computer genannt wurde – der allerdings noch vergleichsweise schwer zu bedienen, langsam und an einen festen Ort gebunden war. Es folgte dann das Internet mit dem World Wide Web, welches Wikipedia, Amazon und Google & Co. ermöglichte. Damals aber noch als kleine, unbedeutende Firmen oder Plattformen.

2008

INTERNET IN DER HOSENTASCHE

Das Potenzial des Internets entfaltete sich schlagartig, als Steve Jobs mit dem iPhone das Internet mobil machte. Intuitive Bedienung, Apps und die erste mobile Datenflatrate waren eine Revolution. Allerdings waren das Gerät und die monatlichen Verträge zu Beginn für viele Menschen noch zu teuer. Gleichzeitig starteten die ersten sozialen Netzwerke wie Facebook und Twitter ihr steiles Wachstum. Dies war die Grundlage für die Sharing Economy mit Unternehmen wie zum Beispiel Airbnb und Uber.

2012

SMARTPHONE 2.0: UNSER STÄNDIGER BEGLEITER

Google zog mit Android nach, wodurch günstige Smartphones in der Breite verfügbar wurden. Der harte Wettbewerb unter zwei kapitalstarken Unternehmen sorgte zudem für eine beschleunigte Hard- und Softwareentwicklung. Inzwischen ist das Smartphone unser engster und wichtigster Begleiter. Via Text, Bild, Video und Emoticons verbindet es uns mit Freunden. Es macht hochwertige Fotos, lässt uns bezahlen, weist uns den Weg und beantwortet unsere Fragen. Zusätzlich erweitern Millionen kreative Entwickler mit ihren Apps täglich die Anwendungsgebiete.

2 0 1 4

DIE CLOUD SPEICHERT UND VERARBEITET

Mit meinem ersten PC konnte ich über ein Modem mit maximal 0,0096 MBit Daten über eine Festnetzleitung übertragen. Heutige Smartphones sind dank 4G mit über 100 MBit mit dem Internet verbunden. Dies wiederum befeuert das Cloud-Business. Es gibt also nicht nur immer mehr Computer in unseren Hosentaschen, sondern auch die Rechenzentren der großen Cloud-Anbieter wachsen fast im gleichen Tempo mit. Die Kapazität der Amazon-Cloud (AWS) hat sich zum Beispiel von 2014 bis 2017 vervierfacht. Die Cloud ist dabei mehr als ein reiner Datenspeicher, sie gibt auch Zugriff auf Dienste und Rechenleistung.

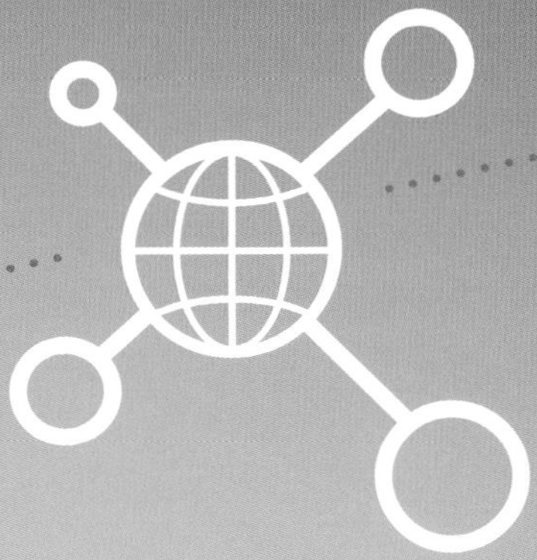

2 0 1 7

UNSERE UMWELT WIRD DIGITAL

All dies ist die Grundlage für die nächsten Schritte: Big Data, künstliche Intelligenz, 5G, VR/AR. Das schnelle Wachstum des Smartphone-Markts – 2017 rund 1,5 Milliarden Geräte – sorgt dafür, dass Prozessoren, Speicher und Sensoren immer besser und günstiger werden. Dies wiederum ermöglicht, dass unser gesamtes Umfeld immer weiter digitalisiert wird: Smartwatches, Fitnessbänder, smarte Brillen, KI-Lautsprecher, Assistenzsysteme in Autos oder Sensoren, die Umweltwerte erfassen. Dadurch entsteht auch eine immer größere und aktuelle Datenbasis. Ungefähr hier stehen wir heute. Aber wie geht es weiter?

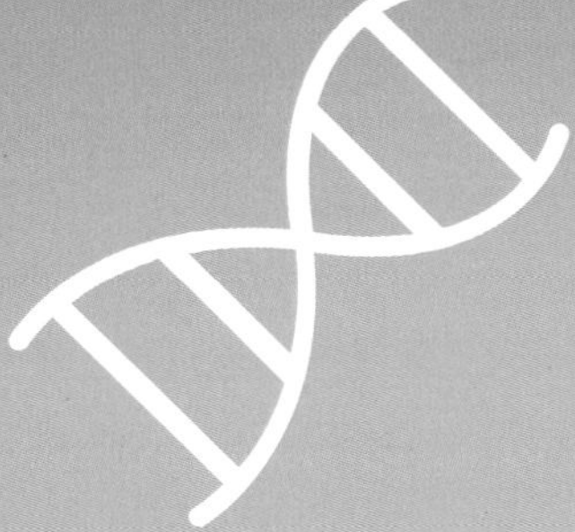

2018

REVOLUTION IN DER ECHTEN WELT – 3D-DRUCK UND ROBOTER

Ein Ende des oben beschriebenen digitalen Wachstums ist nicht abzusehen, aber jetzt kommt ein neuer Aspekt hinzu: 3D-Druck und Roboter. Durch 3D-Druck werden digitale Welten zum ersten Mal Wirklichkeit. Ein Auto, das in der Cloud konzipiert, virtuell getestet und dann gedruckt wird, um in unserer realen Welt zu fahren, ist keine Science-Fiction mehr. Roboter gibt es inzwischen nicht nur in der Industrie, sondern auch in unserem Alltag. Sie mähen unseren Rasen oder reinigen unsere Wohnungen und sind damit schon in vielen Haushalten angekommen. Amazon wird bald eigene günstige Haushaltsroboter anbieten.

2020

KÜNSTLICHE INTELLIGENZ UND ROBOTER WERDEN EINS

Jetzt beginnt die richtig große Revolution: Roboter werden mit künstlicher Intelligenz ausgestattet und sind über 5G mit der Cloud und untereinander (Peer to Peer) verbunden.

Bisher waren Roboter in unserem Alltag und auch in der Industrie auf starre Aufgaben beschränkt. Dies wird sich mit der neuen Generation von flexiblen Robotern mit unzähligen Sensoren radikal ändern. Durch die Verbindung der nächsten Hardwaregeneration mit künstlicher Intelligenz und Zugriff auf die Ressourcen der Cloud sowie die Daten von IoT-Geräten werden flexible und intelligente Helfer entstehen.

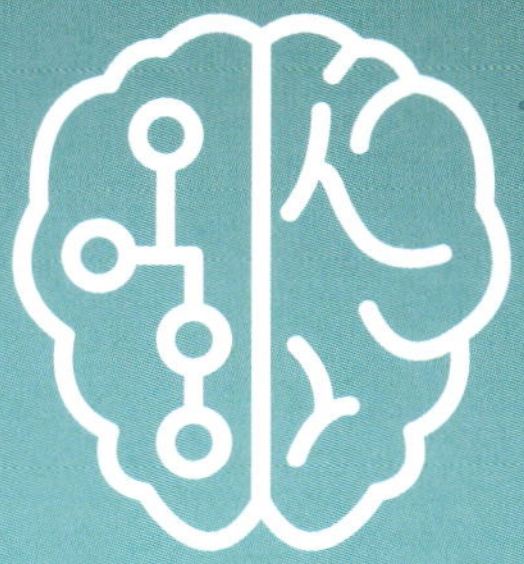

2030

MENSCH UND MASCHINE WERDEN EINS

Der Mensch steht weiterhin im Mittelpunkt, erweitert seine geistigen und physischen Fähigkeiten aber stark durch verbundene Maschinen und Software. So wie wir uns heute auf unser digitales Adressbuch oder unseren Kalender verlassen, werden wir dann auch Denkaufgaben oder Hausarbeiten durch Maschinen erledigen lassen. Einige Unternehmen und Forscher haben bereits erste Prototypen zur direkten Verbindung mit unserem Gehirn – Brain-Computer-Interface (BCI) – vorgestellt.

Ob und wie wir diese direkte Verbindung herstellen können und sollten, kann ich heute noch nicht sagen. Aber Mensch und Maschine werden sehr nahe sein.

2050

TECHNOLOGISCHE SINGULARITÄT

Als technologische Singularität bezeichnet man den Moment, in dem eine künstliche Superintelligenz (Artifical Super Intelligence, ASI) die weitere Entwicklung für uns und sich selber übernimmt. Die größte Chance und Gefahr der menschlichen Geschichte. Noch liegt in unserer Hand, ob diese ASI Fluch oder Segen wird. Eins ist sicher: Sie kommt. Im Kapitel »Künstliche Intelligenz« steige ich tiefer in das Thema ein.

15

DER BAUKASTEN DER ZUKUNFT

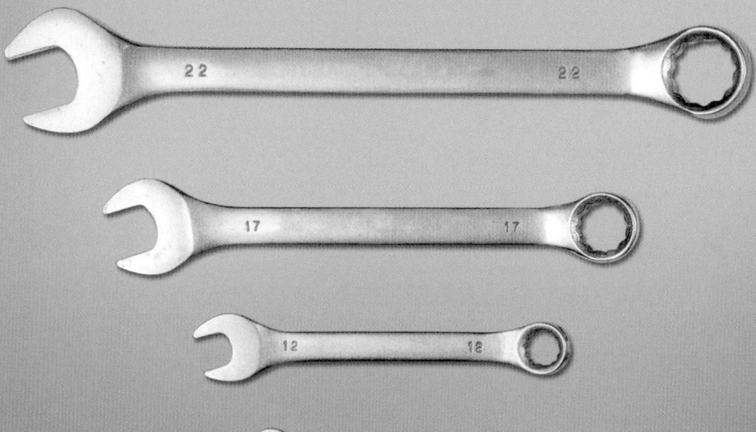

ÜBERSICHT ÜBER DEN BAUKASTEN DER ZUKUNFT

In diesem Kapitel gebe ich dir einen Kurzeinstieg in die wichtigsten Technologien, die die bevorstehenden Revolutionen vorantreiben. Jeder, der einige dieser Technologien sinnvoll und geschickt kombiniert, kann neuartige Produkte erschaffen. Oft stecken hinter komplizierten Begriffen sogar einfache Konzepte, und ich denke, jeder sollte sie kennen. Damit du weißt, was gleich auf dich zukommt, hier einige der wichtigsten Schlagworte:

- Künstliche Intelligenz
- Distributed Ledger (Blockchain) und Kryptowährungen
- 5G und IoT
- Sensoren und Big Data
- Sprachsteuerung
- Cloud-Computing
- Virtual und Augmented Reality
- 3D-Druck
- Roboter und E-Transportation
- Quantum-Computing

Die Liste ist natürlich nicht komplett – das würde den Rahmen dieses Buchs sprengen. Oft sind die Grenzen zwischen den einzelnen Bereichen auch fließend, und eine Technologie baut auf der nächsten auf. Aber du erhältst hier einen kurzen Einblick in unsere Zukunft. Die Bereiche künstliche Intelligenz (KI) und Distributed Ledgers, wozu auch die Blockchain und Kryptowährungen gehören, sind so wichtig und umfangreich, dass ich ihnen je ein eigenes Kapitel nach diesem gewidmet habe.

5G UND DAS INTERNET DER DINGE (IOT)

Das erste iPhone brachte uns das mobile Internet, und ich erinnere mich noch sehr gut an dieses Wahnsinnsgefühl. Aber die damals maximal möglichen 0,2 MBit Datenübertragungsrate empfinden wir heute als »offline«. 4G verbindet unsere Smartphones inzwischen mit bis zu unglaublichen 100 MBit mit dem Internet. Die nächste Mobilfunkgeneration 5G wird uns mit Gigabit-Geschwindigkeiten anbinden – das hört sich selbst für mich wie Science-Fiction an, ist aber zum Beispiel bei mir in Bonn und

>(IOT) INTERNET OF THINGS

Das »Internet of Things«, also »Internet der Dinge«, bezeichnet die digitale Vernetzung von physischen und virtuellen Gegenständen. Kleine, billige Chips werden in Dinge eingebettet, von der Milchtüte über den Kühlschrank bis hin zur Unterhose, sodass diese Dinge miteinander kommunizieren können. Das fängt an bei der Paketverfolgung und geht über die an verschiedene Nutzer automatisiert angepassten Einstellungen bei Autos oder Bürostühlen bis hin zur Bestellung von Lebensmitteln durch den Kühlschrank an den Lieferdienst: »Bei Frank ist die Milch alle. Bitte neue liefern!«

in Berlin bereits Realität. Mit dieser Geschwindigkeit lassen sich hochauflösende Virtual-Reality-Umgebungen oder 5K-Videos in Echtzeit übertragen. Mit der nächsten Generation an ultrahochauflösenden Displays wird der Unterschied zwischen Realität und den digitalen virtuellen Inhalten kaum noch bemerkbar sein.

5G bringt aber für mich noch etwas Wichtigeres als bloße Geschwindigkeit: garantierte Bandbreite und extrem kurze Latenz, also eine schnelle Antwortzeit. Dies ist zum Beispiel bei selbstfahrenden Autos, Tele-Operationen und vielen anderen zeitkritischen Anwendungen lebenswichtig. Während ein Onlinespiel oder dein Netflix-Stream mal kurz aussetzen dürfen, zählt bei diesen wichtigen Anwendungen eben jede Millisekunde. Diese hohen Standards – sichere Bereitstellung (QoS – Quality of Service) und schnelle Antwortzeiten – gibt es mit 4G noch nicht. Und noch eine Eigenschaft wird unseren Alltag verändern: der sehr geringe Energieverbrauch der mit 5G ausgestatteten Geräte. Nicht nur unsere Smartphones sind gefühlt ständig leer. So setzen sich zum Beispiel Tracker für unsere Koffer, Kinder und Hunde bislang nicht durch, da sie jeden Tag aufgeladen werden müssen. Wenn 5G-Tracker mehrere Wochen halten, wird sich **IOT** noch viel stärker durchsetzen. IoT beschreibt die Vernetzung von Geräten des Alltags mit dem Internet, wie zum Beispiel der Kühlschrank, der automatisch neuem Joghurt bestellt. Aber auch den Container, mit dem Produkte aus Asien nach Deutschland transportiert werden. Heutzutage wissen die großen Logistikunternehmen oftmals nicht, wo ihre Container sich gerade befinden, doch mit 5G lässt sich dies einfach ändern. Wenn wir Dinge kostengünstig, zuverlässig und mit geringem Energieverbrauch mit dem Internet verbinden können, wird die große Big-Data-Welle endgültig losgetreten.

SENSOREN UND BIG DATA

Dank der Produktion von über 1,5 Milliarden Smartphones pro Jahr sind hochwertige Sensoren sehr, sehr günstig geworden. Wollte man vor einigen Jahren einen

GPS-, Helligkeits-, Beschleunigungs- oder Näherungssensor in seinem Produkt verbauen, war dies zwischen 100- bis 1.000-Mal teurer als heute. Das Ergebnis: Wir können heute in elektronische Geräte unzählige Sensoren einbauen, ohne den Preis deutlich anheben zu müssen. Auch WiFi-, Bluetooth- und 4G-Chips sind für wenige Cent oder Dollar zu haben und vernetzen unsere Kühlschränke, Waschmaschinen, Schuhe und vieles mehr. Das Ergebnis: Eine explodierende Anzahl von Geräten mit immer mehr Sensoren überträgt Daten in die Cloud. Mittels Big-Data-Technologien sollen daraus sinnvolle Aussagen für uns gewonnen werden. Hierzu benötigt man neue Datenbank-Technologien, **ALGORITHMEN** und viel Rechenpower. Im Idealfall verbessert die gewonnene Erkenntnis unser Leben in vielen Bereichen:

>ALGORITHMEN

Werner Stangl definiert Algorithmus als »eine systematische, logische Regel oder Vorgehensweise, die zur Lösung eines vorliegenden Problems führt«. Das kann also erst mal sehr viel sein, z. B. sogar ein Kochrezept oder ein Gesetz. In der IT meint man damit grob gesagt die Regeln, wie ein System zu einer Lösung kommt. Die Gesamtheit der Regeln, nach denen Google seinen Suchindex zusammenstellt, bezeichnet man z. B. als »Google-Algorithmus«.

- Geschäftsprozesse, Logistik und vieles mehr kann effizienter gestaltet werden.
- Unser Gesundheitswesen kann kostengünstiger werden und dennoch bessere Leistungen bieten.
- Durch Sensoren können wir vor drohenden Herzinfarkten und anderen kritischen Situationen gewarnt werden.
- Polizei und Feuerwehr können Einsätze besser planen.
- Jedes einzelne Haus verbraucht deutlich weniger Energie zum Heizen und Kühlen.
- Staus können oftmals verhindert oder zumindest zuverlässig vorausgesagt werden.

Dagegen steht der Schutz unserer Privatsphäre. Wenn eine Firma oder der Staat alles über mich weiß, kann das viele ungewollte negative Effekte haben. Unsere Aufgabe ist es, Vor- und Nachteile zu analysieren und intensiv zu diskutieren, um den richtigen Weg zu finden. Aktuell habe ich jedoch den Eindruck, dass wir uns in Deutschland zu sehr auf die Gefahren konzentrieren. Sensoren und Big Data helfen uns, unser Leben effektiver, gesünder und sicherer zu machen. Das dürfen wir bei aller gebotenen Vorsicht nicht aus den Augen verlieren.

SPRACHSTEUERUNG/VOICE

Sprachsteuerung ist schon seit vielen Jahren ein Thema: Erinnerst du dich noch an meinen BMW aus twisd-AG-Zeiten? Dessen Navi konnte ich schon mit Sprachbefehlen aktivieren, und mit einigen Nokia-Handys ließen sich seinerzeit bereits Anrufe tätigen, indem man einfach den Namen des Anzurufenden sagte. Wahnsinn. Das funktionierte allerdings beides eher schlecht als recht. Inzwischen sind wir viel weiter – und Sprachsteuerung ist dabei, unseren Kontakt zu Computern zu revolutionieren. Noch sind digitale Assistenten wie Googles Assistant, Apples Siri, Amazons Alexa oder Microsofts Cortana nur reine Befehlsempfänger, die mehr oder weniger auf Stichworte reagieren und uns nur sehr begrenzt verstehen – so hat zum Beispiel vor kurzem ein sechsjähriges Mädchen in den USA mithilfe von Alexa ein Puppenhaus und vier Pfund Zuckerkekse bestellt. Unnötig zu erwähnen, dass die Eltern Alexa jetzt einen Code verpasst haben. Die Pointe dieser Geschichte liegt aber ganz woanders: Ein regionaler Fernsehsender in San Diego hat über den Vorfall berichtet, und der Moderator sagte: »Herrlich, wie das kleine Mädchen gesagt hat: ›Alexa, ich hätte gerne ein Puppenhaus!‹« Nach diesem Satz haben sich überall in San Diego Alexas eingeschaltet, die ein Puppenhaus bestellen wollten. Wie viele Puppenhäuser dann aber auch wirklich ausgeliefert wurden, ist leider nicht bekannt.

Die Entwicklung der Dienste und dahinterstehenden Software geht aber rasant voran. Gerade Google profitiert dabei von seinen vielen Daten-Sammelstellen: Suchanfragen, E-Mail-Inhalte, Kalendereinträge, gebuchte Flüge und Reisen … Google lernt jeden Tag sehr viel über uns und ist immer auf dem aktuellen Stand. Es wird nicht mehr lange dauern, bis wir uns mit Siri und Co. wie mit einem Menschen in natürlicher Sprache unterhalten und echte Gespräche führen können. Sprachassistenten werden intelligente Rückfragen stellen, uns auf weitere relevante Informationen im jeweiligen Kontext hinweisen, uns an der Stimme erkennen und auf Wunsch von sich aus aktiv werden, wenn sie wichtige Hinweise für uns haben. Zudem werden die Sprachassistenten allgegenwärtig sein – in Smartphones, intelligenten Lautsprechern, Smartwatches, Kopfhörern, Autos, Kassenautomaten und an vielen weiteren Stellen. Das heißt: Gespräche mit Computern werden schneller und tiefer in unser Leben eingreifen, als wir es heute vermuten.

CLOUD-COMPUTING

Ob Dropbox, Google Drive, Microsoft OneDrive, Apple iCloud und viele andere Anbieter mehr – die Cloud zum Speichern von Daten ist für viele von uns schon ganz normaler Alltag. Und selbst wenn du denkst, du würdest keine Cloud-Dienste nutzen, täuscht du dich wahrscheinlich, denn B2B-Cloud-Anbieter wie Amazon mit seinen Amazon Webservices (AWS), Microsoft mit Azure, IBM und viele andere liefern für Online-Plattformen und Dienste wie Instagram, WhatsApp, Pinterest, Facebook, Snapchat, Spotify, Netflix und Co. die technische Grundlage.

Beim Cloud-Computing geht es um mehr als die reine Datenablage, es geht um nahezu unendliche Rechenleistung auf Abruf, ohne einen einzigen Computer zu besitzen. Mit hoher Wahrscheinlichkeit nutzt auch du schon diesen weiteren Bereich der Cloud. Die künstliche Intelligenz unserer digitalen Assistenten beispielsweise liegt nicht bei dir auf dem Smartphone oder Smartspeaker, sondern lebt in der Cloud. Stellst du zum Beispiel Amazons Alexa eine Frage, wird nur das Schlüsselwort »Alexa« lokal verarbeitet, deine eigentliche Frage wird in die Cloud übertragen, wo dann die Spracherkennung durchgeführt und die Antwort berechnet wird. Bei Siri, Cortana und dem Google Assistant ist das nicht anders. Die Rechenleistung deines Smartphones verdoppelt sich zwar auch lokal jedes Jahr, aber durch die schnelle Internetanbindung werden immer mehr Berechnungen in die Cloud verlagert. Hierdurch kann zum Beispiel selbst ein alter Spiele-PC wieder großartige Grafik liefern, da die entsprechende Leistung aus der Cloud kommt. Der Übergang zwischen deinem PC oder Smartphone zur Cloud ist fließend – von moderner Software wird dynamisch entschieden, wo welche Berechnungen am besten stattfinden. Startups ermöglicht die Cloud komplexe Berechnungen in kürzester Zeit, wie zum Beispiel die des Strömungsverhaltens unseres Lilium-Jets. Hierzu werden Hunderte leistungsstarke Prozessoren benötigt, die sich früher nur große Konzerne kaufen konnten. Dank der Cloud können solche Kapazitäten auf Knopfdruck für die benötigte Zeit und Aufgabe von jedermann angemietet werden. Das ist dazu noch ungeheuer effizient: Wenn früher viele teure Server nur zu zwei bis drei Prozent genutzt wurden, weil sie lediglich für ihren Besitzer arbeiteten, können die Serverkapazitäten jetzt viel besser ausgelastet werden, da sie durch das virtuelle Rechenzentrum in der Cloud in wenigen Millisekunden für alle und für jeden aktuellen Bedarf bereitgestellt werden. Damit senkt die Cloud nicht nur die Kosten, sondern spart auch Energie und andere wertvolle Ressourcen.

Im Zusammenhang mit der Cloud und IoT hört man neuerdings häufiger den Begriff Edge-Computing. »Edge« heißt im Englischen so viel wie »Rand«. Mit Edge-Computing sind die Geräte am »Rand« des Netzwerks gemeint, die weitgehend autonom arbeiten. Das kann zum Beispiel ein intelligenter Thermostat, dein Rasenmäher-Roboter oder ein smarter Türöffner sein. Diese Geräte verarbeiten die Daten lokal, können aber auch untereinander (Peer to Peer) kommunizieren und greifen bei Bedarf auch auf die Cloud zu. Edge-Computing ist mithin eine Umschreibung des Zusammenspiels von IoT und Cloud.

VIRTUAL REALITY, AUGMENTED REALITY UND IMMERSIVE EXPERIENCE

Wenn du noch nie eine Virtual-Reality-Brille erlebt hast, versuch mal, eine im Freundeskreis oder im nächsten Elektronikmarkt zu finden, und setz sie dir auf. Glaub mir: Es ist wirklich ein eindrucksvolles Erlebnis, wenn man vor einem Elefanten auf einer einsamen Insel steht, mit einem Hai schwimmt oder auf einmal durch ein Penthouse in New York geht. Virtual Reality (VR) war bis vor kurzem noch ein teures Erlebnis, das einen leistungsstarken Gaming-PC vorausgesetzt hat, und ein Kabel zwischen Brille und PC verhinderte die freie Bewegung. Heute kannst du mit der Oculus Go für rund 200 Euro eine Brille erhalten, die die gesamte notwendige Technik beinhaltet – es ist kein PC und kein Kabel mehr notwendig. Natürlich ist der Unterschied zur echten Welt, wenn man bewusst darauf achtet, noch erkennbar. Aber dies wird sich in wenigen Jahren mit steigenden Auflösungen und mehr Rechenpower – via 5G aus der Cloud – ändern. Dann werden wir mit fast allen Sinnen in virtuelle Welten eintauchen, die die fast perfekte Illusion bieten. Das nennt man »immersive experience«.

Während wir bei der virtuellen Realität komplett in eine andere Welt eintauschen, verschmelzen bei Augmented Reality (AR) Realität und digitale Information. Frühe Anwendungsbereiche waren Kampfjets, in denen den Piloten Informationen zu ihrem Ziel ins Helmvisier oder in die Cockpitscheibe eingeblendet wurden. Diese Technologie ist heute im Auto als teures Extra mit dem Namen »HeadUp Display« verfügbar und zeigt zum Beispiel Navigationsanweisungen in der Windschutzscheibe an.

Noch weiter ist die Microsoft Hololens, von der inzwischen einige 10.000 Einheiten verkauft wurden. Die Brille vermischt im Sichtfeld des Trägers Realität und VR, man spricht daher auch von Mixed Reality. So zeigt sie zum Beispiel Technikern, wie sie eine Reparatur ausführen können; Innenarchitekten können im Voraus sehen, wie sich Möbelstücke in echte Räume einfügen, und Chirurgen erhalten Unterstützung bei Operationen. Vor allem in Verbindung mit 5G ergeben sich durch solche Mixed-Reality-Lösungen ganz neue Möglichkeiten. Technologien wie die Hololens kosten heute noch über 5.000 Euro, aber schon in wenigen Jahren werden sie für unter 500 Euro unsere Wohnzimmer erobern und dann auch spielerische Anwendungen unterstützen. Stell dir vor: Endlich laufen Pokemons und Spiderman durch dein Zuhause!

3D-DRUCK

3D-Druck ist für mich die Vorstufe des Transporters aus Star Trek – dort entmaterialisiert der Transporter das zu transportierende Objekt und setzt es an anderer Stelle ohne Zeitverlust wieder zusammen. In Star Trek wird dieser Prozess »beamen« genannt. Und auch wir können uns damit schon heute sehr vieles auf Knopfdruck ins echte Leben beamen. Irgendwo in der Cloud liegt die Vorlage für eine Schraube, ein Ersatzteil oder sogar ein ganzes Auto, und durch einen 3D-Drucker wird das Objekt jetzt zu dir gebeamt. Zack, schon hast du die Schraube in der Hand. Du hast das Geburtstagsgeschenk für deine Schwester vergessen? Drucke ihr doch schnell eine ganz individuelle Hülle fürs Smartphone oder eine Tasse! Alles schon jetzt kein Problem. Doch 3D-Druck kann viel mehr, zum Beispiel in der Medizin. Du hast einen Zahn verloren? Die Zahnlücke wird per Laser vermessen, und das Implantat kommt direkt aus dem 3D-Drucker – kein langes Warten auf den Zahntechniker mehr. Auch künstliche Herzklappen, Knochenersatzteile und sogar ganze Prothesen können direkt vor Ort und zu einem Bruchteil der bisherigen Kosten hergestellt werden.

In der industriellen Fertigung kommt der 3D-Druck ebenfalls zunehmend an. Triebwerksteile für die europäische Rakete Ariane werden gedruckt, um die Kosten für Raumflüge zu senken. Auch der Bau unseres Lilium-Jets wäre ohne 3D-Druck kaum möglich gewesen.

Doch nicht nur Ersatzteile können gedruckt werden: Wie schon erwähnt, ist auch der Druck ganzer Autos bereits möglich. Das amerikanische Startup ICON hat jetzt sogar ein komplettes einstöckiges Haus in weniger als 24 Stunden gedruckt, das später nicht mehr als 4.000 Dollar kosten soll. All dies eröffnet ganz neue Möglichkeiten. Ebenfalls schon Realität, wenngleich noch sehr teuer, ist der Druck von Lebensmitteln. Aber auch hier wird die schnelle technische Entwicklung dafür sorgen, dass in vielen Küchen in nicht allzu ferner Zukunft ein Gerät wie der Star Trek-Replikator statt einer Mikrowelle steht. Irgendwann könnte dadurch sogar ein Beitrag zur Bekämpfung von Lebensmittelknappheit geleistet werden. 3D-Drucker werden die Produktion vieler Güter grundlegend revolutionieren und für echte Disruption sorgen.

ROBOTER UND E-TRANSPORTATION

Die meisten Menschen denken beim Begriff »Roboter« an eine Art menschenähnlichen, künstlichen Butler. Doch folgt aus Gründen der Effizienz die Form der Funktion – wozu sollte man zum Beispiel einen Staubsaugerroboter überflüssigerweise mit Kopf, Armen und Beinen ausstatten?

Roboter und elektrisch betriebene autonome Autos, Flugzeuge und Schiffe sind für mich das Bindeglied zur Software in unsere reale Welt. Künstliche Intelligenz, 5G und die annähernd unbegrenzte Rechenkapazität aus der Cloud erlauben uns immer schneller, immer bessere Roboter zu entwickeln. Das ist eine positive Spirale, die sich mit zunehmender Geschwindigkeit dreht. Statt des universellen »Butlers« werden wir aber zunächst auf ihren Aufgabenbereich zugeschnittene Spezialisten sehen:

- Schon jetzt sind Roboter in Japan in der Pflege alter und kranker Menschen tätig, indem sie zum Beispiel helfen, Patienten umzubetten oder Getränke ans Bett zu bringen. Den menschlichen Pflegekräften bleibt so mehr Zeit für anspruchsvollere Betreuung, da sie von Routinearbeiten entlastet werden.

- Auch vor der Gastronomie machen Roboter nicht halt: Auf dem Kreuzfahrtschiff Quantum of the Seas mixen Roboter an der Bar Getränke und sind ein Publikumsmagnet.

- In Finnland werden kleine – Menschen nachempfundene – Roboter als Hilfslehrer eingesetzt und unterstützen die Schüler beim Lernen von Fremdsprachen.
- Panasonic hat einen Kühlschrank entwickelt, der auf Zuruf zu einem fährt – ideal nicht nur für Couch-Potatoes, sondern auch für Menschen, die in ihrer Bewegung eingeschränkt sind.

Deutlich anspruchsvoller sind die Modelle von Boston Dynamics. Der SpotMini zum Beispiel ist ein vierbeiniger Roboter, der sich sehr gut in Gebäuden bewegen und dort einfache Botendienste übernehmen kann. SandFlea kann zehn Meter hoch springen, und Atlas bewegt sich ähnlich wie ein Mensch und ist für den Einsatz in schwierigem Gelände ausgelegt, wo er Aufgaben übernimmt, die für uns zu belastend oder zu gefährlich sind. Diese Roboter zeigen, wie nahe wir dem universellen Butler schon heute sind. Wenn du die Boston-Dynamics-Roboter einmal im Einsatz sehen willst, habe ich unter **frank.io/roboter/** einige Videos hinterlegt. Die Herausforderung bei solchen Modellen, die verschiedene und komplexe Aufgaben übernehmen können, ist weniger die Software, sondern es sind die vielen mechanischen Teile, die gebraucht werden, um die komplizierten Bewegungsabläufe durchführen zu können. Eine Lösung kann und wird hier aus meiner Sicht der 3D-Druck bringen, der die Entwicklungs- und Produktionskosten deutlich senken wird – ein weiteres Beispiel dafür, wie verschiedene Technologien ineinandergreifen und sich gegenseitig ermöglichen.

Technisch gesehen sind übrigens auch autonome Fahrzeuge nichts anderes als eine Art Roboter. Die Technik bei selbstfahrenden Autos ist schon sehr weit. Ich lasse mich heute schon die meisten Strecken von meinem Auto fahren. Es ist mit acht Kameras, zwölf Ultraschallsensoren und einem Radar ausgestattet. Mit jedem Online-Update wird es intelligenter, und den Plänen von Tesla zufolge wird meine Fahrt von zu Hause in mein Büro in absehbarer Zeit zu 100 Prozent softwaregesteuert möglich sein. Nicht ganz so im Blickpunkt der Öffentlichkeit stehen andere Fahrzeuge und Transportmittel. Die Bahn AG plant aber schon sehr konkret, Züge ohne Lokführer fahren zu lassen. Die Herausforderungen hierbei sind auch deutlich einfacher zu handhaben als die im Straßenverkehr. Norwegen plant, Schiffe vollautonom über die Weltmeere zu schicken – wenn Roboter an Bord dann eventuelle Reparaturen übernehmen können, braucht man gar keine Besatzung mehr. Und natürlich denken wir bei Lilium auch bereits an vollautonome Flüge.

QUANTUM-COMPUTING & CO

Jetzt geht es weiter in die Zukunft! Und diesmal auch ein wenig in die Welt der Physik – aber keine Angst. Ich versuche, es besser zu erklären als dein Lehrer damals in der Schule.

Künstliche Intelligenz, Virtual Reality, Big Data, autonome Roboter und Fahrzeuge sowie viele weitere neue Technologien verlangen immer mehr Rechenleistung. Zum einen auf deinen Geräten wie Notebook oder Smartphone, zum anderen – und da sogar noch mehr – in der Cloud.

Die grundlegende Technik aller unserer heutigen Computer und Smartphones ist an sich aber schon über 70 Jahre alt: Silizium-Transistoren. Das sind – vereinfacht gesagt – elektronische Schalter, von denen moderne Prozessoren mehr und mehr enthalten. Einer der ersten modernen Mikroprozessoren, der Intel 4004 aus dem Jahr 1971, hatte 2 300 Transistoren, beim Intel 386SX, mit dem ich rund 15 Jahre später meine ersten PC-Erfahrungen sammelte, waren es schon 275.000. Inzwischen sind wir in ganz anderen Dimensionen angekommen. Apples A11-Prozessor, der zum Beispiel das iPhone 8 antreibt, bringt es auf 4.300.000.000 Transistoren, und das von Microsoft und AMD entwickelte Herz der Xbox One X kommt auf 7.000.000.000 – ziemlich beeindruckende Steigerungsraten.

Gordon Moore, einer der Gründer von Intel, prophezeite bereits 1965, dass sich die Komplexität moderner Prozessoren etwa alle 18 Monate verdoppeln würde. Und bis jetzt hat sich dieses »Moore'sche Gesetz« auch ziemlich genau bewahrheitet. Allerdings sind inzwischen Grenzen absehbar – man kann eben nicht beliebig viele Silizium-Transistoren auf die Fläche eines Fingernagels packen, da sie ab einer bestimmten Strukturgröße nicht mehr funktionieren. »You cannot change the laws of physics«, wie es bei Star Trek so schön heißt.

Forscher experimentieren angesichts dessen schon jetzt mit neuen Materialien, die für die Herstellung von Prozessoren verwendet werden können und die eine höhere Transistoren-Dichte auf den Chips erlauben. Lange galt Gallium-Arsenid als Kandidat für die Silizium-Nachfolge. Jetzt sieht es aber eher danach aus, als könnten ganz neue Nano-Werkstoffe wie Graphen oder Stanen der Stoff für die Prozessoren der Zukunft sein, die kleinere Strukturen erlauben und damit noch mehr Transistoren auf der Fläche – und möglicherweise auch in der Höhe, also in mehreren Schichten – ermöglichen würden. Nano-Werkstoffe in der Produktion von Prozessoren eröffnen der Forschung und der Industrie ganz neue Möglichkeiten, wieder in einem Weltmarkt mitzumischen, bei dem man den Anschluss verloren hat. Vielleicht kommt ja der zukünftige Weltmarktführer für Prozessoren aus Nano-Materialien aus München? Versuchen sollten wir es jedenfalls!

Und damit kommen wir nun zu einer ganz neuen und vielversprechenden Entwicklung, die ich hier besonders hervorheben will – zu der Entwicklung des Quantencomputers. Vermutlich wirst du schon gehört haben, dass herkömmliche Computer mit Bits rechnen – der Zustand eines Transistors kann 1 (Strom an) oder 0 (Strom aus) sein. Auch beim Quantencomputer gibt es so etwas wie Bits: Qubits, »Quantum Bits«. Ein Qubit kann zunächst der Zustand zum Beispiel eines Ions sein. Für dieses gelten dann aber nicht die Gesetze unserer klassischen Physik, sondern die der Quantenphysik. Was sich jetzt verrückt anhört: Ein Qubit kann nicht nur den Zustand 0 oder 1 haben, es sind auch beide gleichzeitig möglich – man nennt das die Superposition. Erst wenn man den Status des Qubits misst, also sozusagen das Ergebnis abfragt, wird ein eindeutiger Wert von 0 oder 1 geliefert. Dann kann man die einzelnen Qubits auch noch interagieren lassen, woraus sich weitere Möglichkeiten ergeben.

Das Ganze hört sich nicht nur kompliziert an, sondern ist es auch: Die Kunst besteht darin, die einzelnen Qubits zu beeinflussen, dann das Ergebnis wieder zu messen und besonders von Umwelteinflüssen abzuschirmen, damit keine sogenannten Quantenfehler entstehen. In der Praxis forscht man daher an verschiedenen Wegen, Quantencomputer technisch umzusetzen. Einfach zu realisieren sind sie alle nicht. Ionen, die mit Lasern angeregt werden, Elektronen in supraleitenden Spulen, Elektronen in Graphen, die mit der Spitze eines Rastertunnelmikroskops kontrolliert werden – wahrscheinlich können auch mit Chips aus dem bereits erwähnten Material Stanen Quantenprozessoren gebaut werden. Wegen der komplexen Technik sind die Modelle noch ziemlich groß – das aktuelle von IBM füllt einen großen Raum und hört sich wegen der Kühlung an wie eine Mischung aus Dampfmaschine und Uhrwerk.

Jetzt stellst du dir sicher die Frage, wie viele Qubits so ein Quantencomputer hat. Derzeit ist man zuverlässig bei 20 angekommen, was für erste Experimente reicht. Nur 20 Qubits, während ein A11-Prozessor im iPhone Milliarden Transistoren hat? Hier darf man sich nicht täuschen lassen: Da ein Qubit ja den Zustand der Superposition hat und mit anderen Qubits auf besondere Weise interagieren kann, kann man es mit einem herkömmlichen Transistor-Bit nicht vergleichen. Ein Quantencomputer mit 50 Qubits ist bei bestimmten Aufgabenstellungen schon leistungsstärker als die meisten herkömmlichen Supercomputer.

Technisch stehen wir mit Quantencomputern derzeit ungefähr da, wo die klassischen Computer in den 1940ern waren: raumfüllend, mit fehleranfälliger Technik – aber mit riesigen Chancen. Und wie auch damals geht es rasant weiter: Während ich Mitte 2018 diese Zeilen schreibe, kündigt Google einen Prozessor mit 72 Qubit an, was natürlich nicht das Ende der Fahnenstange ist. Die Stärken von Quantencomputern liegen darin, besonders komplexe Berechnungen schnell vornehmen zu können, zum Beispiel die Primfaktorzerlegung großer Zahlen. Damit ließen sich bisher als sicher geltende Verschlüsselungen knacken – zum Beispiel bei der Übertragung von Daten. Ein Grund dafür, warum sich die Geheimdienste so für diese Technologie interessieren. Auf der anderen Seite werden Quantencomputer besonders sichere Möglichkeiten der Kommunikation ermöglichen, die bisherigen Verschlüsselungsverfahren deutlich überlegen sind. Auch für die Simulation komplexer Modelle sind Quantencomputer besonders geeignet. So will VW zum Beispiel Quantencomputer einerseits einsetzen, um neue Materialien für den Automobilbau zu entwickeln, andererseits sollen neue städtische Verkehrskonzepte für Millionenmetropolen simuliert werden. Eine weitere Stärke eines Quantencomputers ist das Erkennen von Zusammenhängen in großen Datenmengen – Stichwort Big Data. Das erklärt auch, warum zum Beispiel Google so aktiv in diesem Segment ist – die Bilder- und Videosuche könnte revolutioniert werden. Die Anwendungsbereiche sind also bisher recht speziell und begrenzt. Dass in einigen Jahren ein Quantenprozessor in deinem Smartphone arbeitet, scheint nicht nur deswegen heute eher unwahrscheinlich. Aber es werden neue Cloud-Dienste möglich, die es in dieser Form nur dank Quantenrechnern geben wird.

Was mich besonders hoffnungsvoll stimmt: Europa hat bei dieser Technologie den Anschluss noch nicht verloren. Weit vorne sind zum Beispiel die Universitäten in Stuttgart, Cambridge, Innsbruck und in Bonn. Wichtig ist aber, dass wir dranbleiben und nicht wieder den Zug verpassen, wie es bei so vielen anderen Schlüsseltechnologien passiert ist. Wer sich jetzt für dieses Zukunftsthema interessiert, sich selbst intensiver damit auseinandersetzen und so vielleicht Teil der Quantenrevolution in Europa werden will, findest du unter **frank.io/quantencomputing/** mehr Infos und Links, darunter zum Beispiel auch die Möglichkeit, selbst mit einem 20-Qubit-Quantencomputer von IBM zu experimentieren.

GENE EDITING (CRISPR/CAS9)

Ich weiß, Gentechnik ist eine kontrovers diskutierte Technologie. Aber wenn wir Krankheiten heilen, die bisher meist tödlich verlaufen, oder das Problem der Unterernährung auf der Erde lösen wollen, werden wir ohne Gentechnik kaum auskommen. Umso wichtiger ist es aber auch, dass wir in diesem ebenso sensiblen wie bedeutsamen Bereich neue Technologien einsetzen, mit denen wir einerseits schneller und günstiger, andererseits aber auch sicherer zu Ergebnissen kommen. Eine solche moderne Gentechnik 2.0 ist die CRISPR/Cas9-Methode, die man sich bei Bakterien abgeschaut hat. Diese schneiden von Viren veränderte Erbgut-Stücke aus ihrer DNA heraus, das Virus wird dadurch unschädlich gemacht. Dieses Herausschneiden ist inzwischen im Labor vergleichsweise unkompliziert und zielsicher möglich. So können nicht nur unerwünschte Sequenzen aus dem Erbgut entfernt werden, sondern die herausgeschnittenen DNA-Bereiche lassen sich wiederum durch andere Erbgutinformationen ersetzen, die dann erwünschte Aufgabenstellungen übernehmen. So lassen sich zum Beispiel ertragreichere und widerstandsfähigere Nutzpflanzen züchten oder Erbrankheiten bei Menschen und Tieren bekämpfen. Die CRISPR/Cas9-Methode ist dabei viel kostengünstiger und auch sicherer als die bisherigen Verfahren und so genau, dass man von Genomchirurgie und manchmal sogar von Textverarbeitung im Erbgut spricht. Die CRISPR/Cas9-Methode ist dabei, die Gentechnik zu revolutionieren, und ermöglicht so noch nicht dagewesene Chancen.

UND WAS KOMMT NOCH? EIN BLICK BIS INS JAHR 2030

Die hier aufgeführten Technologien werden sicher bald in unserem Alltag ankommen – viele sind es ja schon. Die Frequenz und die Tiefe der Innovation wird aber nicht abnehmen, sie wird immer schneller werden. Das zeigt ein kurzer Ausblick für die nächsten 10 bis 15 Jahre. Großes Potenzial besteht in den Schnittstellen zwischen uns und dem Computer. Viele Unternehmen, darunter Facebook, aber auch eigens gegründete Startups wie Kernel oder MindMaze forschen an Brain Interfaces, also der Möglichkeit, unser Gehirn direkt mit einem Computer zu verbinden. Es wird sicher noch einige Jahre dauern und wir werden viele ethische Themen diskutieren müssen, aber Brain Interfaces werden kommen. Und schon heute werden durch erste Forschungsergebnisse querschnittsgelähmten Menschen neue Möglichkeiten eröffnet.

Vor großen Umbrüchen steht auch die Energiewirtschaft. Solaranlagen, Windräder, Speicherbatterien und andere Bausteine einer dezentralen Stromversorgung werden zu virtuellen Kraftwerken zusammengeschaltet und machen uns von den großen Energiekonzernen und konventionellen Kraftwerken unabhängig. Die Abrechnung und Abstimmung untereinander ist zudem eine perfekte Anwendung für eine dezentrale Blockchain (Distributed Ledger).

Einer Sache müssen wir ins Auge sehen: Mehr Smartphones, Gadgets, Akkus und Server in den Clouds brauchen auch mehr Rohstoffe, zum Beispiel Gold, Lithium und seltene Erden. Damit diese nicht knapp und zu teuer werden, müssen neue Quellen erschlossen werden. Der Abbau von Ressourcen auf dem Meeresgrund, das sogenannte Deep Sea Mining, kann durch autonome Roboter zu vertretbaren Kosten und umweltverträglich möglich werden. Ein bisschen mehr Science-Fiction sind Asteroid- und Space-Mining, also der Abbau von Rohstoffen auf Asteroiden oder anderen Himmelskörpern. Zwei der reichsten Unternehmer der Welt werden Hunderte Milliarden in diesen Traum investieren: Elon Musk mit SpaceX und Jeff Bezos mit Blue Origin.

CHANCE ODER RISIKO?

Das war mein kleiner Ausblick in unsere Zukunft. Vieles erscheint dir heute vielleicht noch als verrückte Idee oder als beängstigende Vision, aber die Entwicklung dieses Werkzeugkastens ist unaufhaltsam und wird sich drastisch beschleunigen – spätestens dann, wenn eine KI so weit ist, dass sie selbst eine noch leistungsstärkere KI entwickeln kann, die dann der menschlichen Intelligenz überlegen ist. Im nächsten Kapitel werde ich über diesen Zeitpunkt, den man technologische Singularität nennt, noch ausführlicher schreiben. Welche Erkenntnisse und darauf basierenden neuen Technologien wir dann sehen werden, kann derzeit niemand sagen. Vielleicht die Lösung aller Energieprobleme durch neuartige Fusionskraftwerke, wirksame Medikamente für bislang unheilbare Krankheiten, den Warp-Antrieb oder Erfindungen, die sich selbst noch kein Science-Fiction-Autor ausgedacht hat… Je weiter wir in die Zukunft schauen, umso wichtiger werden ethische Fragen. Wie stellen wir sicher, dass die nächsten technischen Revolutionen unser Leben wirklich »besser« machen? Diese Herausforderung gab es schon immer: Flugzeuge ermöglichen uns, für ein Wochenende in den Süden zu fliegen, aber sie werden auch eingesetzt, um Kriege zu führen. Sowohl die Chancen als auch die Risiken werden in Zukunft exponentiell größer werden. Es ist wichtig zu verstehen, dass Europa diese Entwicklungen nicht stoppen kann. Ich denke, wir haben nicht einmal die Macht, sie bedeutend zu verlangsamen. Deshalb müssen wir aktiv gestalten, das ist der einzig sinnvolle Weg.

Die Amerikaner und Chinesen haben viele der vergangenen technischen Revolutionen genutzt und »über Nacht« Weltmarktführer wie Google, Apple, Facebook, Alibaba oder Tencent aufgebaut. Jetzt ist es an uns, die nächste Welle technischer Innovationen zu nutzen und nach SAP endlich wieder neue Global Player zu erschaffen. Wenn wir weiterhin nur das Risiko sehen, werden wir auch die nächsten Chancen verpassen – und andere werden gestalten.

Noch vor zehn Jahren hatte der Präsident der Vereinigten Staaten unbestritten die meiste Macht: Er besaß alle Daten, er hatte die meiste Computing-Power und die administrativen Möglichkeiten, diese Power auch auf die Straße zu bringen. Heute hat fast jeder durch den hier beschriebenen Werkzeugkasten (bis auf den berüchtigten Atomknopf) die gleichen Möglichkeiten. Alle aufgeführten Werkzeuge sind extrem günstig und können schnell zum Einsatz kommen. Das ist eine einmalige Situation in der Geschichte der Menschheit. Also, Mut vor Angst, lasst uns loslegen und die nächste große Revolution mit diesem Baukasten schaffen!

16

KÜNSTLICHE INTELLIGENZ

> 226

KI – WAS IST DAS?

Der Begriff der künstlichen Intelligenz (KI) ist uns ja nun schon einige Male begegnet. Hierzulande oft auch als »Artificial Intelligence« (AI) bezeichnet, wird sie langsam, aber sicher Teil unseres Alltags. Ob selbstfahrende Autos, Sprachassistenten, deine Netflix-Filmempfehlung oder sogar bei der Steuerung deiner neuen High-End-Waschmaschine – jeder kommt in irgendeiner Form mit KI in Kontakt. Und weil künstliche Intelligenz ein so großes und bedeutsames Thema ist, möchte ich es hier etwas ausführlicher behandeln.

Doch was ist »künstliche Intelligenz« eigentlich? Vereinfacht gesagt wird versucht, menschliche Entscheidungsstrukturen maschinell nachzubilden, also Kommunikation, Intuition, Verstehen, Handeln, Schlussfolgern oder Lernen. Im Idealfall ist die digitale Kopie sogar besser als das Original, also besser als du und ich. Dabei ist allein die Frage, was menschliche Intelligenz oder Intelligenz an sich überhaupt ist, gar nicht so einfach zu beantworten. Der geniale Stephen Hawking war sich nicht einmal sicher, ob es auf der Erde intelligentes Leben gibt. Das Wort selbst kommt vom lateinischen »intellegere«, was meist mit »verstehen« übersetzt wird, eigentlich aber »wählen zwischen« heißt. Intelligenz heißt also zunächst, dass man bewusst entscheiden kann, was man tut. Im Detail ist das aber so komplex, dass die Wissenschaft sich bisher nicht auf eine einheitliche Definition einigen konnte. Es gibt kognitive Intelligenz, soziale Intelligenz, emotionale Intelligenz, sensomotorische Intelligenz …

Aber was heißt Intelligenz im KI-Bereich? Auch hier ist die Antwort gar nicht so einfach. Man unterscheidet zunächst zwischen einer »starken« und einer »schwachen« KI. Im Bereich der »schwachen« KI geht es um klar abgegrenzte Aufgabengebiete wie zum Beispiel Text- oder Bilderkennung. Wenn ich der Software 100 Katzen zeige, ist sie danach in der Lage, selbstständig Bilder mit Katzen zu erkennen. Es muss also nicht exakt diese Katze vorher auf einem Bild gewesen sein, sondern die Software ist »intelligent« und versteht – ähnlich wie wir Menschen –, was eine Katze ausmacht. Es gibt mittlerweile Tausende Anwendungsgebiete für diese klar abgegrenzte KI, zum Beispiel Textübersetzungen, Routenplanung, Aktienhandel, die automatische Steuerung von Werbeanzeigen und vieles, vieles mehr.

Was eine starke KI ausmacht, darüber gibt es trotz aller Unsicherheiten unter den meisten Forschern und Wissenschaftlern ebenfalls bereits eine grundlegende Einigkeit:

- logisches Denkvermögen,
- Entscheidungsfähigkeit auch bei Unsicherheit,
- Planungs- und Lernfähigkeit,
- Kommunikation in natürlicher Sprache,
- Kombination aller Fähigkeiten zur Erreichung eines übergeordneten Ziels.

Das Ziel bei einer starken KI ist es, eine Maschine zu bauen, die sich in allen genannten Aspekten der Intelligenz menschlich verhält und die menschlich reagiert. Diese Maschine hätte ein Bewusstsein ihrer selbst, und mit dem Willen zur Selbsterhaltung und Weiterentwicklung wäre irgendwann die sogenannte Singularität erreicht – dazu am Ende dieses Kapitels mehr. Solche mächtigen KIs begegnen einem bisher in Science-Fiction-Filmen. Manchmal stark abstrahiert wie HAL 9000 in 2001: Odyssee im Weltraum von Stanley Kubrick oder sehr menschlich, wie der kleine Junge David in A.I. – Künstliche Intelligenz von Steven Spielberg. Klar, das ist heute wirklich noch Zukunftsmusik, denn in diesem Bereich – das muss man ehrlich zugeben – ist die Forschung noch nicht sehr weit gekommen. Vielleicht ist das auch gut so, wenn man sieht, was in den Filmen passiert.

>BABELFISH

Der Babelfish, in Deutschland auch Babelfisch, kommt in Douglas Adams' Roman Per Anhalter durch die Galaxis vor. Man steckt ihn sich ins Ohr, und er übersetzt einem dann alle Sprachen des Universums, sodass es zumindest theoretisch keine Verständnisschwierigkeiten mehr gibt. Der Babelfish hat viele Projekte im Bereich der automatisierten Übersetzung inspiriert.

Die Entwicklung einer starken KI unterteilt sich in zwei aufeinanderfolgende Phasen: In der ersten Welle geht es darum, die Daten, mit denen die KI arbeitet, digital zu erfassen, zu speichern, zu übertragen und zu verarbeiten. Aber erst in der zweiten Welle wird es spannend: nämlich dann, wenn die KI diese Daten versteht, ergänzt, aktiv nutzt und am Ende produktiv umsetzt.

Meine persönliche Einschätzung ist, dass wir uns gerade im Übergang von der ersten zur zweiten Welle befinden. Und obwohl sich KI derzeit sehr schnell entwickelt, wird es noch einige Jahre dauern, bis wir die erste wirklich starke KI erleben werden.

WAS KANN KI SCHON HEUTE?

Seien wir ehrlich: In einigen Bereichen ist KI heute noch ein echter Rohrkrepierer. Jeder, der schon einmal verzweifelt versucht hat, sich per Spracherkennung bei einer Hotline zum gewünschten Ziel durchzuhangeln, weiß, wovon ich rede: »Wann muss ich meine Reifen wechseln?« »Meinten Sie Seitenwechsel?« »Neinnn! Reifen wechseln!« »Ich habe leider keine Information zum Seitenwechsel.« Spätestens dann legt man auf.

Apples Sprachassistentin Siri zum Beispiel hat laut einer Studie von chinesischen Forschern einen Intelligenzquotienten von lediglich 23,94. Ein sechsjähriges Kind hat im Vergleich dazu bereits einen IQ von durchschnittlich 55,5. Aber immerhin hat sich der IQ der KI innerhalb der letzten vier Jahre fast verdoppelt und Amazons Alexa, Microsofts Cortana und insbesondere der Google Assistant entwickeln sich aktuell deutlich schneller als Siri. Der Google Assistant konnte zum Beispiel als Erster zusammenhängende Gespräche führen, um beispielsweise einen Friseurtermin zu vereinbaren. Und die menschliche Gesprächspartnerin am anderen Ende der Leitung hatte die ganze Zeit über nicht den blassesten Schimmer, dass sie mit einer Maschine redete. Bis zu diesem Zeitpunkt hatten die Assistenten immer versagt, wenn man zwei Fragen in einem Satz stellte. Google kann dies und vieles mehr nun verstehen und in einem unter Menschen gewohnten Gespräch verarbeiten. Unter **frank.io/googlespricht/** kannst du dir das anhören.

Dass Google so erfolgreich ist, liegt daran, dass das Unternehmen anhand der Billionen Suchanfragen und der von Milliarden Android-Smartphones gesammelten Daten lernt, was Menschen wirklich wissen wollen und wie sie kommunizieren.

Trotz noch so mancher Pannen leistet die KI in einigen Bereichen in Kombination mit Big Data bereits Erstaunliches: Vergleichen wir einmal Übersetzungsprogramme von vor drei Jahren mit Übersetzungsprogrammen von heute. Was sich da getan hat, ist wirklich spektakulär. So ist es zum Beispiel möglich, mit Skype einen Videochat mit jemandem zu führen, dessen Sprache man nicht beherrscht – die KI übersetzt live. Und sogar den **BABELFISH**, den man aus Per Anhalter durch die Galaxis kennt, gibt es schon. Nur dass man sich statt eines Fischs die Google-Pixel-Bud-Kopfhörer ins Ohr steckt, um Live-Übersetzungen zu erhalten. Vor wenigen Jahren war auch das alles noch Science-Fiction.

In dem Zusammenhang fällt mir eine spannende Geschichte ein, die ich dir nicht vorenthalten möchte. Stell dir eine KI vor, die aufgrund ihrer Datenbasis zum Beispiel Englisch ins Deutsche übersetzen kann und Chinesisch ins Englische. Was macht das System, wenn es jetzt einen deutschen Text ins Chinesische übertragen soll? Das neuronale Netzwerk, das hinter Googles Übersetzungsdiensten steht, hat sich für solche Aufgabenstellungen eine eigene Zwischensprache entwickelt, um besser und schneller zwischen zwei Sprachen übersetzen zu können, deren direkte Übersetzung es bisher noch nicht beherrscht (**frank.io/uebersetzung/)**. Überhaupt scheinen KIs eine Vorliebe für die Entwicklung eigener Sprachen zu haben. So haben Forscher bei Facebook zwei **BOTS** entwickelt, die in englischer Sprache hypothetische Kaufverhandlungen miteinander führen sollten. Irgendwann schien den beiden Systemen die vom Menschen erschaffene englische Sprache zu umständlich zu sein, und sie begannen, sich in einer grammatikalisch stark vereinfachten und damit aus ihrer Sicht effizienteren Sprache zu unterhalten. Hier kommt noch ein Riesenthema auf uns zu, denn KIs, die sich auf einer dem Menschen fremden Sprache unterhalten, könnten auf Dauer zu erheblichen Problemen führen.

> BOTS

Grundsätzlich sind Bots Programme, die spezielle Aufgaben weitgehend automatisiert erledigen können. Der Begriff wurde in letzter Zeit durch Chatbots und Social Bots populärer. Chatbots werden z. B. beim Kundensupport eingesetzt, um Kundenanfragen in einem Chat automatisiert zu beantworten. Social Bots sind in sozialen Netzwerken unterwegs und sollen sich oft möglichst menschlich verhalten, indem sie vorgegebene Aussagen veröffentlichen, anderen Nutzern folgen und mit diesen interagieren. Oft werden sie für Werbung oder politische Propaganda (»russische Trolle«) genutzt.

> EXPERTENSYSTEM

Ein »Expertensystem« (kurz: XPS) bezeichnet ein Computerprogramm, das den Menschen wie ein Experte bei der Lösung komplexer Probleme unterstützen kann. Mithilfe von Expertensystemen können zum Beispiel wissenschaftliche Daten ausgewertet und medizinische Diagnosen gefunden oder präzisiert werden.

Erstaunliches tut sich nicht nur im Bereich der Übersetzungen, sondern auch bei **EXPERTENSYSTEMEN**. Die IBM-KI namens Watson schlägt in einigen Bereichen der Diagnostik bereits menschliche Ärzte. So zeigte bei einer Japanerin eine Therapie für Blutkrebs keine Wirkung – Watson brauchte nur zehn Minuten, um 20 Millionen klinische Studien zu durchforsten und bei der Patientin eine besonders seltene Form der Leukämie zu erkennen.

Das japanische Versicherungsunternehmen Fukoku Mutual Life Insurance nutzt seit kurzem ebenfalls Watson in seiner Zahlungsabteilung, was zu einer deutlich erhöhten Effizienz, aber auch zur Entlassung von gut 30 Prozent der Mitarbeiter geführt hat. Wird ein Versicherungsfall gemeldet, analysiert Watson die den Fall betreffenden medizinischen Berichte und schlägt dem Sachbearbeiter dann vor, ob die beantragte Auszahlung vorgenommen werden soll. Die letzte Entscheidung fällt zwar noch ein Mensch, aber es ist aus meiner Sicht nur noch eine Frage der Zeit, bis auch dies durch eine KI erfolgt.

Ein anderer Algorithmus hat in den USA 140.000 Krankenakten von verstorbenen Patienten studiert. Mit diesem Wissen hat man ihm 40.000 andere Krankenakten vorgesetzt – und er sollte den wahrscheinlichen Todeszeitpunkt vorhersagen: In neun von zehn Fällen lag er richtig. Für Schwerkranke, die den Wunsch nach einem friedlichen Sterben im eigenen Haus haben, kann dies in Zukunft ein Segen sein. Zurzeit bleibt dieser Wunsch aufgrund unzuverlässiger Diagnostik oft noch verwehrt. Tatsache ist: Künstliche Intelligenz wird annähernd alle Bereiche unseres Alltags durchdringen und vieles einfacher machen.

Besonders herausragend ist eine jüngst vorgestellte KI, die neue chemische Verbindungen gestalten kann, wie man sie beispielsweise für neue Medikamente benötigt. Das System ist schon so gut darin, dass Experten seine Ergebnisse nicht von durch Menschen erdachten Entwürfen unterscheiden konnten – und diese KI steht erst ganz am Anfang.

ABER EIN PAAR BEREICHE BLEIBEN DEM MENSCHEN NOCH – ODER?

Kunst, Literatur, Musik – überall da, wo es um Kreativität geht, da habe KI keinen Platz, höre ich öfter. Denn Kreativität sei ja tief verwurzelt mit Beziehungen, Kulturen und Erfahrungen. Es tut mir leid, Illusionen zu zerstören, aber auch auf diesem Gebiet kann KI bereits einiges besser – sie macht ihre Erfahrungen Millionen Mal schneller als der Mensch.

Nehmen wir die Kunst: Streng genommen greift die Maschine künstlerisch schon ein, wenn du bei Instagram einen Filter einsetzt. Und auch moderne Smartphonekameras haben eine eigene KI, um aus dem von der Optik eingefangenen Datenmaterial das bestmögliche Bild zu generieren. Ein anderes Beispiel ist die App Prisma, die aus deinen Fotos je nach Filter ein klassisches Ölgemälde oder ein modernes, abstraktes Kunstwerk macht. Richtig beeindruckend ist für mich der »Rembrandt, den es nie gab«: Forscher der Universität Delft haben einem Computer den Stil des vor über 300 Jahren verstorbenen Malers Rembrandt Harmenszoon van Rijn beigebracht und dem Rechner quasi die künstlerische DNA des Malers »eingepflanzt«. Hierfür haben sie ihn mit über 300 Bildern des Künstlers gefüttert. Das Ziel: Der Computer sollte ein Porträt einer imaginären Person erschaffen, das aussieht, als hätte Rembrandt es gemalt. Und das ist ihm nach 500 Stunden Rechenzeit dann auch gelungen. Mithilfe eines 3D-Druckers konnte sogar die Struktur und Textur der Ölfarbe reproduziert werden. Inzwischen kannst du dir problemlos Programme herunterladen, die mithilfe von künstlicher Intelligenz Kunstwerke aus deinen Fotos erstellen. Links dazu findest Du unter: **frank.io/ki/**

In der Literatur gibt es ähnliche Ergebnisse: Der Softwareprogrammierer und leidenschaftliche Game of Thrones-Fan Zack Thoutt konnte es nicht erwarten, bis endlich der sechste Band der Roman-Saga herauskam. Also fütterte er ein **REKURRENTES NEURONALES NETZWERK** mit den ersten fünf Bänden von Game of Thrones und ließ den Computer »seinen« sechsten Band schreiben. Das Ergebnis war zwar nicht wirklich zufriedenstellend, aber einige Handlungsstränge hatte der Computer tatsächlich so vorausgesagt, wie der Autor George R.R. Martin sie dann später auch tatsächlich schrieb.

In der Musik gibt es gleich mehrere Softwareprogramme, die beim kreativen Prozess des Komponierens helfen. Die Software Amper zum Beispiel muss man nur mit einigen Parametern wie Genre, Stimmung, Länge und Ähnlichem füttern – und sie spuckt anschließend einen Vorschlag aus, mit dem man detailliert einen Song erstellen kann. Bei der Software Humtap braucht man nur eine Melodie in sein Handy zu summen – und die App macht daraus einen Song.

Vor der Filmbranche macht die KI ebenfalls nicht halt. 20th Century Fox ließ den Trailer zum Film Das Morgan Projekt von der uns schon bekannten IBM-KI Watson zusammenstellen. Watson hatte sich vorher 100 Trailer von Horrorfilmen angesehen, analysierte dann auf dieser Basis den Film und entschied sich für zehn Sequenzen, die am besten für den Trailer geeignet waren. Die wurden dann auch tatsächlich verwendet. Den Link dazu findest du auch unter **frank.io/trailer/**.

Ob Malerei, Literatur, Film oder Musik: Das alles sind nur die ersten Schritte oder, passender, das Krabbeln der KI. Aber schon bald wird sie stabil gehen und irgendwann auch laufen können. Wobei man hier sagen muss, dass es sich in all diesen Feldern vielleicht gar nicht um »wirkliche« Kreativität handelt, sondern eher um die Imitation eines Stils. Aber das ist schon ein erster Schritt und im Übrigen bei uns Menschen ja oft nicht anders.

> REKURRENTES NEURONALES NETZWERK

Ein rekurrentes neuronales Netz versorgt sich – anders als sein Gegenstück, das Feedforward-Netz – selbst mit Hinweisen, wie es weiter verfahren soll, indem es mit den Neuronen derselben oder einer vorangegangenen Schicht kommuniziert und von diesen »lernt«.

WO GEHT DIE KI-REISE HIN?

Vielleicht hast du den Film Blade Runner 2049 gesehen, in dem Replikanten und echte Menschen nicht mehr zu unterscheiden sind. Die Replikanten leben gleichberechtigt unter den Menschen und dienen ihnen nicht mehr als Untergeordnete. Zusätzlich kann man sich eine Art perfektionierten Virtual Assistant besorgen, der als Hologramm erscheint und einem als Partner dienen kann, wenn man keinen hat. Auch die Hologramme funktionieren nach perfekten Algorithmen, sodass sie von echten Menschen nur dadurch zu unterscheiden sind, dass man sie an- und wieder ausknipsen kann. Das alles findet in einer dystopischen Welt statt, in der es weder Tiere noch Pflanzen gibt und die Bevölkerung sich von Käferlarven ernährt. Ich glaube, diese Zukunft wünscht sich keiner. Aber, hey – das ist ein Film. Statt sich erst die schlimmste Vision vor Augen zu führen, kann man ja zunächst einmal auf die Chancen schauen, die sich auch schon im Alltag bemerkbar machen:

- KI kann Piloten helfen, Turbulenzen zu vermeiden, indem sie den besten Weg findet, ein Unwetter zu umfliegen; zum Wohle der Passagiere und der Fluglinie.

- Winzer steuern die Bewässerung ihrer Weinberge mit KI. So wachsen die Reben optimal, und die wertvolle Ressource Wasser wird nicht verschwendet.

- Systemgastronomie kann mit KI den Bedarf, den Transport und die Lagerung von verderblichen Lebensmitteln planen.

- Softwaregesteuerte Hirnoperationen durch Roboter mit KI erzielen bessere Ergebnisse.

- Legal-Bot ist ein KI-Anwalt, der innerhalb von zwei Jahren 375.000 Bußgeldbescheide abwehrte. Der Gründer Joshua Browder bietet den Service kostenfrei an.

- Schon heute steuert KI-Software Produktionsroboter effizienter, als jeder Vorarbeiter Menschen anweisen konnte.

Aber dass KI ein eigenes Bewusstsein oder einen eigenen Willen entwickelt und so aus eigener Ambition heraus dem Menschen gefährlich werden kann, davon sind wir noch weit entfernt – auch wenn es nicht undenkbar erscheint, denken wir nur mal an die selbst entwickelten Sprachen ...

KI kann uns dann gefährlich werden, wenn wir sie ohne begleitende regulatorische Sicherheitsmaßnahmen entwickeln. Autonome Entscheidungssysteme brauchen Kontrolle. KI-Produkte können Fluch oder Segen sein, so wie Chemikalien oder die Atomtechnik. Um regulatorische Sicherheitsmaßnahmen zu entwickeln, müssen unsere Politiker die Chancen und Risiken dieser neuen Technologien überhaupt erst einmal verstehen. Aus vielen Gesprächen, Podiumsdiskussionen und Konferenzen kann ich sagen, dass hier bei vielen Politikern sogar das Grundverständnis fehlt. Eine autonome KI, die dem Menschen überlegen und komplett unabhängig ist, liegt derzeit noch weit in der Zukunft. Trotzdem haben sich viele Denker schon mit ihr befasst, es ist einfach eine zu faszinierende Denkaufgabe.

Der geniale Mathematiker und Kryptologe Irving John Good stellte bereits 1965 sinngemäß fest, dass eine ultraintelligente künstliche Intelligenz wiederum eine noch bessere KI entwickeln könne, wodurch es dann zu einer fortschreitenden, ja explosionsartigen Entwicklung der Intelligenz kommen werde. Die intellektuellen Fähigkeiten des Menschen würden dahinter zwangsläufig zurückbleiben.

So gesehen sei eine superintelligente KI die letzte Entwicklung, die der Mensch selbst leisten müsste. Konkret: Die Entwicklung neuer Medikamente, Werkstoffe, Prozessoren, genetisch optimierter Pflanzen oder die Lösung komplexester mathematischer Problemstellungen könnte von solchen überlegenen KIs in kürzester Zeit erledigt werden, wodurch wiederum noch mächtigere Technologien zur Verfügung stünden, die den Fortschritt wiederum beschleunigen würden. Für uns ist gegenwärtig noch gar nicht greifbar, welche Auswirkungen diese Entwicklung langfristig haben könnte. Den Zeitpunkt, an dem dieses Ereignis eintritt, nennt man technologische Singularität. Ob die Intelligenz der Maschinen mit der Intelligenz des Menschen vergleichbar sein wird, also ein eigenes Bewusstsein und eigene Ziele haben wird, ist derzeit nur schwer absehbar. Sicher ist aber, dass zahlreiche philosophische, ethische, soziale, politische und praktische Fragen aufkommen werden. Schon jetzt warnt zum Beispiel Elon Musk vor dieser Entwicklung, während Mark Zuckerberg sie begrüßt. Musks Sorge ist es, dass eine Super-KI, die darauf programmiert ist, Fehler auszumerzen, dann vielleicht als Erstes versuchen wird, das Produkt mit den meisten Fehlern aus dem Weg zu räumen. Du errätst, was das ist? Richtig: der Mensch.

DIE GRÖSSTE UND HOFFENTLICH NICHT LETZTE ERFINDUNG

Ich habe keinen Zweifel, dass KI die bei weitem größte Erfindung der Menschheit ist. Es liegt an uns, ob es auch die letzte sein wird, und wir letztendlich also die Kontrolle verlieren, oder die beste, und wir ihre Chancen nutzen. KI kann unser Leben sicherer, glücklicher und unabhängiger machen. Was ich mir auf jeden Fall wünsche: Deutschland als ein Land mit den höchsten Ethikstandards sollte diese unaufhaltbare Entwicklung aktiv mitgestalten. Unternehmer, Politiker, Philosophen, einfach jeder von uns muss die Tragweite erkennen und sich mit seinem Wissen und Können und seinen Möglichkeiten einbringen.

Aktuelle und weiterführende Informationen zum Thema KI unter: **frank.io/ki/**

17

BLOCKCHAIN, BITCOIN & CO.

EINE NEUE GRUNDLAGEN-TECHNOLOGIE

Neben der KI gibt es weitere technologische Entwicklungen, die ich für so wichtig halte, dass ich sie hier ein wenig genauer betrachten will. Es geht dabei im Wesentlichen um die Technologie Distributed Ledger, deren bekanntester Vertreter die Blockchain ist. Verknüpft damit sind neue digitale Währungen wie Bitcoin und Ether.

Ich werde immer wieder gefragt, ob man Bitcoin kaufen soll oder was eigentlich diese Blockchain ist, von der gerade alle reden. Die Antwort kann ich leider nicht in zwei bis drei Sätzen liefern. Aber es lohnt sich, die zugrunde liegenden Konzepte zu verstehen. In diesem Kapitel erkläre ich diese Grundlagen und gebe meine Einschätzung zu den wichtigsten Fragen. Das wird vielleicht keine leichte Kost, aber wer durchhält, hat die wichtigsten Grundsätze dieser neuen Welt begriffen und eine gute Entscheidungsgrundlage, ob und wie er in der Krypto-Welt mitmachen will. Bonus: Du kannst deine Freunde und Kollegen beim nächsten Smalltalk zu dem Thema überraschen.

DER BITCOIN-HYPE

Die Grundlage für den heutigen Bitcoin-Hype wurde vor gerade mal acht Jahren geschaffen. Am 22. Mai 2010 machte sich Laszlo Hanyecz zur Legende: Der Softwareentwickler aus Florida tätigte eine der ersten Bitcoin-Transaktionen, indem er online jemanden suchte, der ihm zwei Pizzas für 10.000 Bitcoin (BTC) verkaufen konnte. 10.000 BTC hatten damals einen Wert von etwa 41 US-Dollar, also 0,004 US-Dollar pro BTC. Vier Tage später hatte sich jemand gefunden, und Laszlo meldete mit einem Foto Vollzug. Der Originalbeitrag – und das Foto der beiden Pizzas – ist heute noch im Forum bitcointalk.org zu finden. Wenige Wochen später begann der steile Anstieg des Bitcoin, bis er im Sommer 2017 bereits bei 1.000 Dollar pro BTC lag. Diese massive Wertsteigerung sorgte für einen Goldrausch, und im Spätherbst des Jahres brach dann plötzlich der Hype aus: Innerhalb von sechs Monaten stieg der BTC auf 19.000 US-Dollar im Dezember 2017. Jetzt wollte wirklich jeder dabei sein. Die ersten Bitcoin-Millionäre posierten vor ihren Lamborghinis und Villen und erzählten, wie sie für ein paar hundert Euro BTCs gekauft hatten und jetzt Dollar-Millionäre waren. Der Hype wurde von den Medien natürlich noch befeuert, und einige beliehen sogar ihre Häuser, um Bitcoins kaufen zu können.

> ZU BESUCH BEI NTV. THEMA: BITCOIN

Die Community feiert heute noch jedes Jahr am 22. Mai den sogenannten »Bitcoin Pizza Day«. Jenen Tag, an dem Laszlo Hanyecz zwei Pizzas im Wert von sagenhaften 190 Millionen US-Dollar aß. Zumindest wenn man den Bitcoin-Kurs von Ende 2017 zugrunde legt. Laszlo, so erklärte er später in einem Interview, war aber »nicht unglücklich darüber. Die beiden Pizzas waren sehr gut!«

Mittlerweile ist die Bitcoin-Hysterie ein wenig abgekühlt, einige heftige Kursstürze haben den Bitcoin wieder etwas geerdet, aber tot ist das Thema noch lange nicht. Was hat es also eigentlich mit dem Thema »Kryptowährungen« und der dahinterstehenden Technologie »Blockchain« auf sich? Muss man davor Angst haben, oder ist das nur eine Innovation wie damals das Online-Banking? Wozu ist so eine Kryptowährung gut? Steigt der Bitcoin auf 500.000 Euro? Oder fällt er auf null Euro? Warum gehen junge Investoren steil, ältere wie zum Beispiel Warren Buffett hingegen raufen sich die Haare und warnen, dass es ein böses Ende nehmen werde? Ich will versuchen, ein wenig Licht ins Dunkel zu bringen – und du wirst sehen: Eigentlich ist es gar nicht so kompliziert …

NICHT VERWECHSELN: »BLOCKCHAIN« UND »KRYPTOWÄHRUNG«

Im November 2008 erschütterte die weltweite Finanzkrise alle Länder. Die Großbank Lehman Brothers war vor zwei Monaten gegen die Wand gefahren, und das Vertrauen in das Bankensystem war zerstört. Ausgerechnet in diesem Monat stellte ein bis heute anonym gebliebener Mensch, vielleicht auch eine Gruppe, unter dem Pseudonym Satoshi Nakamoto auf einer Mailingliste das Konzept einer Kryptowährung vor.

Im Kern handelte es sich bei diesem Konzept um zwei Dinge: einerseits um ein Transaktionssystem und andererseits um eine Geldeinheit. Mir ist sehr wichtig, dass wir zwischen der Technologie »Blockchain« und den »Kryptowährungen« wie Bitcoin, Ether, Litecoin etc. unterscheiden. Die beiden Dinge haben im Grunde nicht zwingend etwas miteinander zu tun. Du wirst später sogar sehen, dass es Blockchains ohne Währung und Kryptowährungen ohne Blockchain gibt.

Kommen wir zuerst zum Transaktionssystem. Es besteht bei Bitcoin und vielen anderen Währungen aus der sogenannten Blockchain, einem »verteilten Logbuch« (Distributed Ledger). Ich will das zugrunde liegende Prinzip zunächst mit einem einfachen Beispiel verdeutlichen:

Der berühmte Künstler Paul malt ein Bild. Damit jeder weiß, dass es wirklich von ihm ist, befestigt er daran ein unzerstörbares Kettenelement, auf dem eingraviert ist: »Paul hat dieses Bild gemalt.« Als er es an die Kunstsammlerin Barbara verkauft, kommt an dieses Kettenglied ein weiteres: »Barbara hat dieses Bild für 10.000 Euro gekauft.« Sie gibt es an das Auktionshaus Meyer, das es versteigern soll. Auch hier kommt wieder ein Element zu der Kette dazu: »Auktionshaus Meyer hat dieses Bild entgegengenommen.« Und du kannst dir denken, wie es nach der erfolgreichen Versteigerung weitergeht... wieder ein Kettenelement, in das eingraviert wurde: »Marianne hat dieses Gemälde für 16.000 Euro beim Auktionshaus Meyer ersteigert.« Egal wer später das Bild erwirbt oder anderweitig erhält, er muss ein Kettenelement hinzufügen. Und so lässt sich dann lückenlos nachverfolgen, wer das Bild wann hatte und dass es ein Original ist.

So weit das Grundprinzip. Dieses vereinfachte Beispiel unterschlägt aber ein wesentliches Merkmal der Blockchain – deren Dezentralität: Anders als bei dem Beispiel mit dem Bild besitzen in der Blockchain mehrere diese Informationen – und Änderungen können auch nur mit Zustimmung mehrerer vollzogen werden. Wie könnte das hier funktionieren? Stellen wir uns einfach vor, Paul findet die Vorstellung nicht sehr ansprechend, dass eine mit der Zeit immer länger werdende Kette an seinem schönen Gemälde hängt. Er signiert es daher nur und schreibt auf eine Karteikarte »Am 23. April 2018 habe ich das Gemälde ›Rote Katze auf blauem Grund‹ erstellt." Als er es an Barbara verkauft, vermerkt er auf seiner Karteikarte, dass er es an sie verkauft hat und unter welcher Rufnummer sie erreichbar ist. Auch Barbara legt eine Karteikarte an. »Gemälde von Paul ›Rote Katze auf blauem Grund‹ für 10.000 Euro gekauft. Ihr erreicht ihn telefonisch unter 3517653.« Als sie es an das Auktionshaus gibt, notiert sie dies auf ihrer Karteikarte, ebenfalls wieder mit ihrer Telefonnummer. Und auf der entsprechenden Karteikarte des Auktionshauses werden nach Abschluss der Versteigerung Barbara und die Käuferin ergänzt. Dadurch, dass jeder Eigentümer eine solche Karte hat, auf der die wichtigsten Transaktionsinfos und die Telefonnummer des Vor- und Nachbesitzers vermerkt sind, lässt sich über eine Telefonkette herausfinden, wer das Bild wann besessen hat. Alternativ könnte man die Telefonkette sogar bei jedem Verkauf laufen lassen – und jeder, den man erreicht, ergänzt dann die neuen Daten auf seiner Karte.

Tatsächlich gab es in der Geschichte schon solche dezentralen Transaktions- und Währungssysteme. In der islamischen Welt gibt es das Hawala-System, das seit dem Mittelalter zum Geldtransfer genutzt wird. Besonders faszinierend finde ich aber die auf den mikronesischen Inseln gebräuchlichen Rai-Steine. Aus welchen Gründen auch immer – die Bewohner einiger Inseln und Atolle entschieden sich schon vor einigen hundert Jahren für große Steine als Zahlungsmittel, Rai genannt. Sie wurden auf der Insel Palau abgebaut und dann gut 400 Kilometer bis zu den Heimatinseln transportiert. Und wenn ich sage: »große Steine«, dann meine ich richtig große Steine. Sie wiegen bis zu fünf Tonnen. Dass man sie zum Einkaufen nicht einfach mit sich führt, liegt auf der Hand. Wurde etwas mit so einem Stein gekauft, blieb er im Regelfall einfach an dem Platz, an dem er lag, und die Beteiligten und die Dorfältesten merkten sich, wem der entsprechende Stein nun gehörte. Bezahlte derjenige dann etwas mit diesem Geld, hat man sich einfach den neuen Eigentümer gemerkt und so weiter. Das Wissen über die Eigentumsverhältnisse an den Steinen wurde von Generation zu Generation weitergegeben. Der Wert, der hinter dem einzelnen Stein steht, setzte sich aus vielen Faktoren zusammen: Größe und Gewicht, genaues Material, Art der Bearbeitung oder wem er vorher gehörte. Als es im 19. Jahrhundert dann immer einfacher wurde, die Rai-Steine abzubauen, zu bearbeiten und übers Meer zu transportieren, verloren die neu geschaffenen entsprechend an Wert. Heute bezahlt man in Mikronesien mit US-Dollar, doch werden alte und besondere Steine auch jetzt noch bei besonderen symbolischen Transaktionen als Zahlungsmittel genutzt, zum Beispiel bei Landübertragungen. Das Grundkonzept hinter der Blockchain ist alldem sehr ähnlich. Nur dass wir heute keine echten Ketten, Karteikarten oder große Steine benötigen. Die Blockchain ist eine dezentral arbeitende Datenbank, auf der jede Transaktion unveränderbar gespeichert wird.

WIE ES IM DETAIL FUNKTIONIERT

»Dezentral« heißt, dass der Austausch auf einem Peer-to-Peer-Netzwerk stattfindet. Jeder Teilnehmer hat also alle – oder zumindest einen Teil – der Daten der Transaktionskette auf seinem eigenen Computer gespeichert.

Die dezentral abgelegten Datenblöcke (Blocks) sind wie eine Kette (Chain) fest miteinander verbunden. Das verbindende Element hierbei sind digitale Codes, Hashes genannt. Bildet man den Hash für den Satz »Am 23. April 2018 malte ich die ›Rote Katze auf blauem Grund‹«, sieht dieser so aus: »9946d21bbc763eb83e-7772f0207902984695acc7aa57237819fd7e7124fce962« Würde jemand den Inhalt des Blocks ändern, zum Beispiel auf »Am 23. April 2017 malte ich die ‚Rote Katze auf blauem Grund‹.« ändert sich auch der Hash: »ddb366769f1abe3622d5e-4909750a2ac3724d426aa927a34318c5a7dea1b7683«. Der Hash hat bei der Blockchain also eine Doppelfunktion, indem er eben zum einen die Blöcke verbindet, zum anderen aber auch eine Prüfsumme für die Information im Block darstellt. Würde der Inhalt eines Blocks verändert, würde der Hash nicht mehr passen, und die ganze Kette würde ungültig.

Einer alleine kann diese Kette aber ohnehin nicht ändern, vielmehr muss ein Konsens über jede Transaktion herbeigeführt werden, die Mehrheit muss zustimmen. Und es ist – zumindest bei den Blockchains der großen Kryptowährungen – faktisch ausgeschlossen, dass einer alleine 51 Prozent der Inhalte kontrolliert und hierdurch den Konsens bestimmt. Wem was gehört, steht in der Blockchain, und wenn ich etwas ändern will, also zum Beispiel einen Bitcoin von A nach B transferieren möchte, dann müssen mehrere Parteien in der Blockchain diese Transaktion begleiten und final bestätigen.

Dieser Vorgang braucht richtig viel Rechenpower. Denn es geht nicht nur darum, den Hash für den Transaktionsinhalt zu berechnen, was recht einfach wäre. Vielmehr müssen – vereinfacht ausgedrückt – noch einige weitere Formerfordernisse erfüllt werden. Zudem stehen die Teilnehmer in Konkurrenz untereinander, wer einen Block bestätigen darf. Warum? Weil derjenige, der eine Transaktion erfolgreich validiert, dafür wiederum neue Bitcoins als Gegenleistung für die aufgewendete Rechenzeit erhält. Wenn dich das jetzt ans Goldschürfen erinnert, dann liegst du also gar nicht so falsch. Kein Wunder, dass der Vorgang »Mining« genannt wird und die Teilnehmer als »Miner« bezeichnet werden. Eine Blockchain ermöglicht es also, eine Datenbank so zu gestalten, dass es nicht einen zentralen Administrator gibt, sondern alle Benutzer gemeinsam die Daten kontrollieren. Nach heutigem Wissensstand ist eine korrekt verwendete Blockchain wirklich sicher. Manipulationen in der Transaktionskette sind mathematisch ausgeschlossen. So weit die wichtigsten Grundlagen. Wer tiefer in die technischen Details dieses Vorgangs inklusive der Abstimmung und Synchronisation der Parteien einsteigen will, dem sei hier das Buch Kryptowährungen einfach erklärt von Julian Hosp empfohlen (**frank.io/blockchain/**).

Auch wenn Blockchains meist in Zusammenhang mit Kryptowährungen erwähnt werden, muss es nicht unbedingt »Geld« sein, das darüber gehandelt wird. Die Blockchain ist vielmehr immer dann das ideale Werkzeug, wenn dokumentiert werden soll, wem was gehört – inklusive der gesamten Historie, wer wann was wem übertragen hat. Es gibt unzählige passende Anwendungsgebiete in der Medizin, wie im obigen Beispiel im Kunstbereich, bei Behörden, im Energiehandel und vielem mehr. In einigen Ländern Afrikas wird zum Beispiel mittlerweile die gesamte Verwaltung von Grundstücken über Blockchains abgewickelt. Vorteil: Ich habe keine zentrale Steuerung, bei der einzelne Unautorisierte Änderungen vornehmen können, ganz im Gegensatz zu klassischen Transaktionsverfahren.

Da diese meistens funktionieren und ungern öffentlich darüber gesprochen wird, vergessen wir gerne, dass immer noch in jeder Bank jeder Datenbank-Administrator Kontostände und Transaktionen frei und unbemerkt ändern kann. Klar, es gibt Zugangsprotokolle, Passwörter, oft ein Vier-Augen-Prinzip – aber das System ist deutlich unsicherer als der Konsensansatz einer Blockchain. Und Manipulationen kommen in der Praxis auch immer wieder vor: In Wolfsburg hat Anfang des Jahres 2018 ein Bankberater gestanden, Kunden um 184.000 Euro betrogen zu haben. Im Ostallgäu hat die Mitarbeiterin einer Raiffeisenbank mehrere hunderttausend Euro unterschlagen. Die vermeintlich so sicheren IT-Systeme von Sparkasse, Postbank, Volksbank & Co. sind de facto unsicherer als eine korrekt verwendete Blockchain.

BLOCKCHAIN 2.0: DISTRIBUTED LEDGER

Die Blockchain bringt also eine neue Art der Datenverwaltung, die viele Industrien tiefgreifend verändern wird. Doch so brillant das erste Konzept der Bitcoin- Blockchain auch war, die Architektur war und ist nicht für einen breiten und hochfrequenten Einsatz ausgelegt. Dies bringt besonders zwei Nachteile mit sich.

Aufgrund der festgelegten komplexen Validierungsprozesse ist die Bitcoin-Blockchain ziemlich langsam. Daher sind sind derzeit rund sieben, mit Optimierungen (SegWit) maximal ca. 14 bis 15 Transaktionen pro Sekunde möglich. Für ein globales Zahlungssystem ist das zu wenig. Das zweite große Problem ist der Energieverbrauch. Inzwischen gibt es – vor allem, aber nicht nur, in China – riesige Hallen voll mit Tausenden Computern, in denen mit gigantischen Rechenleistungen neue Bitcoins geschürft werden. Der Betrieb dieser Serverfarmen verbraucht natürlich Energie. Wie viel es ganz genau ist, kann man aufgrund der dezentralen Struktur nicht exakt sagen, doch es gibt verschiedene Studien dazu, die alle zu ähnlichen Ergebnissen kommen: Stand Frühjahr 2018 benötigt allein die Bitcoin-Blockchain rund 2,55 Gigawatt Strom, das ist fast so viel wie ganz Irland. Der Energieverbrauch einer einzelnen Bitcoin-Transaktion entspricht damit dem durchschnittlichen Monatsbedarf eines europäischen Haushalts. Und da das Mining immer komplexer und umkämpfter wird, steigt der Verbrauch weiter an: Ende 2018 könnten es bereits 7,7 Gigawatt sein, das ist so viel, wie Österreich benötigt, und entspricht 0,5 Prozent der weltweiten Stromproduktion. Ginge es in diesem Tempo weiter, könnte die Bitcoin-Blockchain schon in wenigen Jahren fünf Prozent des weltweiten Stromverbrauchs ausmachen. Ökonomischer und ökologischer Irrsinn, all das kann niemand ernsthaft wollen. Die chinesische Regierung hat das Problem mittlerweile erkannt und viele dieser Rechenzentren bereits geschlossen, doch wandern diese dann einfach in die nächste Stadt oder direkt in ein anderes Land ab – zu lukrativ ist das Geschäft mit dem Bitcoin.

Ich glaube dennoch an den neuen Ansatz der Blockchain, und ich glaube auch, dass Kryptowährungen eine große Zukunft haben. Aber dies muss auf Basis effizienter Algorithmen mit mindestens gleicher oder noch höherer Sicherheit passieren. Wie kann das aussehen? Der fundamental neue Ansatz der Blockchain, eine verteilte Datenbank mit unveränderbarem Logbuch, muss erhalten bleiben, die Bearbeitung der Transaktionen darf aber nicht mehr in einer statischen Kette erfolgen. Wenn immer nur an einer festen Kette, am nächsten »Block« gerechnet werden kann, bildet sich ein Stau, und immer mehr »Miner« kämpfen darum, den nächsten Block zu bearbeiten, viele davon auch erfolglos, da ja der schnellste gewinnt. Dies macht das System ineffizient, langsam und zu einem wirklich, wirklich bösen Energiefresser. Daher ist der korrekte Oberbegriff für diese neue Art der verteilten Datenbanken Distributed Ledger, also ein verteiltes Register oder Kassenbuch. Es ist nämlich nicht mehr zwingend eine statische »Chain«, also eine Kette, sondern neue Blöcke werden in einem dynamischen Baum oder in einer Netzstruktur verwaltet. Das Ergebnis an sich ist das gleiche, es erlaubt aber eine höhere Geschwindigkeit und Effizienz.

Moderne Distributed-Ledger-Technologien wie zum Beispiel Hashgraph vereinen bereits heute alle Vorteile der ersten Blockchain-Generation mit deutlich mehr Geschwindigkeit und weniger Energieverbrauch. Anders als bei der Bitcoin-Blockchain zeichnet Hashgraph die Transaktionen autonom auf, das heißt, es braucht nicht mehr die Bestätigung der gesamten Blockchain. Das entlastet die Rechner und macht alles billiger, sauberer und schneller. Sind bei der herkömmlichen Bitcoin-Blockchain wie oben erwähnt derzeit im Mittel nur rund sieben Transaktionen pro Sekunde möglich, so sind es bei Hashgraph bis zu 250.000. Hashgraph ist also viel effizienter und energiesparender. Es behält die genialen Vorteile der Blockchain bei, wird aber viele Nachteile los.

> IM GESPRÄCH MIT DEM KRYPTO-EXPERTEN JULIAN HOSP BEI NTV

DISTRIBUTED LEDGERS PASSEN NICHT IMMER

Doch selbst moderne Distributed-Ledger-Technologien sind deutlich aufwendiger im Betrieb und immer noch langsamer als eine zentrale Datenbank. Man muss daher immer überlegen, ob man deren Vorteile – kein zentraler Administrator, höchstes Vertrauen, komplettes Logbuch – für die konkrete Anwendung benötigt. Oftmals ist zum Beispiel ein Vier-Augen-Prinzip völlig ausreichend. Bei offiziellen Dokumenten wie Reisepässen, Währungen, Grundstücken, teuren Gemälden u. v. m. will man aber die höchste Sicherheit haben. Auch bei der Produktion von Medikamenten will man zum Beispiel sicher dokumentieren, woher die Rohstoffe kamen und durch welche Hände das Produkt gegangen ist. Bei vielen Anwendungen lohnen sich also der etwas höhere Aufwand und die etwas geringere Flexibilität. Aber die vom »Hype« getriebenen Berater, die jetzt aus jeder Datenbank eine Blockchain machen wollen, haben oftmals nicht einmal den Unterschied der verschiedenen Distributed-Ledger-Ansätze verstanden. Ich hoffe, dass viele Systeme, besonders im öffentlichen Bereich, schnell und konsequent von zentralen Datenbanken auf Distributed Ledger umgestellt werden. Aber eben nicht alles auf einmal, sondern immer mit Verstand und Augenmaß.

DIE IDEALE TECHNOLOGIE FÜR BEHÖRDEN

Dezentral, sicher, transparent, ein zuverlässiges Logbuch – das ist der ideale Ansatz für alle staatlichen Dokumente wie Visa-Anträge, Pässe, Bauanträge u. v. m. Diese Chance sollte Deutschland nutzen und progressiv und konsequent auf die neue Technologie migrieren. Auf dieser Basis würde das recht altertümliche Notarwesen überflüssig, bei dem wir uns Dokumente vorlesen lassen, die dann analog unterzeichnet werden. Tage, oftmals Wochen später erhalten dann alle Beteiligten eine Kopie des Dokuments vom Postboten. Ich verstehe, dass ein neutraler Jurist mit Sachverstand private Personen bei einem Hauskauf oder einem Ehevertrag beraten sollte. Aber viele Vorgänge, die notariell beurkundet werden müssen, sind reine Formalien. Ich denke dabei zum Beispiel an die Sitzverlegung eines Unternehmens oder den Wechsel eines Geschäftsführers. Spätestens jetzt, mit der Verfügbarkeit von Distributed Ledgers, sollte überdacht werden, wann noch notarielle und andere behördliche Beglaubigungen notwendig sind.
Andere Länder sind da schon weiter: Dubai hat das ehrgeizige Ziel, bereits im Jahr 2020 alle Anträge, Visa, Meldungen und vieles mehr auf einer Distributed Ledger-Technologie laufen zu lassen.

Mich überzeugt diese Technologie übrigens so sehr, dass ich mit Neufund versuche, einen Baustein zur Entbürokratisierung zu liefern. Wir verwenden die hier beschriebenen Mechanismen, um Firmenanteile ohne Notar und Börse handelbar zu machen. Die Geschichte des Unternehmens, die Herausforderungen und warum ich investiert habe, beschreibe ich im folgenden Kapitel »Neufund«.

WERDEN BANKEN AUSSTERBEN?

Die Distributed-Ledger-Technologie ist eine Revolution, die das Bankenwesen verändern wird. Sichere IT-Infrastrukturen und zuverlässige Protokollierung sind heute die wichtigsten Funktionen der Bank-Infrastruktur. Richtig eingesetzte Distributed Ledger werden die über Jahrzehnte aufgebauten Infrastrukturen der Banken überflüssig machen. Das ist so, als hätte man Millionen alter Glühbirnen gekauft und jetzt gibt es auf einmal LED – und das sogar zu einem Bruchteil des Preises. Verrückt, unfair, ...? Nein, Disruption in Reinform! Die klassischen Banken haben aber noch mehr Herausforderungen: Cooles Design, Online-Marketing, funktionale Apps und schnelle Produktinnovationen werden plötzlich wichtiger als kostspielige Filialen mit vielen Beratern in teuren Anzügen. Es fallen mir nur noch sehr wenige Themen ein, bei denen wir eine Filiale mit Mitarbeitern benötigen. Einige Kunden werden noch lange den persönlichen Kontakt suchen, aber nur, weil sie es ihr Leben lang so gewohnt waren.

WARUM WIR BARGELD ABSCHAFFEN SOLLTEN

Viele hängen am Bargeld, damit der Staat nicht alles kontrollieren kann. Besonders die Deutschen sind – im Vergleich zu den Amerikanern oder Schweden – echte Bargeld-Fans. Ob der Staat alle unsere Geldströme kennen sollte, ist eine komplexe ethische Diskussion. Ich kann die Pro- und Kontra-Seite verstehen und habe hierzu keine abschließende Meinung.

Aber das hat nichts damit zu tun, ob wir das Bargeld behalten sollten. Digitale Währungen erlauben technisch ebenfalls eine anonyme Verwendung. Es liegt an der Umsetzung und unseren Gesetzen, ob man, wie bei Konten und Kreditkarten, das Geld nachverfolgen kann oder eben nicht. Diese Grundsatzentscheidung sollten wir diskutieren, sie hat aber wenig mit dem Aspekt zu tun, ob wir Bargeld behalten sollten oder nicht. Für mich steht fest: Die Produktion und Verwaltung von Bargeld ist eine sinnfreie Verschwendung von Ressourcen. Heutzutage bestehen unsere Euroscheine zu 100 Prozent aus Baumwolle und unsere Geldmünzen aus wertvollen Metallen. Mir fallen dafür bessere Verwendungen ein. Bargeld muss unter aufwendigen Sicherheitsvorkehrungen von A nach B gebracht werden. Bis zum Jahr 2002 wurden den Scheinen Konservierungsstoffe wie TBT (Tributylzinn) zugesetzt, die in den menschlichen Hormonhaushalt eingreifen können. Unsere Euromünzen enthalten bis heute einen hohen Anteil an Nickel in der Legierung und sind somit ein Problem für Allergiker. Ganz abgesehen von der Übertragung von Viren und der umständlichen Handhabung. Ja, »es bringt uns nicht um«, aber wir sollten auch diesen Bereich dringend konsequent digitalisieren.

Das Wichtigste: Die Abschaffung des Bargelds würde die Menschen zum Umdenken zwingen und die Digitalisierung im praktischen Leben Realität werden lassen. Es würden neue Produkte und Dienstleistungen entstehen, und unser Leben wäre ein Stück weit einfacher. In einer Übergangsphase könnte man schon mal die Ein-, Zwei- und Fünf-Cent-Stücke und größere Scheine abschaffen. Wann hast du das letzte Mal etwas für einen Cent gekauft? Der Einzelhandel müsste nur seine 1,99-Euro-Preise in runde Summen ändern. So wie es die Drogeriemarktkette dm vorbildlich bereits seit Mitte der 1990er Jahre macht – und ist eine Endsumme ausnahmsweise doch einmal sehr krumm, wird gerundet, so wie schon lange in den Niederlanden. Alles in allem begreife ich nicht, wie man an einem so dermaßen veralteten und unsicheren System festhalten kann.

Achtung: Verlieren kann man übrigens sowohl Bargeld als auch digitale Währungen, wie die Geschichte eines verzweifelten Engländers zeigt. Er kämpft dafür, eine Mülldeponie umgraben zu dürfen, in der er seine Festplatte mit seinen privaten Schlüsseln zu 7 500 Bitcoins vermutet. Klar, natürlich gehen Bitcoins eigentlich nie verloren, sie sind ja für immer in der Blockchain gespeichert. Aber wenn man seine privaten Schlüssel nicht mehr hat, hat man auf sie keinen Zugriff mehr.

UNSERIÖSE GESCHÄFTEMACHEREI VS. GENIALE INNOVATION

So viel zur Technologie Blockchain – und jetzt zur Geldeinheit, der »Kryptowährung«. Aus Gründen des Datenschutzes sind die Daten in der Blockchain natürlich verschlüsselt, also »kryptografiert« – daher stammt der Name »Kryptowährung« für die diese Technologie begleitende Geldeinheit, zum Beispiel Bitcoin. Und jetzt kommen wir zum echten Haken an der Sache.

Wir haben heute Tausende verschiedener digitaler Währungen, von denen oftmals keiner weiß, was genau sie anders machen, wie sie im Detail funktionieren und welches Team dahintersteht. Es gibt Shitcoins und Peniscoins, teilweise mit Marktkapitalisierungen im Millionen- und sogar Milliardenbereich – und das wird noch für viele böse Überraschungen sorgen.

Die Long Island Ice Tea Corporation änderte ihren Namen in Long Island Blockchain Corporation – und der Börsenwert vervierfachte sich, obwohl die Firma nach wie vor lediglich Eistee herstellt. Zu viele verlieren den Verstand und sind von purer Gier getrieben, wenn etwas den Begriff »Blockchain« enthält. Mittlerweile hat sich der Börsenkurs des Eistee-Herstellers aber auch schon wieder halbiert.

Die vietnamesische Krypto-Firma Modern Tech brachte eine Kryptowährung namens Pincoin auf den Markt und nahm damit etwa 660 Millionen US-Dollar von etwa 32.000 Geldgebern ein. Diesen Geldgebern versprach Modern Tech eine ständige Ausschüttung der Gewinne. Die Firma brachte eine zweite Kryptowährung an den Start und bezahlte die Pincoin-Investoren mit dieser zweiten Währung. Und auf einmal war das gesamte Team von Modern Tech wie vom Erdboden verschluckt und wurde nie wieder gesehen.

Für einen Schreck bei seinen Investoren sorgte auch das Fintech-Startup savedroid, das ebenfalls eine eigene Kryptowährung besitzt, den savedroid-Token. Auf einmal war auf der Website plötzlich nur noch ein Southpark-Comic mit dem Schriftzug »And it's gone« zu sehen. Gleichzeitig postete der Gründer Yassin Hankir auf Twitter ein Bild von einer Bierflasche am Strand und schrieb dazu: »Thanks guys! Over and out.« Zwei Tage später war die Seite wieder online – es sei nur eine PR-Aktion gewesen, um Aufmerksamkeit zu erzielen. Vertrauenserweckend finde ich das nicht.

Die Kryptowährung EOS sammelte bis Juni 2018 innerhalb eines knappen Jahres rund 4 Milliarden US Dollar bei Investoren ein. Dabei bietet sie meines Wissens nach keine besonderen technischen Vorteile, jedenfalls wurden diese nach meiner Einschätzung nie offen dargelegt. Und dennoch konnte diese unglaubliche Summe eingesammelt werden. Allein aufgrund dieses Umstands wurde EOS von den Medien zum Killer etablierter Kryptowährungen hochgeschrieben. Ob zu Recht, wird die Zukunft zeigen. Ich bezweifle das allerdings.

Solange im Krypto-Markt die Gier nach unseriösen Gewinnen und PR-Stunts im Vordergrund stehen, werden noch viele ihr Geld verlieren. Kurzfristig bin ich ganz bei Warren Buffett, der gesagt hat, »this will end badly« – es wird böse enden. Dass Buffett aber gleichzeitig auch zugibt, nicht besonders viel Ahnung von der Thematik zu haben, spricht charakterlich für ihn. Dass er sich mit der dahinterstehenden – revolutionären – Idee der Blockchain-Technologie nicht befasst hat, ist sicher eine Frage der Generation. Buffett ist Jahrgang 1930.

Was ich anders sehe als Buffett: Wenn wir die Gier und Betrügereien hinter uns gelassen haben und die Technologien ihren Weg in neue Produkte finden, wird eine neue bedeutende Industrie entstehen. Diese wird ein ähnliches Ausmaß wie E-Commerce oder Social Networks haben, also mehrere hundert Milliarden »echten« Wert generieren. Welche Technologie sich in dieser neuen Industrie am Ende durchsetzt, kann ich auch nicht prognostizieren – außer dass es aus den oben angeführten Gründen wahrscheinlich nicht die Blockchain von Bitcoin sein wird. Die Idee der Distributed-Ledger-Technologie ist ebenso genial wie revolutionär. Bei Freigeist fragen wir uns, welche technologische Architektur wird sich durchsetzen? Steht der richtige Gründer dahinter, der wie ein Jeff Bezos oder Elon Musk seine Plattform in den nächsten 10 bis 20 Jahren voranbringt? Hat sie das Potenzial, als einer der wenigen Gewinner am Ende des Hypes zu stehen?

So ein Gewinner könnte zum Beispiel die Plattform Ethereum sein. Mit Vitalik Buterin steht ein starker Gründer und Denker dahinter, der die richtigen technischen Impulse setzt und ein hervorragendes Entwicklerteam aufgebaut hat. Ethereum ist eine Plattform für programmierbare smart contracts, mit denen man Verträge weitestgehend automatisiert – ohne Juristen – abschließen und sogar deren Einhaltung überprüfen kann. Die in Ethereum verwendete Kryptowährung Ether ist aus meiner Sicht aber eigentlich aktuell immer noch viel zu hoch bewertet.

Vielleicht ist es aber auch IOTA, das eine klare, sinnvolle Internet-of-Things-Plattform gebaut hat, zu der es eben auch eine Währung gibt. Oder Neo als technologisch interessante Plattform, die China als stark wachsenden Markt hat. Hat Cardano Chancen, das aus allen Welten das Beste liefern will und mit seiner ADA-Währung bereits mit über zehn Milliarden US-Dollar bewertet wird? Wir befinden wir uns in einer sehr frühen Phase der Entwicklung und werden noch viele weitere neue Technologien, Produkte und Ansätze sehen. Eins ist sicher: Es werden wenige Plattformen als große Gewinner am Ende des Hypes ankommen. Und der Coin, der mit der Gewinner-Technologie kommt, der wird so gut laufen wie eine Amazon- oder Google-Aktie. Die Frage ist also: Wer ist der große Gewinner in diesem Spiel? Das ist ein bisschen wie 1999: Da gab es shopping.com, pets.com, amazon.com und viele .coms mehr. Alle, auch Amazon, haben nach dem Hype erst einmal 95 Prozent ihres Börsenwerts verloren. Doch Amazon überlebte, denn es hatte den stärksten Gründer, das stärkste Konzept und das stärkste Produkt. Während sich keiner mehr an die damals gleich stark wirkenden shopping.com und pets.com erinnert, wurde »Mr. Amazon« Jeff Bezos der reichste Mann der Welt. Der Gewinner bei den Kryptowährungen wird entweder technologiegetrieben sein oder sich mit schierer Marktmacht durchsetzen. Amazon oder Google hätten die Möglichkeit, eine stabile digitale Währung im Markt zu platzieren, ohne dass eine revolutionäre Technologie dahinterstehen müsste. Facebook hat sogar schon eine eigene Abteilung für das Thema gegründet. Aber ich hoffe, dass wir neue innovative Gründer und Technologien sehen, die ähnlich stark wie **GAFA** werden, sodass wir etwas mehr Balance im digitalen Ökosystem erhalten.

> **GAFA**
>
> GAFA ist die Abkürzung für die vier US- Internetriesen Google, Apple, Facebook und Amazon. Gemeinsam sind diese vier allein doppelt so viel wert wie die 30 Firmen des DAX.

»Also, Frank, soll ich jetzt Bitcoins kaufen?« Diese Frage wird mir oft gestellt. Meine ehrliche Antwort: Ich weiß es nicht. Wenn ich mich festlegen soll: Eher nein. Denn der Kauf von Kryptowährungen wie Bitcoin, Bitcoincash oder Ether ist eine Währungsspekulation. Und von Währungsspekulationen rate ich grundsätzlich ab. Kryptowährungen sind dazu auch noch hochvolatil, der Kurs kann an einem Tag durchaus um 50 Prozent steigen oder fallen. Wenn dich das trotzdem nicht abschreckt, will ich dir ein paar Hinweise geben, worauf du beim Investieren achten solltest.

Kommen wir zuerst zur bekanntesten Kryptowährung, dem Bitcoin. Die zugrunde liegende Blockchain ist ein mathematisches Wunderwerk mit einer Menge brillanter Ideen. Aber es ist ein bisschen wie das erste Auto: Toll, der Ottomotor ist erfunden, aber er ist noch nicht wirklich massentauglich. Die erste Version ist eben oftmals nicht die erfolgreichste. Auch bei der Blockchain-Technologie, die dem Bitcoin zugrunde liegt, sehen wir das. Weiter oben konntest du schon lesen, dass die Bitcoin-Blockchain zu langsam für den Einsatz als alltägliches Zahlungsmittel ist und der Validierungsprozess viel zu viel Strom verbraucht. Es gibt zwar auch bei Bitcoin Ansätze, die hier schnell Abhilfe schaffen sollen – und ich hoffe, dass sie funktionieren. Trotzdem glaube ich nicht, dass Bitcoin das Amazon der Kryptowährungen wird. Bei einer herkömmlichen Datenbank gibt es einen Administrator, und der kann die Daten über Nacht auf ein neues System migrieren, wenn das alte nicht mehr den Anforderungen genügt. Bei einer Blockchain geht das nicht, das veraltete Bitcoin-System lässt sich nicht so leicht »updaten": Es ist ja gerade die Idee, dass es eben keine zentrale Schaltstelle gibt. Und dies wird zum Bumerang, wenn die zugrunde liegende Technologie nicht mehr zur Anwendung passt.

Zurück zu deiner Frage, ob man in Bitcoin investieren sollte. Meine Prognose: Der Bitcoin wird sich durch seine Historie niemals als echtes Zahlungsmittel durchsetzen. An die Theorie des statischen Geldspeichers, die mit Gold verglichen wird, glaube ich nicht. Digitale Währungen haben keinen Wert, wenn sie nicht in Verwendung sind. Hinter keiner Kryptowährung steht ein materieller Wert, eine Zentralbank oder eine Regierung, die sich mal besser, mal schlechter um die Kaufkraft der Währung kümmert und für diese einsteht. Daher zählt der Wert der Verbreitung und Verwendung: Wird mit dem Coin bezahlt? Akzeptieren ihn große Plattformen als Zahlungsmittel? Solange man diese Fragen mit »nein« beantworten muss, gilt: Ein toter Speicher ist in dieser Welt wertlos und allenfalls für eine gewisse Zeit ein Spekulationsobjekt.

WORAN ERKENNE ICH ALSO, OB DIE WÄHRUNG SINNVOLL IST ODER NICHT?

Im Grunde muss ich wissen, was hinter den Kulissen vor sich geht. Entweder ich kenne das Team und das Produkt, oder ich verlasse mich auf Berater. Das ist ähnlich wie bei einer Aktie. Eine Aktie ist aber regulierter, und es ist unwahrscheinlicher – wenn auch nicht ausgeschlossen –, dass sie (und damit der Wert des zugrunde liegenden Unternehmens) 99 Prozent verliert. Deshalb ist es bei Coins wichtig, dass die dahinterliegende Technologie einen konkreten Mehrwert bietet, wie es zum Beispiel bei IOTA, Ether oder Neumark der Fall ist. Bei Bitcoin sehe ich diesen Mehrwert nicht. Ebenso skeptisch bin ich bei vielen neuen Coins, die nur aufgrund des Hypes und aus Gier entwickelt werden. Viele von ihnen werden meines Erachtens nicht überleben.

Eines ist sicher: Wer mit Coins handelt, muss sich ein tiefgreifendes technisches Verständnis dafür erarbeiten.

Sonst wird die reine Gier nach schnellen Gewinnen böse enden.

18

NEUFUND

> 254

UNSER NEUFUND INVESTMENT

Nachdem ich in den vorangegangenen Kapiteln die Grundsätze der aktuellen und kommenden technischen Revolution durch Distributed Ledger erklärt habe, handelt dieses Kapitel von einer konkreten Anwendung. Denn Neufund ist angetreten, um auf Basis des revolutionären Distributed-Ledger-Konzepts die Beteiligung an Startups zu vereinfachen. Und damit sind wir auch wieder zurück bei meinen eigenen Aktivitäten. Denn wir von Freigeist haben uns entschieden, in Neufund zu investieren, weil hier das Blockchain-Produkt von zwei starken Gründern das Leben von Startups erleichtert.

DAS PROBLEM: ZUGANG ZU KAPITAL

Wer Großes vorhat, der braucht im Regelfall zunächst Kapital, um seinen Plan umsetzen zu können. Das war eigentlich immer schon so. Bereits vor 5.000 Jahren konnten sumerische Bauern Saatgut erhalten, wenn sie sich verpflichteten, nach der Ernte die gleiche Menge zuzüglich eines Aufschlags zurückzugeben. Der Kredit war erfunden und entwickelte sich im Lauf der Jahrhunderte immer weiter. Seit den 1950er Jahren ist der Bankkredit für viele klassische Unternehmen die Finanzierungsform der Wahl.

Einem Startup-Unternehmen stehen Kredite im Regelfall aber nicht zur Verfügung, da deren Geschäftsmodell sich noch nicht beweisen konnte. Es ist eine Wette auf die Zukunft. Selbst wenn die Banken solch ein Risiko eingehen wollten, machen es ihnen die sogenannten Basel-III-Vorschriften fast unmöglich, aktiv zu werden. Du hast ja schon gelesen, wie schwer es für mich war, ip.labs ohne Kredite durch die erste kritische Phase zu bringen. Hätten meine Kunden nicht an mich geglaubt, hätte ich es nicht geschafft.

Für die erste Phase der Startup-Finanzierung sind inzwischen in den meisten Fällen Seed-Investoren die richtige Wahl. Sie stellen genug Geld und idealerweise auch Know-how zur Verfügung, um ein Produkt zur Marktreife zu bringen. Früher mit e42 und jetzt mit Freigeist machen wir genau das. Viele Startups brauchen für weitere Wachstumsphasen jedoch sehr viel mehr Kapital, oft mehrere Millionen Euro. Hier kommen die großen Venture Capital Funds (VC) ins Spiel, die in

Startups investieren, bei denen sie großes Potenzial sehen. Dieser Kapitalmarkt ist aber ein closed shop. Es gibt in Europa nur wenige große VCs, fast alle kennen sich untereinander und tauschen sich über neue Deals aus. Haben die Gründer oder deren Seed-Investoren und Berater keinen Zugang zu der Szene, ist es fast unmöglich, eine Finanzierung zu erhalten. Wie das alles im Positiven aussehen und laufen kann, habe ich ja bereits im Kapitel »Lilium Aviation« beschrieben, aber nicht jeder Gründer hat die benötigte Erfahrung und das Netzwerk.

Insider wissen jedenfalls, man muss FOMO erzeugen, Fear of missing out. Potentielle Investoren müssen Angst bekommen, dass sie das nächste Google, Spotify oder Amazon verpassen. Schafft man das, wollen auf einmal alle unbedingt in das neue Unternehmen investieren, und man kann sich als Gründer vor Angeboten kaum retten. Oder die Insider kommen zum Schluss, dass es mehr Risiko als Chance gibt – und plötzlich hat keiner mehr Interesse. So verrückt das klingt, die heutige Venture-Capital-Branche zeigt deutliches Herdenverhalten, im Guten wie im Schlechten. Daher ist es nicht verwunderlich, dass die Gründer nach Alternativen zum klassischen Venture Capital suchen.

Solch eine Alternative zu Seed-Investoren und VC-Funds sind Crowdfunding-Plattformen, über die insbesondere private Anleger kleine Beträge in frühphasige Startups investieren können. Ein neues, tolles Produkt mit einer entsprechenden Präsentation kann sich für Privatinvestoren verheißungsvoll anhören, aber was und wer wirklich dahintersteht, ist oft nur schwer ersichtlich. Es besteht durchaus die Gefahr eines Totalverlusts des eingesetzten Geldes. Oftmals ist sogar nicht einmal klar, was man als Investor bei Erfolg erhält: Sind es echte Unternehmensanteile, nur eine Verzinsung des eingesetzten Kapitals, das Produkt selbst oder gar nur ein hoher Rabatt auf den Kauf? Es ist daher nicht verwunderlich, dass die meisten Ansätze im Crowdfunding-Bereich bis jetzt nicht sonderlich erfolgreich waren.

Die Plattform Kickstarter geht hier einen besseren Weg. Es ist sehr klar, dass es hier jeweils nur um die Unterstützung eines konkreten Produktes geht, im Regelfall handelt es sich um ein eher günstiges Gadget. Man riskiert kleines Geld, um dieses als einer der Ersten zu einem besseren Preis oder mit besserer Ausstattung zu erhalten. Mit diesem Konzept ist Kickstarter durchaus erfolgreich, es eignet sich allerdings auch nicht für alle Startups, sondern nur für solche, die ein Produkt anbieten, das Verbraucher schnell begeistert. Anmerken möchte ich noch, dass Crowdfunding in der Nische sozialer oder kreativer Projekte durchaus erfolgreich ist. Hier geht es aber um viel geringere Summen, und die Geldgeber engagieren sich weniger, um später einen Gewinn zu erzielen, sondern um eine aus ihrer Sicht gute Sache zu unterstützen. Für die meisten Startups ist das herkömmliche Crowdfunding aber keine Alternative zur Finanzierung ihres Unternehmens.

Eine moderne Form sind ICOs: Initial Coin Offerings. Der Begriff zeigt es schon, dass es hier um Kryptowährungen geht. Zur Finanzierung des Unternehmens wird eine Kryptowährung auf Basis der Blockchain-Technologie generiert, die Investoren kaufen können in der Hoffnung, dass diese dann im Wert steigt. Ein guter, aktueller und innovativer Ansatz. Aber auch hier ist leider oft unklar, was hinter den jeweiligen Coins steht. Sind es Unternehmensanteile, Gutscheine für das Produkt, die Währung an sich, oder ist es sogar nur eine möglicherweise betrügerische Lufnummer? Dass es im Bereich der Kryptowährungen einige schwarze Schafe gibt, konntest du ja im vorigen Kapitel lesen. Aber allen Bedenken zum Trotz brachten es ICOs laut Techcrunch (siehe **frank.io/ico/**) bereits im Jahr 2017 auf rund dreieinhalbmal mehr Kapital für Blockchain-Startups als die klassischen Venture Capital Funds. Das zeigt für mich: Es gibt einen Bedarf an neuen Finanzierungsmöglichkeiten und ein Interesse des Markts, in wegweisende neue Technologien zu investieren.

DER KLASSISCHE WEG: IPO

Derzeit läuft es noch so: Sind die ersten Finanzierungsphasen geschafft, kann sich einerseits der Kapitalbedarf des Unternehmens weiter erhöhen, andererseits können bestehende Investoren ein Interesse daran haben, ihre Einlagen zu verkaufen. Investoren der ersten Phase wollen oft nach fünf bis sieben Jahren ihre Anteile verkaufen. Am Unternehmen beteiligte Mitarbeiter wollen häufig ihren Anteil in die Anzahlung eines Familienhauses o. Ä. wandeln. Einigen wenigen Startups mit überzeugendem Produkt kann der Verkauf an einen Mitbewerber, strategischen Investor oder gar an einen großen Marktführer im entsprechenden Segment gelingen – das hast du ja am Beispiel Wunderlist gesehen, das von Microsoft übernommen wurde. Erstens gelingt das aber nur wenigen, und zweitens verliert das Unternehmen damit seine Unabhängigkeit – der Käufer hat dann das Sagen. Eine Alternative kann daher der Gang an die Börse sein, der IPO. Die Abkürzung steht für »Initial Public Offering«, also das erste öffentliche Anbieten der Aktien. Die Geschichte der Börsen ist über 600 Jahre alt, so wurde die Brugse Beurse (Börse Brügge) bereits 1409 gegründet. Das Konzept sollte schnell Schule machen. Die immer noch bestehende Frankfurter Börse öffnete im Jahr 1585 und ist bis heute eine eindrucksvolle Erfolgsgeschichte, ohne die es viele erfolgreiche deutsche Unternehmen gar nicht geben würde.

Das Problem: Die Strukturen an der Börse sind historisch gewachsen und kranken daher an umständlichen Traditionen, veralteter Technologie und aufwendiger Bürokratie. Dies konnte ich selber erfahren, als ich plante, die twisd AG an den Neuen Markt zu bringen. Die Vorbereitungen für ein IPO dauern sehr lange; große Investmentbanken begleiten jeden Börsengang, verkaufen vorher Aktienpakete an ihre Kunden und »pflegen« den Kurs der Aktie, wenn er anfangs gefährdet ist. Und an alledem wollen sie natürlich mitverdienen. Wirklich offen und transparent ist das nicht. Für diese stark regulierten Börsengänge muss ein Unternehmen daher auch mindestens 50 Millionen Euro Kapital aufnehmen, sonst lohnt sich der damit verbundene Aufwand nicht. Damit es so viel aufnehmen kann, muss es im Regelfall zwischen 200 und 300 Millionen Euro wert sein. Bei dieser Dimension kannst du schon ahnen, dass das nur wenige Startups schaffen können. Und die heutigen technologischen Innovationszyklen werden immer schneller und progressiver, das macht das Erreichen dieses Ziel nicht einfacher. Spotify, einer der wenigen europäischen Startup-Champions, hat den klassischen Weg aufs Börsenparkett zumindest deutlich verändert – und das, obwohl es ausreichend groß für einen normalen IPO gewesen wäre. Das Unternehmen hat seine Aktien direkt am Markt platziert und nicht vorher über Banken verkauft. Es wurde für seinen unkonventionellen Weg belohnt und konnte deutlich mehr Geld einsammeln, als es auf dem klassischen Weg möglich gewesen wäre. Nun befand sich Spotify zum Zeitpunkt des IPO bereits in einer sehr fortgeschrittenen Wachstumsphase, die viele Startups erst gar nicht erreichen: Sie brauchen das Kapital früher, um dieses Wachstum finanzieren zu können. Klar ist, dass ein IPO für immer weniger neue Technologieunternehmen der passende Finanzierungsweg in der Wachstumsphase ist – die damit verbundenen Prozesse und Kosten sind in den meisten Fällen nicht mehr wirklich zeitgemäß. Auch andere alternative Finanzierungsmöglichkeiten sind aus meiner Sicht nicht praktikabel. Ich denke dabei zum Beispiel an bestimmte Ausformungen am grauen Kapitalmarkt, in denen sich oft windige Finanzvermittler bewegen. Und alternative, aber sicherere Formen der Unternehmensbeteiligung sind in Deutschland meist sehr kompliziert, teuer und aufwendig – allein schon wegen der Notartermine.

EIN NEUER WEG: ETO

Es ist für unseren Wirtschaftsstandort daher sehr wichtig, weitere Möglichkeiten zu schaffen, damit neue Technologie-Startups schnell, aber fair und transparent an das benötigte Kapital kommen. Die weiter oben erwähnten ICOs erleichtern zwar die Finanzierung junger Unternehmen erheblich – ich glaube aber, dass diesem Finanzierungsmodell in Zukunft viele rechtliche Herausforderungen bevorstehen und dass es nur für wenige Geschäftsmodelle interessant ist. Die klassischen IPOs dagegen sind, wie dargelegt, keine Option für junge Unternehmen, auch wenn sie nach wie vor ein wichtiger Baustein für die Industrie und sehr weit fortgeschrittene Startups bleiben. Die Seed- und Venture-Capital-Branche, von der ich mit Freigeist ja auch ein Teil bin, wird größer werden, sich aber durch Kompetenz unterscheiden müssen. Nur Kapital zu geben wird als Seed-Investor und VC in Zukunft nicht mehr reichen: Man muss dem Startup mit Know-how und einem Netzwerk helfen können, was ja gerade unser Ziel bei Freigeist ist. Das heißt aber auch, dass man allein aus Zeitgründen nicht in jedes vielversprechende Startup investieren kann, es muss einfach alles passen.

> NEUFUND-GRÜNDER ZOE UND MARCIN

Einen neuen Weg wollen wir zusätzlich mit Neufund gehen – hier wollen wir allen potenziellen Investoren, die nicht Teil des magischen Venture-Capital-Zirkels sind, die Investition in vielversprechende Startups öffnen, die dann im Gegenzug Zugriff auf frisches Kapital für ihr Wachstum erhalten. Eine ganz klassische Win-win-Situation. Unsere Lösung ist zwischen ICO und IPO angesiedelt und heißt ETO: Equity Token Offering. Beim ETO gibt es eine Prospektpflicht, mit der gewährleistet wird, dass jeder Investor voll über das Produkt, Geschäftsmodell, das dahinterstehende Team sowie über alle damit verbundenen Chancen und Risiken aufgeklärt wird, so wie bei einem klassischen Börsengang. Die Informationen und Verträge werden aber nicht mehr auf Hochglanzpapier gedruckt und von teuren Bankberatern angepriesen, sondern sie liegen in einer Blockchain, wo sie transparent, sicher und nicht modifizierbar gespeichert sind. Wir machen uns hier also die Vorteile der Distributed Ledger in der Praxis zunutze.

UNTERNEHMENSANTEILE GEHÖREN IN EINE BLOCKCHAIN

Ein IPO ist teuer. Neben den Regularien, teuren Beratern und unzähligen Beteiligten, die mitverdienen, kostet besonders die veraltete und zentrale IT viel Geld. Neufund nutzt eine bereits bestehende moderne Blockchain-Plattform mit dem Namen Ethereum: Der Entwickler Vitalik Buterin wollte die Idee der Blockchain weiter treiben und hat »Smart Contracts« hinzugefügt, intelligente Verträge. Mit Ethereum wird also nicht nur dezentral und sicher gespeichert, wem was gehört, sondern es können auch noch Dokumente mit automatischen Prozessen dahinter verwaltet werden. Damit ist es die ideale Plattform, um Unternehmensanteile mit allen Verträgen, Regeln und Transaktionen zu verwalten – sozusagen die Börse 2.0. Durch die Smart Contracts können die Investoren zum Beispiel bei Unternehmensentscheidungen mitbestimmen, oder erzielte Gewinne werden nach vorher festgelegten Regeln automatisch an die berechtigten Personen verteilt – viel einfacher, klarer und fairer als die oft willkürlich wirkenden Dividendenbeschlüsse bei börsennotierten AGs. Denn seien wir ehrlich: Auch wenn dort oft der Eindruck erwirkt werden soll, dass die Aktionäre bei der Hauptversammlung wirklich mitbestimmen können, fallen die Entscheidungen zwischen Vorstand, Aufsichtsrat und wenigen institutionellen Großanlegern. Smart Contracts können hingegen zu echter Mitbestimmung der Investoren nach transparenten Regeln führen, sodass es für keinen Beteiligten zu unerwarteten unliebsamen Überraschungen kommt.

Wie sieht das alles in der Praxis aus? Im Vergleich zu einem ICO, bei dem Coins generiert werden, werden bei einem ETO Tokens geschaffen. Während die Coins lediglich ein Zahlungsmittel oder Zugang zu digitalen Applikationen oder Diensten repräsentieren, sind die »Equity Tokens« ein tatsächlicher Unternehmensanteil, so wie eine Aktie oder ein anderer Unternehmensanteil. Somit erfüllen sie den rechtlichen Anspruch, den man bei den ICOs vergebens sucht.

EIN FAIRES, TRANSPARENTES SYSTEM

Neufund wird nur erfolgreich werden, wenn sowohl die Investoren als auch die Unternehmen zufrieden sind. Der technische Vorteil gegenüber einer zentralen IT ist groß, trotzdem muss die Plattform jetzt zeigen, dass sie das richtige Produkt für Investoren und Unternehmer liefert. Es geht hier um Startups, das muss man immer betonen. Es gibt dabei ein Risiko, sein Geld zu verlieren, wenn zum Beispiel das Produkt nicht wie geplant vom Markt angenommen wird. Jeder Investor trägt selbst Verantwortung, sich über Chancen und Risiken des Unternehmens zu informieren – so wie überall anders auch. Aber die Regeln sind beim ETO völlig transparent: Wie sind die Gesellschafterverhältnisse? Woran beteilige ich mich hier? Wie soll das Unternehmen in fünf Jahren aussehen?

Wenn ich meine Startup-Beteiligung auf Neufund als Token erhalte, ist diese liquide, da ich die Token auf der Plattform verkaufen kann. Arbeitet das Startup erfolgreich, so steigt der Token und damit auch der Wert meiner Beteiligung. Die Neufund-Plattform hat darüber hinaus ihre eigene Währung. Der Besitz von Neumark (NEU) erlaubt es mir, mich an der Plattform selber zu beteiligen und somit an deren Erfolg teilzuhaben. Ich bin absolut davon überzeugt, dass Unternehmensanteile in Zukunft über Distributed-Ledger-Plattformen gehandelt werden. Eine klassische Börse macht keinen Sinn mehr: zu teuer, zu langsam, zu schwerfällig. Ich brauche keine veraltete Server-Infrastruktur, keine teuren Gebäude mit griechischen Marmorsäulen, keine Wall Street, keine Privatjets für die hoch dotierten Vorstände. Ich brauche nur eine sichere, auf erprobten Algorithmen basierende Plattform, die hochzuverlässig und nicht von außen manipulierbar ist. Das geht heute viel günstiger, als es jede Börse machen kann. Und deshalb ist es für alle Beteiligten attraktiver, billiger und besser. Und so wird es kommen. Ob Neufund der Game Changer ist, der sich durchsetzt, kann ich nicht versprechen. Aber die Chancen stehen gut – und mein Ziel und Ehrgeiz ist es, dass Neufund Weltmarktführer in diesem Bereich wird.

19

SKATEBOARDING ALS PHILOSOPHIE

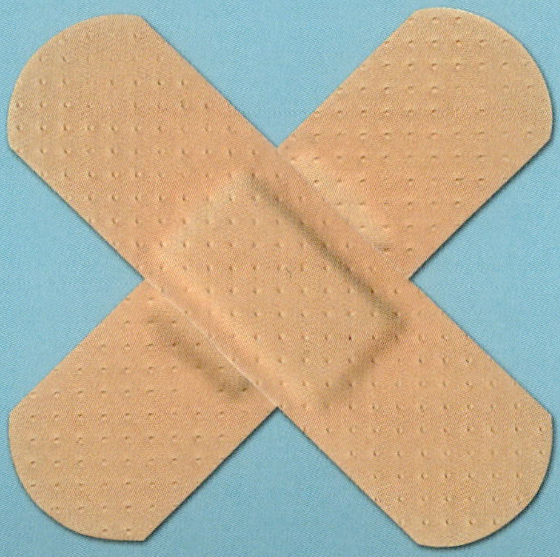

WIR LERNEN DURCH SCHMERZ

Nun aber genug von all dem abstrakten und technischen Zeug! Kommen wir zurück auf die Erde, zurück in die knallharte, echte Welt. Die Welt aus Asphalt und Beton, in der man mit einem Skateboard gut unterwegs ist. Ich habe dir ja bereits erzählt, wie wichtig das Skateboardfahren für mich war. Daraus habe ich viel gelernt, was mir sehr geholfen hat und immer noch hilft. Und das möchte ich nun mit dir teilen.

Hinfallen, aufstehen, die Welt verändern: Besonders das Hinfallen und Wiederaufstehen verdanke ich dem Skateboarding. Noch heute handele ich oftmals geprägt von meinen Erfahrungen aus meiner Skateboarderzeit. Und ich bin sicher: Wir lernen mehr durch Schmerz als durch Glück. Natürlich bin ich auch lieber glücklich, als dass ich Schmerzen habe – aber wenn wir ehrlich zu uns selbst sind, sind es zumeist die schmerzlichen Erfahrungen, die uns im Leben prägen und weiterbringen.

Skateboarding lernt man, indem man sich öfter böse zerlegt, als einem lieb ist. Schrammen, Prellungen und Schürfwunden wie die berühmte »Pizza« gehören einfach dazu. Das Glücksgefühl kommt erst später. Aber es lohnt sich. Ich bin der festen Überzeugung: Wenn wir unsere Kinder immer nur in Watte packen, dann bekommen sie irgendwann ein Charakterbildungsproblem. »Per aspera ad astra«, sagt der Lateiner, »Durch Mühsal gelangt man zu den Sternen« – aber man braucht kein Latein zu können, um das zu lernen und zu begreifen. Skateboarding macht außerdem viel mehr Spaß als der Lateinunterricht. Also, schenkt euren Kindern ein Skateboard: Keiner lernt Skateboard fahren, ohne auch mal ordentlich hinzufallen. Das ist anders als beim Schwimmen, Bogenschießen oder Schach – diese Sportarten kann man sehr gut lernen, ohne sich zu verletzen. Beim Skateboardfahren geht das nicht. Man fügt sich jeden Tag kleine Verletzungen zu – und in regelmäßigen Abständen auch größere. Irgendwann bricht man sich vielleicht sogar was. Und es gibt nur zwei Möglichkeiten: Entweder man lässt es sein, dann wird man aber kein Skateboarder. Oder man beißt die Zähne zusammen, weil der Wille, es zu lernen, größer ist als die Angst, sich etwas zu brechen. Dann ist der Weg frei, ein richtig guter Skateboarder zu werden.

Bis heute trage ich meine »Skateboard-Lippe« mit Stolz, eine kleine Narbe, die ich mir bei einem »50/50 to Fakie« in der Halfpipe geholt habe. Bei einem »50/50 to Fakie« »grindet", also »schleift« man mit beiden Achsen (deshalb 50/50: die linken Reifen links vom Rohr, die Achsen auf dem Rohr, die rechten Reifen rechts vom Rohr) auf dem runden Metallrohr (dem »Coping«) an der oberen Kante der Halfpipe entlang, um anschließend zwar vorwärtsstehend, aber rückwärts die Halfpipe wieder runterzufahren. Das ist genauso kompliziert, wie es sich anhört – und wenn einem (wie mir) das Brett dabei außer Kontrolle gerät, landet man leider mit dem Gesicht zuerst im Flat – dem flachen Teil der Rampe. Ich dachte zuerst, mein Kiefer sei gebrochen und ich hätte vier Zähne verloren, aber es waren nur zwei Zähne angeschlagen – und einer von ihnen war durch meine Lippe gegangen.

Bei einem anderen Trick (für Interessierte: der »Blunt to Fakie«) legt man sich Hunderte Male immer auf dieselbe Stelle des Körpers hin, bis der Trick gelingt. Das führte bei mir so weit, dass die eine Hälfte meiner Hüfte grüne, blaue und schwarze Flecken hatte und ich kaum noch nach Hause laufen konnte. Deshalb habe ich mir kleine Styroporkissen gekauft, sie zugeschnitten und mir um die Hüfte gebunden. Die sollten die Stürze abfedern. Wir haben sie damals im Scherz »Arschpads« genannt. Ich konnte zwar nach wie vor kaum gehen, aber mithilfe der »Arschpads« konnte ich weiter den »Blunt to Fakie« üben, bis ich ihn beherrschte. Den »Blunt to Fakie« würde ich mir sogar heute noch zutrauen.

Als ich dann später meine Firma an die Wand gefahren hatte, gab es leider keine »Arschpads«, die mir den Schmerz ein wenig hätten lindern können. Damals bin ich ungebremst auf den Hosenboden gefallen. Aber ich habe daraus gelernt – und wenn es nur das kontrollierte Stürzen ist. Heute glaube ich, auch im Business den einen oder anderen guten Trick stehen zu können.

HALTE DURCH

Dabei erscheint das ganze Unternehmen »Skateboarding« zu Beginn hoffnungslos: Man denkt, man wird nie einen »Kickflip« (also eine Drehung des Boards um die Längsachse unter den Füßen) stehen, geschweige denn einen »50/50 to Fakie« meistern – aber irgendwann schafft man es dann doch. Das Skateboardfahren gibt einem Hoffnung in hoffnungsloser Lage. Und künstliche Intelligenz hin oder technologische Revolutionen her – wir sind Menschen: Wir brauchen einen inneren Antrieb, wir brauchen Hoffnung, wir brauchen Anerkennung.

Ich bin überzeugt davon, dass ich ohne die »Ausbildung« Skateboarding meine Höhen und Tiefen nicht so gut überstanden hätte. Ein paar Dinge, die ich mitgenommen habe:

Erstens: Wenn ich hart dafür kämpfe und bereit bin, Schmerzen zu ertragen, werde ich ein kleiner Held in der Halfpipe. Dann bekomme ich Anerkennung in meiner Skateboard-Posse, weil ich die sechs Stufen runtergesprungen bin und meinen »Kickflip« gestanden habe. Du fällst hundertmal hin – und dann gibt es diesen einen Moment, wo du eben nicht fällst, sondern stehen bleibst. Das hat mir auch später geholfen: Ich wusste, dass ich wieder aufstehen muss, wenn es weitergehen soll.

Zweitens: Gleichzeitig habe ich Demut gelernt. Man muss sich ganz reinknien und alles geben – selbst einfache Sprünge können schiefgehen, wenn du nicht mit 100 Prozent Konzentration bei der Sache bist. Und egal wie gut du bist: Es gibt immer noch einen, der besser ist als du. Irgendwann ist man sagenhaft stolz, dass man sich mit seinem Körper samt dem Brett 180 Grad um die eigene Achse in der Luft drehen kann. Irgendwann schafft man vielleicht 360 Grad oder gar 540 Grad. Und dann hört man vom US-Amerikaner Tom Schaar, der im Jahr 2012 den ersten 1080er gestanden hat. Und davon, dass er erst 1999 geboren wurde.

Drittens: Du musst dich exponieren. Es gibt dich, dein Brett und die Treppe vor dir. Du musst da runter. Da gibt es kein Kneifen oder großes Rumreden. Mach deinen Trick und zeig, was du kannst. Ohne Ausreden, ohne doppelten Boden und ohne fadenscheinige Entschuldigungen. Nein, die Sonne hat dich nicht geblendet, und der Boden war auch nicht nass. Du bist einfach noch nicht gut genug oder hast deine Angst nicht überwunden.

Viertens: Es gibt kein Reglement, keine FIFA, keinen Videobeweis, keine Schiedsrichter. Natürlich gibt es definierte Sprünge, die einen Namen haben – aber es gibt kein Regelbuch, das Verstöße gegen die Form ahndet. Es gibt kein Spiel, das 90 Minuten lang dauert, und wer am Ende mehr Tore geschossen hat, gewinnt. Im

> AUCH HEUTE NOCH EINE GROSSE LEIDENSCHAFT VON MIR: SKATEBOARDING

Vordergrund steht das Skaten an sich. Was ich damit sagen will: Skaten hilft einem, den eigenen Weg zu finden und sich auf einem Terrain zurechtzufinden, für das es noch keine Regeln gibt, eben weil es neu ist. Das hilft auch beim Gründen ungemein, denn auch da liegt vor einem eine leere Halfpipe, und keiner nimmt einem die Angst ab, loszufahren und sich da runterzustürzen. Beim Skaten ist jeder der Erste. Skateboarder gehen ja auch nicht »trainieren«, man skatet, wenn man Lust drauf hat. Auch da habe ich von meinem Sport gelernt. Ich gehe nicht zur Arbeit, weil ich »muss«, sondern weil ich neugierig bin, weil ich Spaß daran habe, weil ich was lernen will.

Fünftens: Skateboarder sind Einzelkämpfer und Teamworker zugleich. Jeder ist mit seinem Board alleine, aber das Wissen und Können wird gerne geteilt und selbstlos weitergegeben. Deshalb bin ich auch ein Freund von Peer-to-Peer-Netzwerken anstelle des alten Client-Server-Modells. Das Client-Server-Modell ist der Frontalunterricht des Lehrers vor einer Klasse oder die Rolle des Bankberaters vor seinem Kunden. Das Peer-to-Peer-Netzwerk sind die Skateboarder im Bonner Loch oder die Distributed Ledgers der Blockchain-Technologie. Wenn du weißt, wie ich meine Schulzeit verbracht habe, weißt du vielleicht auch, warum ich heute so ticke.

SKATEBOARDING FÜR EINE BESSERE WELT

Ohne das Skateboard wäre ich nicht da, wo ich heute bin. Ich war kein besonders herausragender Skateboarder, hatte nicht einmal Talent, aber wie im echten Leben auch habe ich durch hartes Training ein ganz anständiges Niveau erreicht. Ich habe damals den Skateboard-Lifestyle gelebt: Ich trug die Klamotten, ich hörte die Musik, Biohazard, Rage against the Machine, H-Blockx. Heute höre ich diese Musik nur noch beim Snowboarding. Am besten alleine im Tiefschnee, nur ich, mein Brett und die Natur – da kriege ich den Kopf frei.

Skateboarding ist eine Metapher fürs Leben, man braucht Mut, Balance, Gleichgewicht – und wer sich durch die anfänglichen Härten durchgekämpft hat, dem schenkt das Skateboard so viel mehr zurück, als man reingesteckt hat. Dieser Moment, in dem du den Trick stehst und weiterfährst, dieser Moment gehört für immer dir. Skateboarding fördert Eigenverantwortung, Zielstrebigkeit und gibt Orientierung, wo oft keine ist. Deshalb bewundere ich Titus Dittmann so, den Urvater der deutschen Skateboard-Szene. Er geht mit seiner Stiftung »Skate Aid« in Kriegs- und Krisengebiete, bringt Kindern und Jugendlichen dort das Skateboardfahren bei und gibt ihnen so ein Stück Selbstvertrauen, Anerkennung und ein Gemeinschaftsgefühl. Er gibt ihnen die Gewissheit, dass man etwas lernen kann, wenn man sich anstrengt. Das klingt selbstverständlich – aber das ist es für viele dieser Kinder nicht, die vielleicht auf dem Skateboard zum ersten Mal in ihrem Leben ausgelassen und spielerisch sein können, die vielleicht zum ersten Mal in ihrem Leben überhaupt Kinder sein dürfen. Skateboarding kennt keine Sprachbarrieren und keine Hautfarbe, keine Grenzen und keinen Krieg. Ich bin der festen Überzeugung: Die Welt wäre ein besserer Ort, wenn mehr Kinder Skateboard fahren würden.

20

DEUTSCHLAND 4.0

> 268

DIE AGENDA FÜR MORGEN

Ganz gleich, ob es sich um einen Menschen, eine Firma oder um ein ganzes Land handelt: Veränderungen tun weh. Vor allem dann, wenn die Dinge eigentlich gut laufen. Ich glaube, Deutschland ist ein klassisches Beispiel für »›gut‹ ist der schlimmste Feind von ›exzellent‹«. Denn uns geht es gut, sogar sehr gut – und deshalb trauen wir uns nicht, tiefgreifende Veränderungen anzugehen. Jetzt könnte man sagen, dass es doch gar keine Veränderungen braucht, wenn alles gut läuft – aber das hat sich im Jahr 410 der römische Kaiser auch gedacht und sich noch ein paar Weintrauben in den Mund geschoben, während die Barbaren bereits vor der Stadt standen, um sie zu plündern. Das Bild von der vielzitierten »spätrömischen Dekadenz« ist gar nicht so falsch – bloß ganz anders, als der damalige Bundesaußenminister Guido Westerwelle es gemeint hat. Die »spätrömische Dekadenz« hat nicht die befallen, die auf die Sozialsysteme angewiesen sind, sondern die, die aktiv und entscheidend für unseren Wohlstand und für die Zukunft unseres Landes verantwortlich sind.

Denn auf uns kommt etwas zu, was oft »technologischer Tsunami« genannt wird, eine Welle, die mit offenen Augen ignoriert wird: künstliche Intelligenz, 3D-Druck, 5G, Robotics, Blockchain, Quantum-Computing und vieles mehr. Alle bisherigen großen Veränderungen der Menschheit wie die Erfindung des Buchdrucks, die Industrialisierung, der weltweite freie Handel in Form der Globalisierung und sogar die erste Phase der Digitalisierung waren dagegen langsam und unbedeutend. Die nächsten zehn Jahre werden mit Abstand die herausforderndsten der Menschheit. Das häufig gewählte Bild des Tsunamis gefällt mir eigentlich nicht – der Mensch erscheint dabei so hilflos und passiv. Doch wir haben die Chance, aktiv zu gestalten, wir sind diesen Entwicklungen nicht passiv ausgeliefert, ganz im Gegenteil, wir können sie gestalten. Die nächsten zehn Jahre werden so tiefgreifende Veränderungen bringen, dass neben der Wirtschaft und Forschung auch unsere Politiker gefordert werden – und die heutige Führungsmannschaft ist auf erschreckende und nahezu entsetzliche Art tatenlos. Sie verwaltet nur den Status quo.

Ohne Wenn und Aber: Unsere Welt wird sich in den nächsten Jahren dramatisch ändern. Wir reden hier nicht von futuristischen Visionen – die meisten der dafür verantwortlichen Technologien gibt es längst, und sie verbessern sich mit exponentieller Geschwindigkeit. Das Problem ist aber, dass wir in Deutschland bei keiner einzigen dieser technologischen Entwicklungen führend sind. China fördert künstliche Intelligenz mit Milliardenprogrammen – und wir sitzen da und müssen Hinweise zu **COOKIES** händisch wegklicken. Wir in Deutschland legen den Schwerpunkt zu sehr auf die Regulierung und »beschützen« völlig überzogen die Bevölkerung, während die USA und China Vollgas geben. Ein besonders herausstechend schlechtes Beispiel ist die Datenschutzgrundverordnung (DSGVO), die im Hinblick auf den Umgang mit gar nicht mal so persönlichen Daten so viele Fragen offenlässt, dass sich viele innovative digitale Unternehmen ganz aus Deutschland zurückziehen, da sie in der DSGVO keine Rechtssicherheit für ihr Geschäftsmodell finden. Es ist illusionär zu glauben, die rasend schnelle weltweite Entwicklung würde an unseren Außengrenzen haltmachen.

>COOKIES

Cookies heißt an sich Kekse, doch die Kekse, um die es hier geht, enthalten keine Schokolade, sondern Informationen. Webseiten speichern kleine Informationspakete lokal auf dem jeweiligen Computer ab, die beim nächsten Besuch wieder an die Seite übergeben werden. Das können z. B. Einstellungen sein oder Informationen über abgerufene Inhalte, damit beim nächsten Mal ein maßgeschneidertes Angebot präsentiert werden kann. Datenschützern sind Cookies ein Dorn im Auge, aber ohne sie würde das moderne Internet nicht so gut funktionieren.

Wir haben nicht einmal ein vollwertiges Digitalministerium, aber verrückterweise ein Heimatministerium, das von seinem Chef Horst Seehofer zu Recht, wenn auch als Versprecher, als Heimatmuseum bezeichnet wurde. Überall nur Klein-Klein und Pöstchenschieberei, anstatt konsequent zu handeln. Die Herausforderung besteht darin, dass wir wieder ein entscheidungsfreudiges und handelndes Land werden müssen, das nicht nur den Status quo verwaltet. Ja, wir werden Fehler machen – aber wenn wir uns nicht endlich trauen, uns konsequent auf morgen vorzubereiten, wird es ein böses Erwachen geben. Und »konsequent« meine ich wörtlich: keine Ausreden, Umwege oder Ablenkungsmanöver.

Die sechs größten Technologiekonzerne – Apple, Alphabet, Amazon, Microsoft, Tencent, Alibaba – haben heute eine Marktkapitalisierung von fast vier Billionen Dollar – ausgeschrieben 4.000.000.000.000.000.000 Und wenn nichts Unvorhergesehenes passiert, werden diese Unternehmen noch wertvoller und mächtiger werden.

Im Vergleich dazu liegen die sechs wertvollsten deutschen Unternehmen – SAP, Siemens, Allianz, Volkswagen, Bayer, BASF – bei einem Börsenwert von 550 Milliarden Dollar, also nur etwas über einem Zehntel der oben genannten Firmen. Das zeigt, wie wichtig Technologieunternehmen in Zukunft für eine Volkswirtschaft sein werden. Unter den ersten 30 DAX-Unternehmen ist keins zu finden, das durch neue Technologien groß geworden ist. Zalando und 1&1 sind beide mit etwas über zehn Milliarden Bewertung die erfolgreichsten deutschen »Startups«. Beide sind hervorragende Unternehmen, und die Gründer haben ihr Geschäft durch Risiko und Mut schnell und effektiv aufgebaut. Aber für mich sind es keine »disruptiven« Technologiefirmen wie Amazon, Apple oder Google, die mächtige Plattformen sind und in ihren Bereichen den Markt bestimmen.

Daher hier ein schneller Durchgang durch Themen, die uns unnötig im Weg stehen. Eine leider notwendige Einmischung. Inklusive der kleinen Spitzen und Anstöße, damit etwas in Bewegung gerät.

DER STEUERWAHNSINN

Deutschland hat weltweit die umfangreichste Steuerrechtsliteratur – kein Wunder, denn die ist auch nötig. Werfen wir zum Beispiel einen Blick auf die Mehrwertsteuer: Krabben und Garnelen haben einen Mehrwertsteuersatz von 7 Prozent, Hummer und Langusten aber einen von 19 Prozent. Mit »Luxus« hat das nichts zu tun, denn Trüffel werden mit 7 Prozent besteuert, Babywindeln aber wieder mit 19. Auf Gewürzen liegen 7 Prozent, auf Gewürzmischungen jedoch 19 – auf Frühkartoffeln 7, auf Süßkartoffeln 19 Prozent. Esel werden mit 19 Prozent besteuert, Maultiere nur mit 7, Pferde mit 7, Zebras hingegen wieder mit 19 Prozent. Du isst den Burger im Fastfood-Restaurant? Du zahlst 19 Prozent. Du nimmst den gleichen Burger mit nach Hause? Dann werden nur 7 Prozent Mehrwertsteuer fällig. Kommst du noch klar? Ich auch nicht. Und das geht auch noch ganz anderen so: »Ich jedenfalls kann unser Steuersystem nicht mehr verstehen, obwohl ich mich zehn Jahre mit Steuern in Karlsruhe befasst habe« – das sagte niemand Geringeres als der ehemalige Bundesverfassungsrichter und Bundespräsident Roman Herzog.

Es gibt über 40 verschiedene Steuern und noch mehr Abgaben – und für jede gibt es unterschiedliche Arten, sie einzuteilen. Und es kommt außerdem noch darauf an, wer sie erhebt, der Bund, das Land, die Gemeinde, die Kirche etc. Es gibt Einkommensteuer, Solidaritätszuschlag, Gewerbesteuer, Erbschaftssteuer, Kaffeesteuer, Tabaksteuer, Rennwettensteuer, Lotteriesteuer etc. Außerdem kann man bestimmte Ausgaben von der Steuer absetzen, es gibt Freibeträge, Ehegattensplitting, außergewöhnliche Belastungen etc. Das alles ist nicht normal, das ist sinnfreier Mist!

Auf einen Nenner gebracht: Unser Steuersystem ist viel zu komplex, zu unübersichtlich, von Umverteilung, Besitzstandswahrung und Lobbyarbeit getrieben. Der Bürger ist in einem kafkaesken Prozess gefangen, in dem er in erster Linie einem bürokratischen Staat dient. Eigentlich sollte es umgekehrt sein. So fühlt man sich als Bürger dem Staat entfremdet und von der Teilhabe abgekoppelt. Unser Steuerwesen ist das beste Beispiel dafür, dass der Staat wie ein fernes und bedrohliches Monster wirkt, so wie im 17. Jahrhundert der »Leviathan« von Thomas Hobbes. Und das Ergebnis ist doch, dass sich die Reichen mithilfe teurer Berater eine Briefkastenfirma auf den Cayman Islands zulegen, um dem Steuerwahnsinn zu entkommen, und die Mittelschicht die Zeche zahlt, da sie dem Wahnsinn nicht entkommen kann. Sei allerdings beruhigt: Solange Die Linke nicht unsere Regierung stellt, plane ich weiterhin, meinen Wohnsitz und meine Firmen in Deutschland zu lassen …

Warum haben wir also nicht den Mut, den Willen und die Fähigkeit, ein einfaches und faires Steuersystem einzuführen? Warum haben die vielen Verbände und Lobbyisten die Macht, diese dringende Reform immer wieder zu verhindern? Von 2009 bis 2013 gab es eine Reformkommission, die ein Konzept zur Vereinfachung des Steuerwesens erarbeiten sollte – doch sie tagte nicht ein einziges Mal.

Dabei könnte man sich den ganzen Wasserkopf sparen: Rund 70 Prozent der Staatseinnahmen erzielt der Staat ohnehin nur durch vier Steuerarten: Umsatzsteuer, Lohnsteuer, Einkommensteuer, Gewerbesteuer. Diese vier großen Steuern setzt man pauschal auf einen Satz von jeweils 20 Prozent, von mir aus auch 25. Im Gegensatz dazu gibt es keine Ausnahmen, keine Privilegien, keine staatliche Lenkung. Wo ist das Problem? Für den Staat käme es aufs Gleiche raus – und wir wären alle mit 20 bis 25 Prozent zufrieden, da es in jedem Fall weniger wäre, als man jetzt zahlt. Keine Steuerberater, keine Steuerprüfer, kein Verwaltungswahnsinn.

Der Staat und jede Firma wären produktiver, da man sich den bürokratischen Aufwand sparen könnte.

Ich wünsche mir Politiker, die den Mut haben, ehrlich über diesen Irrsin zu sprechen und, allen Widerständen zum Trotz, aufzuräumen. Es wäre nicht nur gut für die Wirtschaft, sondern ein wichtiger Impuls für Deutschland, auch als Investitionsstandort!

DIGITALISIERUNG: WO STEHEN WIR?

Breitbandausbau scheint das wichtigste Thema zu sein. Ja, es nervt, wenn unser Netflix-Film stottert, aber wir brauchen eine Gesamtbetrachtung zur Digitalisierung, denn es geht um mehr als nur um den Breitbandausbau. Im Vergleich der 35 größten Volkswirtschaften der Welt liegt Deutschland im Bereich der Digitalisierung insgesamt auf einem ernüchternden Platz 17. Bei der Fußball-WM hieße das: in der Vorrunde rausgeflogen. Beim E-Government, bei den digitalen Geschäftsmodellen und bei der Digitalkompetenz der Bevölkerung sieht es sogar noch finsterer aus.

Wenn wir Unternehmern in Deutschland die Chance geben wollen, internationale Marktführer aufzubauen, muss unsere Regierung die rechtlichen Rahmenbedingungen für eine schnellere Entwicklung bereitstellen. Champions wie Facebook, Google oder Amazon aus den USA oder Baidu, Tencent und Alibaba aus China sind allen deutschen Unternehmen weit voraus. Die meisten Politiker sind bei uns immer noch auf die alte Erwerbsgesellschaft und Datenschutz programmiert und verhindern in Deutschland den digitalen Fortschritt. Die SPD und die Gewerkschaften leiden unter anderem unter einem so großen Bedeutungsverlust, da sie für ihre vermeintliche Klientel um eine Welt kämpfen, die es längst so nicht mehr gibt. Doch das hat die eigentliche Kundschaft auch begriffen und wendet sich ab.

Wieder auf einen Nenner gebracht: Für die Welt von morgen braucht man Mut, Pioniergeist, Passion und flexible Arbeitszeiten. Das ist eigentlich toll! Nie gab es mehr Möglichkeiten als heute, die Welt zu verändern. Es muss natürlich nicht jeder Unternehmer oder Chef werden: Wir arbeiten doch längst in Teams mit flachen Hierarchien. Seinen Vorgesetzten kann man erreichen und ansprechen,

> MIT BUNDESKANZLERIN MERKEL BEI DER C-NIGHT 2015

ohne dass er einen anschreit, zur Not schreibt man eine E-Mail oder WhatsApp. Es sollte doch völlig egal sein, ob der Praktikant oder der Vorstandsvorsitzende die beste Idee hat – Hauptsache, es hat jemand eine gute Idee und den Mut, sie vorzubringen! Und wenn wir alle flexibler wären, gäbe es doch auch längst entsprechende Vergütungsmodelle. Dafür müsste der DGB kämpfen! Stattdessen aber zieht er am 1. Mai mit Trillerpfeifen und roten Fahnen in den Klassenkampf, der heute in dieser Form seine Daseinsberechtigung verloren hat.

DIE DIGITALISIERUNG DES STAATES SELBST

Doch zurück zur Digitalisierung: Was müssen wir hier tun? In Estland zum Beispiel kann man auch als Ausländer »E-Estländer« werden und innerhalb von zwei Tagen online ein Gewerbe anmelden. Man kann dort online wählen, es gibt weder Behördengänge noch Warteschlangen mit »Ziehen Sie Bitte Eine Nummer«-Geräten wie in einer Metzgerei des Jahres 1956. Als ich bei der Wahl unseres Bundespräsidenten sozusagen für einen Tag Teil der politischen Elite wurde, war ich schockiert, wie sehr Akten, Zettel, Prospekte und andere Papiere die Prozesse dieser Welt beherrschen. Es fängt bei der Aktenablage auf der Toilette an, geht über die Abstimmung per Stimmzettel und hört bei der unfassbaren Menge an gedruckten Info-Materialien auf. Wie sollen Politiker so digitale Informationen, Unterschriften und Online-Kollaborationen an die Bürger weitergeben? Bei der Digitalisierung unseres Staates geht es um so viel mehr: Es geht darum, das Denken und Handeln unserer Politiker zu verändern. Nur so können sie es auch ernsthaft für unser gesamtes Land voranbringen.

BREITBAND- UND 5G-AUSBAU

Eine schnelle, zuverlässige und günstige Anbindung ans Internet ist die Basis für jede Digitalisierung. Ich bin fest davon überzeugt, dass wir heute kein Spotify hätten, wenn der Gründer Daniel Ek nicht schon damals in Schweden einen schnellen und unbegrenzten Internetzugang erlebt hätte. Nur so konnte Ek sich Streaming für jedermann überhaupt erst vorstellen.

Deutschland braucht sehr schnell eine herausragende Internet-Infrastruktur. Hier haben wir nicht konsequent genug gehandelt. Mir ist nur wichtig, dass wir die Situation sachlich betrachten und zum Beispiel reflektieren, dass wir in anderen Gebieten der Digitalisierung noch viel weiter hinten liegen. Inzwischen sind auch hierzulande über 80 Prozent der Haushalte mit 50 MBit oder mehr angeschlossen. Das ist nicht zufriedenstellend, aber auch nicht so katastrophal, wie es oftmals dargestellt wird. Das Wichtigste: Bei diesem Baustein der Digitalisierung haben wir glücklicherweise die Not erkannt, und es wird investiert: Der Bund stellt ausreichend Mittel bereit – die internen Prozesse sind bisher aber leider sehr schlecht, und oftmals scheitert es auch einfach daran, Firmen zu finden, die die notwendigen Leitungen verlegen und LTE- und bald 5G-Sendemasten bauen. Es klingt verrückt, aber durch den massiven Breitbandausbau sind viele Bauunternehmen über Jahre ausgebucht. Mit Unitymedia, Vodafone, Deutsche Glasfaser, 1&1, Telekom und anderen haben wir immerhin einige Unternehmen, die den Breitbandausbau voranbringen.

Allein die Deutsche Telekom investiert jedes Jahr fünf Milliarden Euro in den Breitbandausbau und will bis Ende 2019 eine LTE-Bevölkerungsabdeckung von 98 Prozent erreichen. Eine verzögerte 5G-Lizenz Vergabe mit dem Ziel, möglichst viele Staatseinnahmen zu generieren, anstatt die Vergabe an den besten und schnellsten Ausbau zu knüpfen, ärgert mich sehr. Heute frustriert das Thema noch viele, und Politik und Wirtschaft müssen besser zusammenarbeiten. Ich bin aber zuversichtlich, dass wir bald wenigstens ein »Okay« bei diesem einen Digitalisierungsbaustein haben. Bei anderen mache ich mir langfristig mehr Sorgen.

NEUE TECHNOLOGIEN = CHANCEN

Neue Technologien wie zum Beispiel Blockchain, Flugtaxis und das Internet der Dinge müssen endlich als Chance und nicht als Bedrohung gesehen werden. Deutschland muss sich trauen, hier schnell progressive rechtliche Rahmenbedingungen zu schaffen, um den unkomplizierten Einsatz in der Praxis zu ermöglichen.

DATEN SIND NICHT PAUSCHAL BÖSE

Ich wünsche mir – der Shitstorm aus der linken Ecke ist jetzt einkalkuliert – einen liberaleren Umgang mit Daten. Man kann es nicht anders sagen: In Deutschland sind mittlerweile fast alle hysterisch, was unseren Datenschutz anbetrifft. Wir brauchen natürlich rechtliche Regelungen, aber diese müssen Chancen und Risiken berücksichtigen. Deshalb plädiere ich dafür, dass Firmen ihren Kunden komplett transparent machen müssen, welche Daten sie über diese sammeln – und welche nicht. Und natürlich muss man der Erhebung auch widersprechen können. Und mit einem Klick müssen alle persönlichen Daten sofort und dauerhaft gelöscht werden können. Aber von vornherein die Datenerhebung zu verbieten, das wirft uns auf Dauer in sagenhafter Geschwindigkeit von Platz 17 ans unterste Ende der digitalen Länderskala, noch hinter Bulgarien und Rumänien. Für die Digitalisierung braucht man anonymisierte Daten der Kunden, da beißt die Maus keinen Faden ab – und für Big Data braucht man in erster Linie überhaupt erstmal Data. Keine computergestützte Krebsdiagnose ohne Patientendaten, kein selbstfahrendes Auto ohne Verkehrsdaten, kein E-Commerce ohne Kundendaten. Und jeder der sechs großen Technologiekonzerne lebt heute von Daten.

SUBVENTION VON DEEP-TECH

Ja, ich bin grundsätzlich ein Gegner von Subventionen, ich glaube, der Staat muss klare und effektive Rahmenbedingungen schaffen und der Markt sollte nicht durch Subventionen manipuliert werden. Im Bereich Deep-Tech, also disruptiver Zukunftstechnologien, haben wir jedoch leider so viele Jahre geschlafen, dass wir jetzt dringend eine gezielte Adrenalinspritze benötigen. Aktuell subventioniert die Politik vor allem Beton und Staatsanleihen, und laut Greenpeace fließen aktuell 46 Milliarden Euro Subventionen in Kohle, Öl und Gas. Wenn wir ernsthaft aufholen wollen, müssen wir jetzt umschalten. Diese Milliarden benötigen wir, um Bildung und Technologie in Deutschland zu fördern. Viele dieser Technologien werden auch eine Entlastung für unsere Umwelt sein, wodurch sie sich doppelt für uns auszahlen.

BILDUNG

Bis heute hört für die meisten Menschen die aktive Lernphase mit dem Abschluss ihres Studiums oder ihrer Ausbildung auf. Das Konzept ist, den erlernten Beruf dann bis zur Rente auszuüben. Eventuell folgen noch ein paar Fortbildungs- und Aufbaukurse, aber keine wirklich neuen Themen. Eine solide Grundausbildung mit möglichst breiten Gebieten wie Musik, Philosophie, Mathematik, Physik, Chemie, Informatik ist wichtiger denn je. Aber die Welt ändert sich so schnell, Fortbildung oder Umschulung darf nichts Besonderes mehr sein, sondern muss zum Standard werden. Ein Arzt Ende fünfzig, der heute noch die Diagnostik betreibt wie zur Zeit seines Studiums, hängt gefühlt im Mittelalter fest. »Fachkräftemangel« ist ja kein leeres Schlagwort. Ein hochentwickeltes Produkt braucht einen hochqualifizierten Menschen, der es bedienen kann. Roboter und künstliche Intelligenz brauchen Fachkräfte, die damit umzugehen wissen. Technologie ist nicht mehr ein Menschen- oder Arbeitsleben lang aktuell, die Entwicklung schreitet rasant voran. Deshalb muss vor allem der Umschulungs- und Weiterbildungsmarkt revolutioniert werden. Etabliert werden müsste daher ein zweites neues Bildungssystem für ein lebensbegleitendes Lernen. So könnte man den Menschen Ängste nehmen und Sicherheiten aufbauen.

GRUNDEINKOMMEN

Das nächste Thema brennt mir besonders unter den Nägeln: Denn wenn unsere Arbeitswelt sich so grundlegend ändert, dass in absehbarer Zukunft zum Beispiel keine Lkw-Fahrer, keine Kassiererinnen, keine Steuerberater, keine Schalterbeamten und keine Radiologen mehr benötigt werden, dann müssen wir jetzt an Lösungen für diese Herausforderung arbeiten. Das Ziel aller Parteien heißt aber immer noch »Vollbeschäftigung« – ich behaupte: Die wird es bald nicht mehr geben, im Gegenteil. Künstliche Intelligenzen und Roboter werden in Zukunft so produktiv so viele Aufgaben übernehmen, dass nur noch wenige von uns arbeiten müssen. Der Roboter und das autonome Fahrzeug brauchen keinen Lohn, keine Versicherung, keine Pause, kein Wochenende. Wie gesagt, für die meisten Visionäre ist klar, dass es nur noch für wenige Menschen sinnvolle Jobs geben wird. Im vertraulichen Gespräch konnte ich diesen Gedanken auch bereits mit einigen Politikern besprechen – leider scheuen viele noch davor zurück, diese Wahrheit öffentlich auszusprechen, zu groß werden die Auswirkungen auf unsere Sozialsysteme und unsere gesamte Gesellschaft sein.

Natürlich stellt sich die Frage nach der Finanzierung. Wir könnten zum Beispiel von allen Umsätzen, die mit KI-Systemen und Robotern erzielt werden, die 25 Prozent der oben erwähnten Pauschalsteuer für die Gegenfinanzierung des Grundeinkommens verwenden. Nicht vergessen darf man in diesem Zusammenhang weiter, dass auch die anderen Sozialleistungen – allen voran das Kindergeld und das Arbeitslosengeld II – sowie bestimmte steuerliche Vorteile durch ein Grundeinkommen obsolet würden. Die große Frage ist nicht, ob wir uns ein Grundeinkommen – oder wie man es auch immer nennen mag – leisten können oder müssen. Denn wenn wir ehrlich sind und einen Blick auf das Arbeitslosengeld II werfen, umgangssprachlich Hartz IV genannt: Für über vier Millionen Menschen ist dies schon faktisch ein Grundeinkommen, allerdings ein Grundeinkommen, das die Empfänger nicht motiviert, sondern sozial stigmatisiert und ihnen keine Perspektive bietet. Angesichts dessen und der kommenden Entwicklung ist für mich also die große Frage: Was wird die Menschen motivieren? Wozu stehen sie morgens auf, was ist ihr Antrieb? »Gebraucht zu werden« und »voranzukommen« ist für jeden von uns wichtig. Ohne eine klare Aufgabe, ohne ein klares »Wozu?« und ohne Perspektive werden viele haltlos und frustriert sein. Unabhängig davon ist gerade auch bei Jugendlichen ein Umdenken zu beobachten: Sie haben nicht mehr das einzige große Ziel, in das Hamsterradrennen um die tollste Karriere einzusteigen oder sich über das größte Auto selbst zu beweisen. Sie definieren sich über sozialere Ziele – und diese Ziele muss der Staat heute schon mitdenken: Freizeitangebote, Weiterbildungsmaßnahmen, Sportvereine, soziales

Engagement, das Kümmern um Haustiere, das Schaffen von Kunst. Und nicht zuletzt kann ein Grundeinkommen den nötigen finanziellen Freiraum für die Gründung eines Unternehmens schaffen. Unter diesen beiden Aspekten bin ich beim Grundeinkommen daher vorsichtig mit dem Begriff »bedingungslos«. Wir müssen das Grundeinkommen im Rahmen der jeweiligen Fähigkeiten an solche Tätigkeiten für das Gemeinwohl knüpfen. Konkret zum Beispiel den aktiven Umweltschutz, die Unterstützung von Sportvereinen, Vorlesen im Kindergarten, Hausaufgabenbetreuung oder eben eine kreative oder unternehmerische Tätigkeit. Dies könnte unserer Gesellschaft einen großen Schub geben.

Ein Jeff Bezos von Amazon oder ein Jack Ma von Alibaba beschäftigen sich längst mit solchen Fragestellungen, da sie angstfrei und offen an der Zukunft interessiert sind. Es liegt in ihrer DNA, die Zukunft vorauszusagen und aktiv mitzugestalten, ganz im Gegensatz zu den meisten Politikern, die viel zu sehr darauf bedacht sind, in vier Jahren wiedergewählt zu werden. Doch die Umstrukturierung der Gesellschaft und zum Beispiel die grundlegende Reform der Sozialsysteme kosten – kurzfristig – erst einmal Geld und werfen viele unangenehme Fragen auf. Aber wenn wir jetzt nicht anfangen, uns mit dieser Entwicklung auseinanderzusetzen, diese offen zu diskutieren, mögliche Modelle zu testen und die richtigen Schlüsse daraus zu ziehen, könnte es in nicht allzu ferner Zukunft ein sehr unsanftes Erwachen geben.

MACRON, KURZ, LINDNER, SPAHN, BÄR & CO.

Wir brauchen dringend junge, dynamische Politiker, die noch nicht »vom System« glattgebügelt wurden. Nur solche authentischen, kantigen Persönlichkeiten haben eine Chance, wieder eine Mehrheit für sich zu gewinnen. Keiner von den in der Überschrift aufgeführten Politikern ist perfekt, aber sie alle eint, dass sie eine neue Dynamik, ihren persönlichen Stil und eine eigene Meinung einbringen. Wir wollen wieder Authentizität spüren, keine perfekt ausbalancierten PR-Figuren. Die Deutschen sind die konfliktscheuen Verwalter leid, deswegen haben wir rund 25 Prozent radikale Wähler für die Linke und die AfD. Berechnet man das sogenannte »ehrliche« Wahlergebnis der Bundestagswahl 2017 unter Berücksichtigung der 23,8 Prozent Nichtwähler, so hat die große Koalition gerade einmal 40,7 Prozent der Wahlberechtigten hinter sich, nicht einmal die Mehrheit der Bevöl-

> CHRISTIAN LINDNER ZU BESUCH IM FREIGEIST-OFFICE

kerung. Der nächste »Deutschland-CEO« darf daher noch nicht zu viele Seilschaften haben, er würde viele seiner Weggefährten enttäuschen müssen. Denn wenn Deutschland die anstehende Revolution als Gewinner gestalten will, stehen viele unpopuläre und mutige Entscheidungen an. Kann ein Christian Lindner die FDP zur Volkspartei machen? Wird ein Jens Spahn die CDU erneuern? Kommt eine neue Frau – das wäre klasse – ohne Parteibuch und begeistert unser Volk für ein Deutschland 4.0?

Ich habe die Hoffnung, dass wir nach der nächsten Wahl nicht wieder bei »irgendwie weiter so« landen. Denn danach wird es schon allein zeitlich eng, die bevorstehende Revolution noch aktiv mitzugestalten und den Rückstand zu den USA und China aufzuholen.

AUSBLICK

Ich kann den Frust vieler Menschen verstehen. Das Vertrauen in die Politik ist verloren gegangen und erodiert weiter in rasendem Tempo. In England entschieden sich so viele aufgebrachte Protestwähler für den EU-Ausstieg, dass sie am

Ende die Mehrheit hatten. Verrückt, traurig, ich war fassungslos. In manchen Ländern gibt es bis zu 50 Prozent links- oder rechtsradikale Wähler. Die Politik der Mitte flüchtet sich in die Floskel und Beliebigkeit – der falsche Weg. Denn diese Haltung spült Parteien und deren Vertreter nach oben, die unsere Grundwerte angreifen. Es geht von schlechter Kinderstube bis hin zu Verfassungsfeindlichkeit, rücksichtslosem Sexismus oder hasserfülltem Rassismus – Hauptsache, man gilt als Mann oder Frau »der klaren Worte« und einfachen Lösungen, um damit verunsicherte Wähler abzugreifen.

Das ist schlimm, da die Politik der Mitte auf der anderen Seite einen wehrlosen Politikertypus hervorgebracht hat, der sich gar nichts mehr traut. Wer in der Politik nicht »auf Parteikurs« ist und zu viel quer denkt, wird beim kleinsten Fehler schnell abgestraft. Da reicht eine Wahlniederlage plus Kritik an der Kanzlerin – wie bei Norbert Röttgen. Beliebtheit in Talkshows und die Erinnerung an konservative Grundwerte wie bei Wolfgang Bosbach. Oder schlicht eine verwegene, aber kreative Idee wie bei Friedrich Merz, der bereits vor zehn Jahren von der einfachen Steuererklärung auf dem sprichwörtlichen Bierdeckel träumte. Über die Digital-Staatssekretärin Dorothee Bär wurde gelacht, als sie vom Flugtaxi sprach – dabei haben wir endlich mal gute Chancen, in Deutschland zum Weltmarktführer dieser neuen Industrie zu werden.

Doch langsam gibt es jetzt wieder junge Politiker, die robust genug sind, dem Twitter-Wahnsinn standzuhalten. Hoffentlich ist es nicht zu spät. Eventuell brauchen wir einen unabhängigen charismatischen Demokraten, der eben nicht aus dem Apparat der etablierten Parteien kommt und dort bis zur Unkenntlichkeit rundgelutscht wurde.

MIR LIEGT NICHTS AN PANIKMACHE

Im Prinzip könnte ich mir wünschen, dass die Welt so bleibt, wie sie ist, weil ich heute gut aufgestellt bin. Aber: Die Welt bleibt nicht so. Morgen gelten andere Regeln, ob wir wollen oder nicht. Die Politik hat noch nicht begriffen, dass wir wirklich jetzt handeln müssen: Das ist so wie mit dem Frosch, der in einen Topf gesetzt wird, in dem das Wasser langsam erhitzt wird. Der Frosch merkt die schleichende Veränderung nicht und springt nicht aus dem Topf – bis er schließlich platzt. Dieses Buch soll dazu beitragen, dass der Frosch vorher springt.

21

FINDE DEINE #STARTUPDNA

ALSO, LEGEN WIR LOS! NEIN, BESSER: LEG DU LOS!

Ab sofort geht es um dich und deine Zukunft. Niemand wird sie dir auf einem Silbertablett servieren, du musst die Chancen selber ergreifen. Du wirst Risiken eingehen und über deinen Schatten springen müssen. Aber denk dran: Du hast nur ein Leben. Möchtest du am Ende sagen: »Hätte ich mich doch mal getraut …«?

Es gab nie bessere Bedingungen, um dein Leben selbst in die Hand zu nehmen und zu gestalten! Hör nicht auf die Bedenkenträger und die Unkenrufe: Die Chancen sind für jeden da. Ich behaupte nicht, dass sie gerecht verteilt sind, aber mit Willenskraft und Energie wirst du deine Ziele verwirklichen – so, wie es mir gelungen ist.

Ich bin vom Gymnasium geflogen – und durfte im Jahr 2017 in der Bundesversammlung den Bundespräsidenten wählen. Ich war kein talentierter Skateboarder – mit hartem Training stand ich einen 360-Grad-Kickflip varial sechs Stufen runter. Mein Informatiklehrer warnte meinen Vater davor, mich an einen Computer zu lassen – nur wenige Jahre später entwickelte ich die weltweit führende Software für digitale Fotoservices. Ich hatte Millionenschulden – heute muss ich mir um meinen Lebensunterhalt keine Gedanken mehr machen. Ich habe mich recht lange von Dosensuppen in einer Junggesellenwohnung ernährt – heute investiere ich in gesunde Lebensmittel aus nachhaltiger Produktion. Ich habe, bis ich erwachsen war, nur nur zwei Bücher gelesen, Hörbe mit dem großen Hut und die Anleitung zu MS-DOS – jetzt habe ich sogar eins über mein Leben geschrieben. Und das Feuer brennt noch immer in mir: Jeden Tag freue ich mich darauf, begeisterte Gründer, neue Technologien und Produkte zu erleben.

Als ich mit meiner Insolvenz kämpfte, hatte ich weder reiche Eltern noch ein abgeschlossenes Studium. Ich hatte nur eines: den unbändigen Drang, aus neuen Technologien neue Produkte zu bauen.

LOS GEHT'S:
FINDE DEINE STARTUP-DNA!

Dabei ist es völlig egal, ob du als Mitarbeiter in einer großen Firma veraltete Denkweisen aufbrichst, ob du in einem Startup Innovation vorantreibst oder sogar selbst gründest – wenn du tief in dich hineinhörst, wirst du sie finden: die Leidenschaft, einfach loszulegen, zu machen, auch mal Regeln zu brechen. Das Glück des Erschaffens steckt in uns allen.

Und irgendwann wirst du hoffentlich auf deinen Lebensweg zurückschauen und staunen, was du alles erreichen konntest …

Frank

PS: Aktuelle Infos und mehr unter: frank.io/

#DANKE

Dieses Buch erzählt meine Geschichte, möglich wurde es aber durch ein großartiges Team. Lea und Jochen Maass gaben den Impuls zu diesem Projekt und stellten mir Christoph Schulte-Richtering vor, der sich schnell und tief in meine Geek-Welt hineindachte und mit seinem Talent aus meinem unstrukturierten Input ein packendes Buch erschuf. Severin Tatarczyk verdanke ich wertvolle Beiträge und 1 001 sinnvolle Änderungsvorschläge. Eva, Anya, Christian Kühlem, Christian Reber, Christoph Wagner u. v. m. wertvolle Anregungen. Michaela kämpfte mit Leidenschaft für die beste Gestaltung, und Lena kontrollierte als Projektchefin das Ungeheuer mit 128 Armen und 12 Köpfen – Respekt!

Ein besonderer Dank gilt meinen Freigeist-Partnern Marc Sieberger, Alex Koch, Marcel Vogler und Niklas Hebborn, dass ich an diesem Herzensprojekt arbeiten durfte. DANKE!

Wir brauchen mehr Frauen in führenden Positionen. Das gilt für Startups, Politik und Corporates. Trotzdem verwende ich die weiblichen Schreibweisen wie zum Beispiel Gründerin oder Politikerin nicht, sondern die kurze Form Gründer oder Politiker.

Wir haben viel Zeit, Passion und Liebe in dieses Buch investiert. Trotzdem werden sich unschöne Fehler eingeschlichen haben. Ich freue mich sehr, wenn du Verbesserungsvorschläge an **buch@freigeist.com** sendest. Die besten zehn der ersten 100 Vorschläge erhalten ein signiertes Buch mit einer persönlichen Antwort. Ich freue mich auf eure Vorschläge!

Mehr Bilder zu diesem Buch findest du unter **frank.io/bilder/**

1. Auflage 2018

ISBN 978-3867746113

BILDRECHTE

Andreas Fasold Fotografie
Ben Fuchs
Bernd-Michael Maurer & Boris Breuer (MG RTL D)
Clemens Lermen
Christiane Lang (CDU)
Daniel Rauber
Derek Henthorn Photography
Florian Trettenbach (Eye Catch me Photography)
Sebastian Husche
Quino Al via Unsplash
Danis Lou via Unsplash
Fotolia
Detailliert unter **frank.io/bildrechte/**

DESIGN

Michaela Vargas Coronado, Augsburg

VERLAG

Murmann Publishers GmbH, Hamburg

DRUCK

CPI Ebner & Spiegel GmbH, Ulm

#SPEAKGEEK

» DIE NÄCHSTEN ZEHN
JAHRE STELLEN DIE
MENSCHHEIT AUF IHRE
HÄRTESTE PROBE.
ICH FREUE MICH SEHR AUF
DIE UNGLAUBLICHEN
MÖGLICHKEITEN, HABE
ABER AUCH GROSSEN RESPEKT
VOR DER GESCHWINDIGKEIT
UND TIEFE DER
VERÄNDERUNGEN. «

#STARTUPDNA

ÜBERSICHT:

DER BAUKASTEN DER ZUKUNFT